Im vorliegenden Band werden Erzählungen der Autoren vorgestellt, die in „WER SCHREIBT DER BLEIBT?, DDR-Autoren nach ihrem Leben befragt" zu Wort kommen. Es handelt sich um Erzählungen, die teilweise bereits in der DDR veröffentlicht wurden, zum anderen Teil aber erst nach der Wende entstanden.

Die Auswahl ist in Bezug auf die DDR-Literatur ganz und gar zufällig. Die Mehrzahl der Autoren gehörte in der Literatur der DDR weder zur ersten Reihe, noch fiel jemand von ihnen durch ausdrückliche Dissidenz auf, daher werden Namen und Werke der hier vorgestellten Autoren im Westen nur wenigen Lesern bekannt geworden sein.

©HeRaS Verlag, Rainer Schulz, Göttingen 2017
www.herasverlag.de
Layout Buchdeckel Rainer Schulz
Das verwendete Foto ist von Michael Schetsche
ISBN 978-3-95914-144-4

ALLTAGSGESCHICHTEN
AUS DER DDR

Herausgegeben von
RAINER V. SCHULZ

Berlin Friedrichstraße DEFA-Zeitkino, 1960

INHALT

E.R. GREULICH: Drei Anekdoten

In der Professorenrunde des Fernsehfunks wurde einmal gefragt, was man davon halte, wenn ein Wissenschaftler seinen Vorgarten mit Gartenzwergen schmücke.

Ein tiefernstes Hin und Her begann. Der einzig Heitere blieb der junge Professor H., der die Gipsgnomen in seinem Vorgarten stehen hatte, um die Leute zu testen.

Nach der Sendung hielt sich ein bekannter älterer Professor an der Seite des Schalks und brummelte, wohl jeder Mensch habe irgendwo eine sentimentale Herzensecke, aber man müsse sie doch nicht so öffentlich preisgeben.

„Unter uns", raunte er, „ich mag die lustigen Wichtel auch. Aber ich habe meine auf dem Dachboden aufgebaut."

Immer die andern

Roland Rettisch hatte einem Mädchen zugehupt, zu lange hingeschaut und war mit etlichen Brüchen, Quetschungen und Kratzern davongekommen, wogegen es der BetriebsPKW mit einem Totalschaden büßen musste. Nun stand der junge Minnehuper vor der Konfliktkommission.

Der Vorsitzende fand den Fall verhältnismäßig überschaubar, da der Kollege Rettisch als einziger darin verwickelt sei. Als der zu Wort kam, erzählte er eine lange Geschichte, die seine Unschuld beweisen sollte. Endlich benutzte der Vorsitzende eine Atempause des Wortreichen und rekapitulierte:

„Wenn ich Sie recht verstanden habe, Kollege, sind Sie mit der Geschwindigkeit von zehn, höchstens aber fünfzig

Kilometern je Stunde die Adlerstraße entlanggefahren. Plötzlich bewegte sich eine Litfaßsäule ohne Vorwarnung auf den Fahrdamm zu und derart in Ihr Blickfeld, dass Sie hart nach links ausweichen mussten. Dadurch gerieten Sie bedrohlich in die Nähe eines Sandkastens der Straßenbahn, der ohne Warnlicht zu dicht am Bordstein parkte. Geistesgegenwärtig rissen Sie Ihren Wagen wieder auf die rechte Seite und damit gegen jenen Baum, der sich viel zu weit links befand und durch keinerlei Blinkzeichen auf sein Ausscheren aufmerksam gemacht hatte."

Der Sarkasmus erzeugte Heiterkeit im Raum, nur der motorisierte Heißsporn erklärte völlig ernst: „Sie haben die komplizierte Unfallsituation wirklich begriffen, Kollege."

(Erstmals veröffentlicht in „Der Pudel, der nicht Mephisto war", Verlag Neues Leben, Berlin, 1979)

Das erstaunlich Neue

Dem Genossen L. wurde im September 1961 die Leitung eines unserer größten Büromaschinenwerke übertragen, das elf Millionen Mark Planschulden hatte. Unter dem neuen Werkleiter wurde dann der Plan bereits im ersten Quartal 1962 übererfüllt.

Genosse L. hatte seine Tätigkeit damit begonnen, dass er jeden einzelnen Werkfunktionär zum Planrapport bat. Mehrere Kollegen schickte er fort mit der Bitte, morgen wiederzukommen, um knapper und konkreter vorzutragen. Dies wirkte wie eine Hiobsbotschaft auf die Leitungsmitglieder. Lediglich die beiden Kollegen K. und M. lächelten überlegen, denn sie waren bekannt wegen ihrer ‚guten Berichte'.

Gewappnet mit einem Packen Blätter, trat dann K. beim Werkleiter ein. Nach zehn Minuten schloss er die Tür wieder von außen. M. stürzte auf ihn zu und argwöhnte, der Werkleiter sei wieder unzufrieden gewesen; dabei habe sich doch der Kollege K. solche Mühe mit dem Bericht gegeben.

„Das ist es ja", klagte K., „Berichte gibt es genug, hat er gesagt, er möchte etwas über meine Arbeit erfahren."

(Erstmals veröffentlicht in „Hinter vorgehaltener Hand", Verlag Neues Leben, Berlin, 1984)

Berlin, Marx-Engels Platz 1986

Biehla, Fahnenappell, Datum nicht bekannt

ERHARD SCHERNER: Konstantin Mugele

Wie *sehen das die Genossen in der Zentrale*? Mugele ist zu einer Unterredung ins *Hohe Haus* geladen. „Guten Tag, Genosse", begrüßt ihn Genossin Änne. Sie leitet die Kaderabteilung, der sich Mugele offenbaren soll. „Nun lernen wir dich einmal kennen, wo doch schon Gutes von dir zu hören war. In unsern Unterlagen fehlst du, hattest keine Funktion im Partei- und Staatsapparat, hast keine Parteischule besucht, auch nicht auf Kreisebene – wie sollen wir da von dir wissen?"

Genossin Änne erhebt sich von ihrer Schreibtischbarriere und bittet ihren Gast an ein Tischchen. Konstantin sitzt einer Frau in den 60zigern gegenüber, einer freundlichen, halb mütterlich, halb gestreng. „Wie bist du zu uns gestoßen?", fragt sie. – Ui, die Antwort wäre ein Roman, denkt Konstantin. Sollte er vom Leben am Rand des Scheunenviertels berichten? Vom Krieg? Sollte er Heinrich Heine und Carl von Ossietzky nennen? Worauf lief das hinaus? „Im Prenzlauer Berg habe ich die neu entstandenen Parteien in ihren Versammlungen erlebt", kürzt er ab. „Da war ich siebzehn. Richtig gut gefielen mir die Liberalen mit Papa Külz. Die hatten die geschmackvollsten Plakate. Alle mit dem Thema *Freiheit*. Das gefiel mir. Doch im Stadtbezirk? Zu den Gewerbetreibenden passte ich nicht. Ging auch noch zur Schule. Eingeprägt hatte sich mir, dass in der finsteren Zeit an manchen Hauseingängen ein einsames Lämpchen leuchtete, oft nur Glühbirne an einem Stück Kabel – das war in Berlin dem Vorschlag der KPD geschuldet. Die Kommunisten als Lichtbringer – Genossin Stengel, für einen gelernten Katholiken, der sich mit Luzifer auskennt, war das eine reizvolle Entdeckung."

13

„Und heute besuchst du die *Lichtzentrale* und wunderst dich …"

„Was habt ihr vor? Um es gleich zu sagen: ich möchte nach China zurück, das passt zu meiner Familie …"

„Das dachte ich schon. Doch Genosse Bernhard Ziegler, Leiter der *Kommission für Erleuchtung*, fordert dich nachdrücklich an."

„Davon verstehe ich nichts", wirft Mugele ein.

„Das ist ihm klar", sagt Genossin Änne. „Er hält es für einen Vorzug. Er will nicht, dass in seinem Vorzimmer Politik gemacht wird. Also nur Mut. Stoße dich nicht an dem hochgestochenen Namen der Kommission – es handelt sich keineswegs um abstrakt Spirituelles. Der Partei geht es um die Steuerung der Entwicklungsprozesse in Kultur und Künsten."

„Wirklich, so was kann ich nicht."

„Ist doch nicht schlimm. Begreif doch: Du kommst zu Bernhard Ziegler. Kein Kader hat so lange die russische Kulturentwicklung erlebt und begleitet wie er. Übrigens: Professor Ziegler lobt deine Findigkeit. Seid ihr euch mal begegnet?"

„Mehrfach, aber immer nur kurz. Nachdem er 1954 aus der sowjetischen Emigration heimgekehrt war, traf ich ihn auf der Wartburg. Er muss was mit den Burgen haben. Leuchtenden Auges sprach er vom Hohen Meißner anno 1913. Der ist ihm gegenwärtig wie der Kampf um den Kessel von *Welikije Luki*. Die frühe Jugendbewegung ist ihm nahe, insbesondere jener Flügel, der gegen den Krieg auftrat und 1918 in München *Die Freie Sozialistische Jugend* gründete. War zuständig, sagt er, ob bei den Demonstrationen durch die Stadt die Kommunisten die Kanone mitziehen oder nicht. Der Pazifist mit der Haubitze – das beeindruckt mich schon."

„Na, siehst du", merkt Genossin Änne an. „Nun sag auch, wie findig du bist …"

„So schlimm war das nicht. Die *Gesellschaft zum Studium der Kultur der Sowjetunion* hatte Professor Ziegler nach Hannover entsandt", sagt Mugele. „Als Kenner des Neuen Russland sollte er über die Völker des Kaukasus sprechen. Das war sieben Monate vor dem Verbot der KPD, und die Regierung war schon recht hysterisch. Die Vortragsreise sollte um zwei Orte erweitert werden. Genosse Ziegler wusste nichts davon, ihm hätten auch Geld für Reise und Unterkunft gefehlt. Der Professor war schon unterwegs, und die Gattin, eine Kinderärztin, kannte nur eine vage Kontaktadresse in Hannover-Hemmingen, Haus einer Jugendfreundin, ihres Zeichens Anthroposophin. Die könne mir weiterhelfen."

„Nun und?"

„Die Anschrift stimmte. Am Stadtrand gelegen, ein hübsches Häuschen mit gepflegtem Garten. Die ältere Dame, schlank, in langem Wollkleid, öffnete freundlich, stritt aber heftig ab, von einem Professor Ziegler gehört zu haben, gar zu wissen, wo der sich aufhalte ..."

„Diese Situation kenne ich aus dem illegalen Kampf", wirft Genossin Änne ein.

„Ja, meine Anthroposophin war recht bestürzt, hat aber schließlich einen kräftigen, ziemlich bärbeißigen Mann herbeitelefoniert. Während der mich in die Stadt geleitete, nahm er mich recht ins Gebet: „Und Sie kommen aus Ostberlin? Und wollen zum Ziegler-Vortrag - zum Thema ...?" – Ich sage: Kaukasus! – „Und Sie kennen Professor Ziegler?" – Ich nicke. – „Und er kennt Sie?" –. „Nun ja." – „Gut, ich bringe Sie hin. Aber wenn er Sie nicht erkennt – ich breche dir alle Knochen ..."

So näherten wir uns *den Völkern des Kaukasus*. Im Hinterzimmer eines Gastwirts in Hannover-Linden löste mich der Professor aus. Der Bärbeißige murmelte: „Entschuldige, Genosse." – „Das will alles bedacht sein", sagt Genossin Änne lächelnd, und glaubt, wenn nichts sonst dagegen spricht, für diesen Bernhard Ziegler den genau Richtigen gefunden, für die Kommission die Kaderlücke geschlossen zu haben. „Ich freu' mich", sagt sie. „Ein Weilchen mag's dauern, bis alles überprüft ist, und dann bist du, im Leninschen Sinne, *Berufsrevolutionär*. Das ist dann dein Parteiauftrag. Du hörst von uns."

„Wie lange ist ein Weilchen?", fragt Konstantin den Papagei und der weiß es auch nicht. Hast du im Hohen Haus nicht ein bisschen wirr gesprochen? Entwirren braucht Zeit. Doch die Deichsel steht wohl nicht nach China, mehr zum Rosa-Luxemburg-Platz. – Ist er traurig? Stolz? Konstantin spürt Vertrauen, das rare beglückende Gift.

Ein Weilchen, oh, das kann dauern. Peter ist froh, dass Papa für ihn Zeit hat. Der erzählt Märchen. Die schaurige Geschichte von Hänsel und Gretel und der Hexe möchte der Junge immer aufs Neue hören. Koko freut sich, aus dem Käfig zu dürfen. Er zieht seine Runde, lässt sich auf dem Ofensims nieder und hat keine Lust herunterzukommen.

Konstantin entschließt sich, die Arbeitssuche in die eigenen Hände zu nehmen. Sich bei diversen Verlagen, für die er Außengutachten geschrieben hatte, in Erinnerung bringen? Will er das überhaupt? Was ganz Neues anfangen! Er kramt einen Lebenslauf heraus und zwei alte Passbilder, die ihn jünger machen als er ohnehin aussieht. Mugele macht sich auf, in einem volkseigenen Betrieb anzuklopfen, und möglichst in der Nähe, sei's eine Klitsche. Mit der Elektrischen fährt er zur Greifswalder, steigt um, fährt zur Ostseestraße. *VEB Luftfilterbau* steht über dem Werktor. Und es ist eine Klitsche. An einem Pfeiler hängt die Tafel mit den unbesetzten Stellen: Schweißer, Elektriker, Maler und so fort, wovon er nichts versteht. Beim Gang zur Kaderabteilung entscheidet er sich für Schlosser, wovon er auch nichts versteht. Eine resolute Mittvierzigerin empfängt ihn hoffnungsvoll, und er will sie nicht enttäuschen. „Ich möchte mich bei den Schlossern einarbeiten, als Anlerner."

„Schlosser, Lohngruppe III, das bringt nicht viel. Freilich kommen Zuschläge dazu, Leistungslohn, bei Planerfüllung auch Prämie", sagt die Kaderleiterin geschäftig. „Wo haben Sie bislang gearbeitet?" Mugele nennt den Studenteneinsatz im Stahlwerk Riesa, der liegt ein Jahrzehnt zurück. Die letzten zwei Jahre habe er, entsandt von der DDR, in einem Pekinger Staatsbetrieb gearbeitet, der Auftrag sei nun erfüllt. „Liegt was Besonderes an?", fragt die Kaderchefin besorgt und überfliegt den Lebenslauf, murmelt: „Abiturient, Neulehrer, Germanistikstudium ... Sind Sie Genosse?"

Mugele bejaht: „Seit Mai 48."

„Na dann bitte ich gleich mal den Parteisekretär hinzu", nimmt den Hörer: „Alfons, kannst du bitte mal rüberkommen, eine etwas komplizierte Kadersache. Danke."

Genosse Alfons, ein kräftiger grau melierter Mann in blauer Kluft, wird mit den Worten empfangen: „Das hier ist Genosse Mugele, knapp 30, hochqualifiziert mit Universitätsexamen, Wohnung braucht er nicht. Er will bei uns als Schlosser anfangen, aber Schlosser kann er nicht. Da denke ich ..."

Alfons fällt ihr ins Wort: „Willkommen, Genosse. Das Feilen und Schleifen, das lernst du bei Tummatsch. Er ist unser bester Meister, parteilos, freundlich, sogar geduldig. Er wird dir alles zeigen. Aber unsere Schlosser, wie sag ich's, sind nicht einfach. Ein wilder Haufen von Individualisten. Es ist gut, dass da ein Genosse hinkommt ..." Ein Arbeiter steckt seinen Kopf in die Tür, wird aber von der Kaderchefin noch mal fortgeschickt.

„Aber lass dich nicht unterbuttern", sagt Alfons. „Klimper wird's versuchen. Den erkennst du an seiner

17

struppigen Mähne und der schwarzen Partisanenmütze. Aber er ist ein tüchtiger Arbeiter."

Man sieht es der Kaderchefin an, dass sie diesen Neuling nicht gern einstellt. Während Alfons und Mugele ein paar Worte wechseln, dass das Parteilehrjahr recht im Argen liege, ist sie aufgestanden und macht einen Betriebsausweis zurecht. „Na ja", sagt Mugele, „ich muss mich hier erst mal einfuchsen, hab ja was nachzuholen."

„Du kommst aus China, Genosse! Da rechnen wir mit chinesischem Elan", sagt der Parteisekretär und verabschiedet sich. – Die Kaderleiterin bringt den Ausweis, lässt Mugele unterschreiben. „Hier die Bons fürs Mittagessen. Lassen Sie sich im Depot einen Schlosseranzug aushändigen. Die Unterlagen von Ihrer vorletzten Arbeitsstelle lassen wir uns zuschicken. Na, dann bis morgen 7 Uhr. Ziehen Sie sich festes Schuhwerk an." Und Konstantin glaubt, nun eingestellt zu sein.

Ein Mann in blauer Bluse, drüber eine Joppe, Mugele, wird am Werkstor durchgewunken, geht zur Stechuhr. Meister Tummatsch weiß Bescheid und führt ihn zu zwei Blechgebilden, die wie riesige Zigarrenkisten aussehen, gäbe es da nicht Löcher und Ausbuchtungen. „Das ist die Außenverkleidung des Filters", erklärt er. Er zeigt dem Neuling, wie man vom Stahlblech, die Schweißnähte entlang, die Huckel, alle Unebenheiten mit dem Schlackehammer vorsichtig abtrennt, dann, und so solle Mugele sich einarbeiten, mit dem Winkelschleifer nachbessert, bis die Fläche eben ist. „In der Nachbarabteilung wird dann Farbe aufgespritzt. Da darf kein Grat erkennbar sein. Das Blech muss glatt sein wie ein Kinderarsch." Er sagt es gütig, erklärt, wie die Schleifmaschine in den Händen gehalten und bedient wird. Kurz zur Seite blickend bemerkt Mugele, wie die Kollegen nebenan belustigt zuschauen. Und es klappt nicht. Immer wieder rutscht er ab, so sehr er sich müht. Immer wieder schreit der hohle Stahlkasten auf. „Vorsicht!", ruft Meister Tummatsch, „das ist ein Schweinebraten!" Mugele versteht nicht, und die *Schleifhexe*, anfangs passabel handlich, wird von Minute zu Minute schwerer. „Ach, das wird schon", tröstet Meister Tummatsch, verspricht auch wiederzukommen. Noch nie hat Mugele sich so heftig nach einer Pause gesehnt.

Das wird keine ruhige Pause. Die Männer setzen sich auf die gewohnten Holzbänke, schieben ihm einen Klappstuhl zu und holen ihre Stullenbüchsen raus. Einer fragt den Neuen, ob er Orchestermusiker sei. Ein Schlanker, Dürrer will wissen: „Warum tust du dir diese Drecksbude an? Hast du was ausgefressen?"

So ruhig er kann, gesteht Mugele: „Ich will was ausfressen, Frau und Kind und mein chinesischer Papagei ebenso, und möglichst was Gutes und die ganze Woche über. Ich komme nämlich, vielleicht klingt's komisch? – aus Peking. Im Moment bin ich blank. Aber einen Einstand wird's geben, wenn was in der Lohntüte steckt." Und beißt in seine Stulle.

„Was hast du denn in China gegessen", will ein Dritter wissen, „faule Eier oder Hund?"

„Kann ich dir sagen: gallertartige Lehmeier sind erst mal ungewohnt, sehn auch merkwürdig aus, fast schwarz. Halbiere das Ei und mach' es mit geriebenem Knoblauch und Ingwer an, dann einen Spritzer Sojasauce drüber – eine Delikatesse. Mit Hundefleisch wollten sie in Peking nicht aufwarten. Seit dem Koreakrieg haben sie keine Hunde in der Stadt außer einem Airdale Terrier und einem Deutschen Schäferhund. Die gehören einem Schweden und einem Amerikaner. Zwei Hunde für drei Millionen Pekinger, das wäre ein bisschen wenig. Aber in Kanton steht Hund auf der Speisekarte. Ich hab's nicht versucht." Mugele merkt, dass sich die Kollegen beim Kauen gern eine Geschichte auftischen lassen.

Da macht sich Klimper bemerkbar – Mugele hat ihn gleich erkannt mit seinem hohen schwarzen Barett voller Blechabzeichen und Orden ringsum, das er wohl Tag und Nacht nicht ablegt – wird es ernster: „Mich nennen sie Klimper, und wie heißt du?"

„Mugele", sagt Konstantin.

„Also gut, Mugele, ich werde dir ein paar Tricks mit der *Schleifhexe* zeigen, jeder hier würde es tun, aber sag' uns erst mal, was der Parteisekretär von dir wollte gestern bei der Kadertante? Hat dich Alfons umgenietet?" – Mugele ist überrascht, aber Klimper lässt nicht locker. „Du verstehst mich schon ..."

„Ob ich Parteimitglied werden soll oder will? In meinem Fall ein bisschen spät gefragt: Genosse bin ich schon lange, das bin ich mir schuldig."

„Soso. Und du hast einen chinesischen Papagei? Und kommst aus China?", will Klimper bestätigt haben.

„Ja."

„Haste auch'n Mao-Abzeichen?"

Die Kollegen schielen zu Klimpers Mütze und grinsen. „Werde ich nachgucken und dir meins mitbringen", sagt Mugele, „du kannst es besser gebrauchen als ich."

„Das würdest du für mich tun, Muggi?" – Jetzt hast du einen Spitznamen weg, denkt Mugele und ahnt zugleich: die Anstellung, nun ist sie perfekt.

Tummatsch kommt zur Pausenecke der Schlosser: „Könnt ihr nicht mehr? Jungs, es hat Eile. Und es ist ein Schweinebraten", sagt der Meister. Klimper erhebt sich und die andern machen es ihm nach. „Ein Schweinebraten?", fragt Konstantin leise. – Ein Lehrling flüstert: „Det saacht der Meester imma, wenn eene Prämie drin is. Mit die beeden Filter isset sowieso klar, die jehn nach Leipzig zur Messe ..." Konstantins Arme schmerzen, Rücken und Beine auch, und der Tag ist lang.

Am Abend zu Hause, todmüde, wirft Konstantin sich auf sein Bett und schläft. Wird wach nach zwei Stunden. „Hast dich überanstrengt?", fragt Isa „Wie war's denn? So sag' doch was."

„Wo warst du, Papa?", mischt sich auch der Junge ein. Konstantin lacht: „Ich war an der Schleifhexe." – Dem Jungen werden die Ohren heiß und rot. Anderntags wird Peter zum Kindergarten rennen und prahlen: „Gestern war mein Papa bei der Schleifhexe. Die hat ihn überanstrengt, sagt meine Mama."

Von Tag zu Tag wird Mugele kräftiger, gelassener. Und so sind seine Tage: Straßenbahn, Straßenbahn; Schleifhexe, Pause, Schleifhexe, Mittagspause, Schleifhexe ... Nach der Arbeit legt er sich ein, zwei Stunden hin. Alle wissen und respektieren das, auch der Papagei. Dann ist Mugele ausgeruht. Der Kopf ist frei. Er kann denken, lesen, schreiben. Er produziert – ein vergessenes Glücksgefühl. Die Straßenbahn. Die Lohntüte. Mugele bestellt Fachbücher, eins über Papageien, eins, ganz sinnlos, über Papageienzucht.

Am Sonntagvormittag klingelt es: Kokos Taufpate steht in der Tür. „Herein mit dir." Erbse bringt Blumen für die Examinantin. Erbse tobt mit dem Jungen herum. Erbse fragt Konstantin, wo sie mal in Ruhe was besprechen können. „Komm rüber zum Papagei. Er ist absolut verschwiegen." Erbse begrüßt Koko. Der Papagei wiegt sich auf seiner Stange, als wolle er tanzen. Erbse schlägt vor, demnächst einen Haken in die Zimmerdecke zu drehen, und verspricht, für den Kupferbügel mit den zwei Näpfen ein Stück Angelschnur mitzubringen. „Und wie hast du dich eingelebt?", fragt Erbse.

„Gut. Womöglich mach ich das Richtige. Ich produziere Vorzeigbares. Den ganzen Tag über habe ich es mit vernünftigen Leuten zu tun, die sich die Butter nicht vom Brot nehmen lassen. Und ich schone meine grauen Zellen. Sie kommen mir abends zugute ... Und, Erbse, was machst du?"

„Kunstgeschichte hat mir gefallen", sagt der, „die Renaissance, speziell die italienische. Nun nur noch Hobby, wenn mir Zeit bleibt. Es geht selten nach den eigenen Wünschen. Ich hab's auch mit vernünftigen Leuten zu tun, aber die ahnen nicht, wie unvernünftig sie sind."

„Biste bei die Jummiohren?", fragt Mugele. – „Konstantin, Konstantin – noch immer das lose Maul? Aber ich will nicht streiten mit dir. Du kommst aus der Welt, hast deine Sache gemacht, du kommst mit Menschen zurecht, Fremdsprachen, nicht dein Problem – du gehörst in die Welt, nicht in die Blechbude."

„Meinst du nach China?"

„I wo. Von den vier Himmelsrichtungen, na rate mal, meine ich die nach Westen."

„Erbse, im *Reich der Mitte* kennt man seit ewig der Himmelsrichtungen fünf."

„Willst du mich verkohlen? Wie sollte es eine fünfte geben?"

»Zu Süden, Norden, Westen, Osten, gibt es in China die Richtung *Mitte*."

„Das ist merkwürdig. Nein, ich meine die andere Welt, die ziemlich mächtige alte. Nicht einen Erfolg gönnt sie uns, nicht den kleinsten, möchte uns am liebsten den Hals zudrehen, verstehst du?"

„Erbse, ich bin nich doof. Na klar wolln sie uns an den Kragen. Klauen uns die Kapazitäten weg, befreien uns von Landarzt, Ingenieur oder Chemieprofessor, weiß ich doch. Nennen uns *Brüder und Schwestern hinter dem Eisernen Vorhang*, aber trotz der riesigen Steinkohlehalden verkaufen sie keinen Krümel Kohle an die *Ostzone*. Nicht mal den Namen lassen sie uns."

„Stimmt alles", sagt Erbse, „ist aber nicht mein Gebiet. Ich bin, das bleibt unter uns, mit der westdeutschen Aufrüstung befasst. Was wir wissen müssen, und sehr schnell, sind, ich sag's verkürzt: Truppenbewegungen, vor allem die geheime Planung."

„Und das ist nicht mein Gebiet, Erbse. Ist aber auch nicht so schrecklich neu. Schon der alte Sunzi, Denker und Militärstratege im sechsten Jahrhundert vor unserer Zeitrechnung, hat da ein Traktat über die Kriegskunst geschrieben, sehr gescheit, auch über die Notwendigkeit von Spionen ..."

„Konstantin", Erbse sagt es mit Schärfe, „ich spreche nicht von Spionen, ich spreche von Kundschaftern."

„Und wo, bitteschön, ist der Unterschied? Die eigenen, wie immer wir sie nennen, sind die Guten, sind sie auch – die anderen, ist doch klar, die Bösen. Daran wird sich nichts ändern. Wer obsiegt, wird richten. Ich bin vor fünf Wochen dank dieses Papageien dem Tod von der Schippe gehopst. Inzwischen, und es tut mir gut, befasse ich mich mit Stahlblech. Und übrigens mit Gedichten."

„Nimmt dir doch keiner. Ist schön, wenn du das kannst. Uns interessiert: Sind die Wege offen?" Ein Augenblick der Stille tritt ein. „Hast du Angst, Konstantin? Sprich dich aus ... Meinst du, ich würde dich ins offene Messer laufen lassen? Mit niemandem habe ich so freiheraus gesprochen, offener als es jede Dienstvorschrift erlaubt. Wir kennen uns lange. Eine Tippeltappeltour gibt es auch bei uns. Die ersparen wir dir. Mit links erlernst du ein paar Verhaltensregeln speziell zum eigenen Schutz."

„An was denkst du da?"

„Konspiration ist das A und O. Für das Operationsgebiet erhältst du eine andere Identität, auch einen neuen Namen."

„Das heißt, du taufst mich um."

„Wenn du's so nennst ... Du kannst dir den Namen auch aussuchen."

„Will ich denn, Erbse? Vom Bahnhof hast du mich abgeholt. Das war lieb. Du hast meinen Papagei vier Treppen hoch geschleppt und ihm stante pede einen anderen Namen verpasst: Jakob – plauz war's Koko. Mit einem Papagei geht das. Ich hab's hingenommen, weil du's bist. Hatte keine Ahnung, das machst du immer so. Übrigens: Bei meinem Aufenthalt in Moskau hat mir ein fahrender, will sagen führender Sowjetbürger eingeschärft: *Tschelowjek nje popugai.*"

Gab's Streit? Dazu ist Erbse zu klug. Er zeigte sein feines Lächeln. Und er hält, was er versprochen hat. Von der Decke der Wohnstube hängt die Angelschnur mit dem Kupferbügel. Das ist Kokos neuer Lieblingsplatz, schwebend. Und Konstantin muss mit einer alten Erfahrung zurechtkommen: *Wer Vögel nähret, dem wird ihr Unflat zu Lohn.*

Schnee ist gefallen, aber die Leute vom Prenzlauer Berg zertrampeln die Pracht. Der Wind bläst Ruß durch die Straßen. Heute kommt Mugele mit einem Gast nach Haus. „Zeigst du mir deinen Chinesen, Muggi?", hatte Klimper am Ende der Schicht gefragt.

„Na klar, aber wann?"

„Am besten gleich, ich hab ein Geschenk für den Papagei."

Kokos Verkündung durch alle Türen hindurch ist bis in den Treppenflur zu hören. Ein Hüne tritt in die Küche der Mugeles, struppig das schwarze Haar, das unter dem Barett hervorquillt. Er begrüßt das Kind, das am Tisch sitzt und tuscht. „Weißt du wer ich bin?" fragt er den Jungen.

„Du bist ein Bär", sagt Peter, und Klimper lässt es sich gefallen. „Ihr habt es gut in der Höh", sagt der, guckt rundum und rühmt die Platane im Hof. Als Klimper das Wohnzimmer betritt, klopft Koko auf seine Schaukelstange. Isa legt das Chinesisch-Wörterbuch zur Seite. „Ich habe schon viel von Ihnen gehört, eigentlich jeden Tag", gesteht sie.

„Hoffentlich Gutes", meint Klimper, „ich bin der Schrecken des Luftfilterbaus, stimmt's, Muggi?"

„I wo", begütigt Konstantin, „du bist der Schrecken der Pfuscher."

„Wenn schon, denn schon", sagt Klimper, „machen wir nun Sozialismus oder nich? Aber es dauert viel zu lange. Die Leitungen sind faul, un wir Muschkoten tricksen und klaun. Das passt nicht zueinander."

„Nun übertreib nicht, Klimper."

„Aber es ist so«, bekräftigt der Gast und wendet sich dem Vogel zu: „Du bist hier, höre ich, der Wachhund. Hab dir ein Knöchelchen geschnitzt – nun schnitz weiter." Der Papagei greift nach dem Hölzchen – und schnitzt. Klimper rückt sich einen Stuhl heran, guckt dem Vogel ins Gesicht, guckt und staunt. Als sich Klimper vornüber beugt und einnickt, gehen Isa und Konstantin leise aus dem Zimmer und machen in der Küche ein Abendbrot zurecht. Konstantin holt Bier aus dem Fensterspind. Peter zeigt sein Bild: *Die Gute Hexe reitet auf einem Besen in den Kindergarten*. Später, beim Bier, sagt Klimper: „Mir gefällt dein Papagei, Muggi. Und dass du deine Meinung sagst. Auch wie gelassen du unsern Spott erträgst. Wir dachten doch ..."

„Schon gut", sagt Mugele. „Und mir hat es bei euch gefallen ..."

„Schade", sagt Klimper, „ich ahnte doch, du wirst wieder fortgehen."

Wenn Mugele an die Zeit im Luftfilterbau denkt, wird sie ihm als eine glückliche vorkommen. Und nicht nur der Gedanken wegen, die ihm der Arbeitstag ließ. Die in blauer Bluse sind es, die die Welt voranbringen. Und weiß, das ist eine Metapher. Sie sind es, die den Reichtum schaffen. Gehen des Morgens müde ans Werk, schuften den langen Tag. Müde kehren sie am Abend nach Haus. Salz der Erde ... Das war so, bleibt das so? Tief innen fühlt er sich den Genossen verbunden. Zu ihnen gehört er auf der ärmeren, der glückhaften Seite der Welt, zehn Jahre schon. Aber die erste Möglichkeit und Bitte, sich der feindlichen Seite offensiv entgegenzustellen, wirklich in den Kampf einzutreten, sei's sich Beulen zu holen, die schlägt er aus. Und weist auch noch auf seinen Papagei. Nein, sehr mutig bist du nicht, Mugele.

Wenn der Papagei sich im graugrünen Wams plustert, fühlt er sich sicher und gut. Doch die Metallkette am Fuß, wiewohl sie den Freigang ermöglicht, ist keine so tolle Erfindung ... Auch Mugele merkt das, denn unermüdlich sucht er eine Fußfessel aus leichtem Werkstoff herbeizuschaffen. Mit der Plastikkette für Ausguss- oder Badewannenverschluss glaubt er ihn gefunden. Ein Irrtum. So war es im Tagesablauf des Papageien gewiss ein erhebender Augenblick, als der die neue Kette durchbeißt und sich einen Ausflug gönnt. Am Einband von Uljanows „Empiriokritizismus" erprobt er seinen Schnabel. Später wirft er vom Ofensims her Reste der Kette, Glied für Glied, dem heimkehrenden Konstantin vor die Füße. Die Lektion ist deutlich: Nie wieder Ketten.

Weihnachten und Neujahr sind vorüber. Der Kalender bezeugt das Jahr 1959. Da bricht Mugele zur neuen Arbeitsstelle auf. Mit der U-Bahn, Richtung Ruhleben, fährt er zwei Stationen, läuft an der *Volksbühne* entlang und steht vor der dem *Hohen Haus* zugeordneten *Lichtzentrale*. Am Einlass erhält er einen Passierschein und begibt sich zum *Büro Ziegler*. Der schmächtige Mann tritt zu der korpulenten, wortkargen Sekretärin, Genossin Gerda, stellt sich vor und wünscht *gute Zusammenarbeit*. Er bekommt sein Zimmer gezeigt. Es ist einfach und praktisch ausgestattet, an Möbeln zwei Bücherregale sowie eine kleine Besuchergarnitur, ein Panzerschrank. Wozu den?

Auf dem Schreibtisch steht ein Blumengruß, mitten im Winter, am 15. Januar.

Der *Chef* sei ein paar Tage in Leipzig, bei den Malern. Er empfehle ihm, sich in Ruhe einzuarbeiten, die Post durchzusehen. „Morgen zeig ich dir alles. Du musst dich im Regierungskrankenhaus vorstellen – das hat ein paar Tage Zeit. Aber erst mal solltest du rüber ins *Hohe Haus*. Dort gibt Genosse Sindermann, grad aus China zurück, vor den *Politischen Mitarbeitern* seinen Reisebericht. Anschließend kannst du an Ort und Stelle die Formalitäten erledigen. Geh auch gleich zur Waffenkammer."

Auf, auf zum Kampf. Mit China – das fängt gut an. Und ist ein bisschen verwirrend. Konstantin streift sich den Mantel über. Der Weg zum *Hohen Haus* in der Wilhelm-Pieck-Straße, das sind dreihundert Schritt. Du gehst der Straße deiner Kindheit entgegen, die einmal *Lothringer* hieß. Das große Eckhaus an der Prenzlauer Allee, damals Kaufhaus *Jonas*, das wird dein *Winterpalais*. Nun muss er doch lachen.

Der große Saal, den Mugele betritt, füllt sich rasch. Ein wenig hat er Zeit, sich die Gesichter anzusehen. Er merkt, wie er jenes besondere Leuchten in den Augen sucht, das Anna Seghers in den Augen der Revolutionäre entdeckt hatte. Er sieht, so sehr er sucht, gewöhnliche Leute, sauber und ordentlich angezogene. Schon tritt der Referent in den Saal, beginnt ohne Umschweife seinen Bericht über die so ferne Volksrepublik. Er ist hingerissen vom Elan beim Großen Sprung, dem er im November drei Wochen in Nord und Süd begegnet sei. Ein guter Redner, denkt Mugele, aber er reist hastig, guckt und notiert hastig. Die Puddelöfen fehlen nicht. „Und nehmt den Analphabetismus in Volkschina, Genossen, diese uralte Geißel – heute so gut wie ausgerottet. In Schanghai zum Beispiel ..." Es folgen aus einigen Küstenstädten staunenswerte Prozentzahlen. Aber Konstantin ist bereits von dem Gedanken abgelenkt, dass sie im *Mittereich* gar kein Alphabet haben. Sie haben die uralte Bilderschrift, die zu erlernen Anstrengung verlangt und den raschen Erfolg ausschließt. Beifall füllt den Saal am Ende der Ansprache, und der Redner, ein höflicher Mensch, lächelt und erkundigt sich, ob es Fragen an ihn gebe. Das scheint nicht der Fall ... Aber es scheint nur so, denn Mugele meldet sich und benennt seine Verwunderung. Er sei zwar schon seit Oktober von dort zurück, und alles, alles in Fernost vollziehe sich stürmisch, aber abseits der Städte, bei den Millionen Dorfbewohnern, gar in den entlegenen Bergregionen, stehe im Lesen und Schreiben der Lernerfolg noch aus. „Jedenfalls im Oktober war es so." – Ob des reichlich Unüblichen gucken die bewährten Kader auf den Neuling neugierig und nicht ohne Sympathie. Horst Sindermann dankt für den Einwand und verspricht, sein Zahlenmaterial zu überprüfen. Sodann: Mugele erhält im Haus die schon bereitliegende rote Klappkarte. In der Waffenkammer wird ihm eine *Makarow*-Pistole, plus Munition ausgehändigt. „Wozu?"

„Zum persönlichen Schutz. Die Abteilungsleiter bekommen die *Makarow*. Du weißt mit ihr umzugehen? Schließ sie gut weg, Genosse. Zum Schießtraining draußen kriegst du Bescheid."

Da steckst du nun, Mugele, Pistole, zwei Magazine, Putzlappen und ein Kännchen Öl in deine Tasche. Du bist *Berufsrevolutionär. Oi, oi, oi.* Er geht zurück in die *Lichtzentrale* und besichtigt aufmerksam seine *Abteilung*: Genossin Gerda sitzt hinter einer großen *Adler*-Schreibmaschine.

Was liegt an am ersten Arbeitstag? Wie der Teufel so spielt, sind Akten zu tilgen. Mugele geht mit einem Jutesack zurück ins Hohe Haus, begleitet von einem jungen Sicherheitsoffizier in Zivil. Muss tief in den Keller zu einer alten Kollermaschine. Der Haustechniker wartet schon, schmeißt nun Kollergang plus Wasserzufluss an, und Mugele wirft Papier, Papier, überholtes Zeug, Vorschläge vielleicht, Beurteilungen, Redeentwürfe, weiß der Kuckuck was, in einen gierigen grünen Trichter. Am Ende platscht aus einem Rohr eine dicke graue, mal mehr bläulich irisierende Pampe in eine Tonne. Denkt er, dass unter allen chinesischen Erfindungen das Papier die folgenreichste war? Ahnt er, in welchen Orkus irgendwann die eigene Lebensenergie glucksend verschwinden könnte? Durchaus! Mugele sehnt sich nach einem Blechgehäuse, das Meister Tummatsch einen *Schweinebraten* nennt.

Im Haus, im Freundeskreis spricht es sich herum, dass Koko, seinen Schnabel schärfend, viel Holz verschleißt. Man müsste im Wald wohnen, denkt Mugele, oder wenigstens einen Garten mit Gehölzen haben. Aber Nachbarn und Freunde springen ein. Sie schleppen Großmutters Wäscheklammern herbei, die pur hölzernen aus einem Stück. Mit Drahtklammer gefertigte nimmt Konstantin nicht. Niemand darf den Papagei gefährden. So kommt man, wenn man sonst kein *Bewerbchen* hat, mit dem Klammerbeutel zu Mugele. Eine lebhafte Runde ist garantiert, und Isa sehnt sich nach einem eigenen Arbeitszimmer.

Der Leiter der *Kommission für Erleuchtung* ist von seiner Inspektionsreise zurück. Er begrüßt seinen Assistenten und lädt ihn zum Mittagessen ins *Hohe Haus*, wie gesagt, 300 Schritte entfernt. Der persönliche Begleiter hätte den Professor, den Bestimmungen gemäß, lieber im *SIM* dorthin eskortiert, aber der rüstige Mann durchbricht gern einmal das Protokoll. An einem länglichen Tisch sitzt das halbe *Zentralbüro*, auch Walter Ulbricht, speisend. Bernhard Ziegler grüßt hinüber, und führt seinen Mitarbeiter an einen Einzeltisch. „Such dir was auf der Speisekarte. Doch zuvor: Was trinken wir? Ich empfehle was Gesundes, ein Glas Tomatensaft." Das kennt Mugele nicht, erfährt auch, dass die DDR das Getränk aus Bulgarien beziehe. Der Trank ist kühl und schmeckt würzig. Auch die Forelle ist gut, die eine Serviererin aus der Küche bringt. „Ich freue mich, dass alles überstanden ist", sagt der Professor. „Von deinen Skrupeln habe ich gehört. Ich versteh sie gut. Alles, was wir machen, ist Neuland betreten. Der Kapitalismus hatte seine 400 Jahre Zeit, sich auszubilden und durchzusetzen. Der Sozialismus ist jung, hatte kaum 40 Jahre. Und unter was für Bedingungen! Das prägt auch die individuellen Schicksale. Fehler waren unvermeidlich. – Als Komintern-Mitarbeiter hatte ich mich 1924 in Moskau für ein tiefer gehendes Studium des Dialektischen Materialismus beworben, als mich Manuilski einbestellte und mir eröffnete: ‚Packen Sie Ihre Sachen. In zehn Tagen übernehmen Sie in Paris die Parteihochschule der *KPF*.' – ‚Aber ich wollte grade mein philosophisches Wissen ...' – ‚Wir wissen schon, was Sie wissen', unterbrach mich Dmitri Sacharowitsch. Und so wurde ich für zwei Jahre Direktor der französischen Parteihochschule."

Mugele guckt verdutzt von seiner Forelle auf. „Nur Mut", meint Ziegler und fügt noch eine Anekdote über seinen Vater an. Der sei ein im Rheinland recht bekannter Arzt und Gelehrter gewesen. Als junger Mann habe er Etruskisch lernen wollen. Niemand war da, der es ihm beibringen konnte. So habe er eine Annonce in die Zeitung gesetzt: *Junger Etrusker erteilt Unterricht*. Über ein paar Tage hätten sich drei, vier Enthusiasten gefunden und seien das Problem angegangen. „Will sagen: Am besten lernt man lehrend. – Im Elternhaus verkehrten oft ausländische Gäste. Bei Tisch wurde mancherlei Sprache gesprochen. Ich lernte sie alle. Und welche Sprachen sprichst du, Konstantin?"

Konstatin murmelt: „Englisch wohl recht gut. Russisch leider nicht, noch nicht. Chinesisch für den Hausgebrauch. Hatte auch Latein." Der Professor sieht ihn ein wenig mitleidig an, erlaubt ihm auch, einen Sprachkurs Chinesisch an der Uni zu belegen. „Das wird schon alles. Nimm mir etwas Arbeit ab, ich hab da alte Skripte abzugleichen, verschiedene Fassungen. Geh bitte gleich morgens die Presse durch, West und Ost, streich das Wesentliche an. Vorträge, Lektionen – das mache ich selber. Halt mir ein bisschen den Rücken frei." Mugele sieht von der Seite einen graden, athletischen Rücken. Der Chef ist ein noch immer drahtiger Mann. Schaut dann aufmerksam in das Gesicht des Alten, der ihm zwei Generationen voraus ist und sich nun mit der Damastserviette sorgfältig den Mund wischt. Mugele dankt ihm für das Mahl. Der Professor verabschiedet seinen Sekretär für heute und begibt sich zu den Kollegen vom *Zentralbüro.* Wieder geht Mugele die dreihundert Schritte. Denkt an die bevorstehende Arbeit. Vielleicht geht's mit der Methode *Junger Etrusker.*

Aber was helfen Methoden, gar die besten, wenn mit dem scheidenden Winter das Streufutter alle wird. Da beginnst du dich überraschend für Ernteerträge und den Außenhandel zu interessieren. Ein Papagei ist mit Blattsalat, Eigelb, Apfel und Mohrrübe allein nicht zu ernähren, er braucht auch Sonnenblumenkerne. Im Osten gibt es – warum genau? – Mängel in der Versorgung, zeitweilige und anhaltende. Westberlin ist für Mugele tabu. Im Unterschied zum *Scheuerlappengeschwader,* das für 20 Pfennige pro Putzfrau vor dem Frühstück von Ost nach West aufbricht. Ebenso die Kohorte von Handwerkern jeglicher Couleur, Kellnern, Ingenieuren, Arbeitern, die gleicherweise ausschwärmt. Selbst viele Zehntausend Senatsangestellte, die in Ostberlin wohnen, wechseln so mit S- und U-Bahn im Zwölf-Minuten-Takt die Weltsysteme. Am Morgen bringen sie noch rasch die Sprösslinge in die Kindergärten des Ostens, abends, jedenfalls am Zahltag, kehren sie mit dem devisenträchtigen Geld des Westens heim, oder mit dem bereits getauschten Ostgeld (1:5). In den Taschen die raren Südfrüchte und andere Gaumenfreuden. Fröhlich kaufen sie im Osten die knusprigen Brötchen, ein *Sechser* das Stück, die übrigen staatlich subventionierten Lebensmittel gleicherweise, wenn's sein soll, auch Kleidung und Schuhe, gehen kostenfrei zu jeglichem Arzt und für ein paar Märker zum Friseur, zahlen, monatliche Pflichtübung, für einen Spottpreis die Miete. In Festreden ruft Herr Adenauer den Deutschen zu, sie müssten sich entscheiden zwischen Freiheit und Barbarei – die Grenzgänger machen es partout nicht. Derweil läuft im amerikanisch-britisch-französisch besetzten Teil der Stadt eine Kampagne: Die CDU (West) bringt ein kleines gestanztes *Brandenburger Tor* aus Silberblech unter die Leute, Abzeichen mit der Aufschrift: *Macht das Tor auf!* – Die *Grenzgänger,* sie befürchten das genaue Gegenteil: eines Tages könnte das Tor geschlossen sein, das Langhans erbaut hat. Das kann sich niemand vorstellen.

Mugele wohnt acht Minuten von der Sektorengrenze entfernt, sie zu überschreiten ist ihm ein fremder Gedanke. Und doch läuft er, mit dem Sohn an der Hand, ein tüchtiges Stück in den *Französischen Sektor* hinein, wenn es gilt, einen eiligen Brief des Professors an einen Mitstreiter in München auf den Weg zu bringen. Sonnenblumensamen für den Papagei – aus der Quelle West kann er sie nicht schöpfen. Auch das abenteuerliche Anerbieten einer Moskauer Familie, die Mugele von Peking her kennt, einen Sack Sonnenblumenkerne einem Lokomotivführer der Strecke Moskau-Paris aufzudrängen – unmöglich! So ertappt er sich dabei, mal nach Potsdam oder nach Fürstenwalde fahren zu müssen, natürlich in höherem Auftrag, um für Koko, den Retter, Streufutter in den auswärtigen Zoohandlungen aufzutreiben. Oder – eben wegen der Streuung! – nach Jüterbog. Von dort bringt er seinem Professor die Nachricht, ein Dr. Falk habe ein vorzügliches Laientheater aufgezogen, in dem Schüler, Handwerker auch Arbeiter, zu eigenem Spaß und zur Freude der Stadt Theater spielen. Dienstreise mit doppeltem Erfolg: Die tiefe Überzeugung Professor Zieglers wird neu unterfüttert: In jedem, auch in den Jüterbogern, schlummern Talente, die die sozialistische Gesellschaft zu entfalten hat. Und: Der chinesische Papagei hat seine Kerne.

Inzwischen wird das Fachbuch über Papageienvögel geliefert. Konstantin studiert es aufmerksam. Sein grüner Papagei ist also eine *Psittacula*, gehört zu dem Dutzend der Edelsittiche. In dieser Gattung ist er der größte und farblich schönste, ein *Wachsschnabelpapagei*. Letzteres, sich früher Begegnungen mit dem Schnabel erinnernd, kann Mugele, der Laie, weder verstehen noch bestätigen. Ein Earl of Derby soll den Vogel erstmals in Europa vorgestellt haben. Ihm sei der Fehler unterlaufen, die rot- und die schwarzschnabligen Exemplare in getrennten Volieren gehalten zu haben, und sei zu der Feststellung gelangt: In Gefangenschaft vermehren sie sich nicht. Solchen Quatsch, Koko, wollen wir mal nicht glauben. Aber dass du edel bist, wir ahnten es immer.

Willkommen also in der neuen Würde, Koko – *Lord Derby's Parakeet, Psittacula derbiniana, Lord Derbys Edelsittich*. Nun Näheres herauszukriegen, wer der zuständige Lord Derby war und worin sein Verdienst für die Vogelkunde besteht, macht Mühe. So gelangt Mugele auch in Spezialbibliotheken. Dann weiß er: Die Stanleys, britischer Hochadel, tragen väterlicherseits bis auf den heutigen Tag den Ehrennamen Lord Derby, egal ob sie große Schlachten geschlagen, geköpft wurden oder sich sonst hervorgetan haben: alles berühmte Politiker, Künstler, Wissenschaftler, Militärs, Müßiggänger, Kunstsammler, Parlamentarier, vom König, von der Königin ins Oberhaus berufene Lords, mit oder ohne Hosenbandorden. Ein uraltes Geschlecht, seitdem König Henry VII. 1485 Thomas Stanley mit dem Titel *Earl of Derby* bedachte.

Wer aber war der namensgebende Derby? Lord Derby XII. des verzweigten Clans, ein Pferdenarr, eher nicht, wiewohl er eine naturwissenschaftliche Bibliothek anlegte. Wiewohl er auf Knowsley Hall Gehege und Stallungen ausbauen ließ und in seiner Menagerie neben 94 Arten Säugetieren auch 318 Arten von Vögeln beherbergte. Tatsächlich war's der Sohn, Edward Smith Stanley (1775 – 1851), Earl of Derby XIII., seines Zeichens britischer Politiker, Grundbesitzer, Baumeister, Landwirt, Kunstsammler und Naturforscher. Er hielt sich in größerem Stil Papageien, gelegentlich auch Künstler. So den berühmten Maler, Limerick- und Nonsensdichter Edward Lear in den Jahren 1832 – 1836. Der schuf ein vorzügliches Buch zoologischer Illustrationen von Papageien, bot dabei erstmals keinen Abklatsch ausgestopfter Vögel, sondern zeichnete nach lebendiger Natur. Auf dem Landsitz gab es viel zu entdecken – die letzte damalige Inventarliste zählt 1272 Vögel und 345 Säugetiere auf. Aber ob unser Lord Derby XIII. je in Indien oder China geweilt und in den Bergwäldern in 1500 bis 4000 Meter Höhe den Papageienschwärmen nachgestiegen ist, lässt sich verlässlich nicht sagen. Gewiss ist, dass er reich und hoch angesehen war. War generös. Man schmeichelte ihm, ja verzichtete ihm zuliebe auch auf eigenen Ruhm. Man brachte ihm als Ehrengabe exotisch fremdes Getier auf das Adelsgut Knowsley Hall. Aus drei Erdteilen stammten die Tiere, bei deren wissenschaftlicher Namensgebung man ihm die Patenschaft antrug – der afrikanischen Riesen-

Elenantilope (Taurotragus derbinianus), einem südameri-kanischen Hühnervogel, dem *Zapfenguan* (Oreophasis derbianus) und eben dem Chinapapageien, *Lord Derbys Edelsittich, (Psittacula derbiniana)*. Wer hätte das gedacht, Koko.

Von den Sorgen, die Konstantins Familie betreffen, wiewohl er manchmal danach fragt, weiß der Professor nichts, allenfalls flüchtig. Dabei ist manches für die Mu-geles nicht Sorge, was andere schon auf die Barrikade treibt, so der Engpass in der Fleischversorgung. Da scherzen Konstantin und Isa noch, wenn die Metzger statt Wurst und Schinken Blattpflanzen ins Schaufenster rücken. Was macht sie unempfindlich gegen Armselig-keit? Dass sie Kriegskinder waren, die gelernt hatten mit Not umzugehen? Dass sie sich *Die Große Lehre vom Künf-tigen* in Seminaren und *Subbotniks* zu eigen gemacht hat-ten? Es ist vor allem das Urvertrauen in die Zukunft, das die Mugeles erfüllt. Und: *Budjet. Budjet.* Isa, nun schon Aspirantin, erwartet ein zweites Kind. Hoffnungsvoll sind die Mugeles in eine *Arbeiterwohnungsbaugenossenschaft* eingetreten, zahlen mit Geld und Arbeitsstunden. Die *AWG* baut im nördlichen Pankow, in Wilhelmsruh, und wieder an der Grenze. Nebenan der VEB Elektroappara-tewerk Bergmann-Borsig. Baut Turbinen und, neuer-dings, elektrische Rasierapparate, beide ziemlich laut. – Für die Mugeles bleibt fraglich, wer oder was zuerst fertig in die Welt gesetzt wird: Das Haus? Das Kind?

Das Kind. Familie Mugele nennt es Renate. War eine schwere, eine aufregende Geburt. Alle freuen sich, erregt ist der Papagei, der nun eine lebhafte Gefährtin in der Nähe hat. Es gefällt ihm, wenn das Baby nach dem Trin-ken aufstößt, recht geräuschvoll sein *Bäuerchen* macht, also *hick!* Da antwortet Koko der Kleinen, zur Freude der Familie, mit deutlichem: *Hick!* Nun wollen alle, wenigs-tens auf dieser Basis, mit dem Papagei ins Gespräch kommen, rufen *Hick!* Und *hick!* Vergeblich. Er missachtet Fälschungen. Sollen sie doch *Hick!* rufen, solange sie wollen. Er antwortet nur auf das, was inbrünstig aus unschuldiger Brust ertönt. Er ist ein Edelsittich.

Dem Genossen Ziegler gegenüber vom Papagei kein Wort. Der hat schon genug Vorbehalte. Er mag Balletttänzer nicht und auch nicht Germanisten. *Was ist das eigentlich, Germanistik?* – Mugele will es dem Professor nicht erklären und ist glücklich, nur in eine der zwei Kategorien zu gehören.

Mit dem alten Mann ist auszukommen. Wenn Mugele früh den Pack Tagespresse, und der ist riesig, überflogen und aufbereitet hat, kriegt er nachmittags, spätestens am Folgetag mit, was noch oder was vor allem beachtenswert war. Das Interesse des Professors ist weit gespannt, geht über die Künste, die Kulturtheorie bis in die Abgründe der Politik und der Börsenkurse. Aber der Professor gibt gern von seinem Wissen, auch von seinen Vermutungen ab, mal wie nebenbei, mal nimmt er sich richtig Zeit. Sein Secretarius soll nicht unbedarft durchs Leben taumeln. Da greift er auf die Erfahrungen in vielen Ländern zurück, begeistert sich neu am Volksleben in den italienischen Tavernen, rügt das französische Kleinbürgertum, das in den Zwanzigern um seine Baku-Aktien zitterte und nach deren Verlust nicht vom Antikommunismus ablassen kann. Über die Gewohnheiten russischer Bauern und Arbeiter gibt er Auskunft, über den scharfsinnigen Lenin, dem er begegnet war. Ihn schildert er im Vergleich zum beifallsüchtigen Trotzki. „Eine Szene, die mir vor Augen steht. Moskau, Kolonnensaal. Trotzki, ein guter Redner gewiss, lässt sich feiern, wie er vom Pult her durch die Reihen schreitet und die Honneurs entgegennimmt. Gleichzeitig Lenin, der Stratege, hockt vorn auf den Stufen, eine Kladde auf den Knien, nimmt letzte Korrektur für seine Rede vor ..." Über Stalin spricht Genosse Ziegler zu Mugele nicht, kein Wort.

Halt, das stimmt nicht ganz. Einmal, gut gelaunt, kommt Ziegler aus der Sitzung des *Zentralbüros*, sagt: „Dass zwischen der Sowjetunion und Polen die Grenze willkürlich gezogen worden sei – Stalin habe sich über die Landkarte gebeugt und seinen Arm auf die Karte gelegt, um den entscheidenden Strich zu ziehen, und es sei ob des Ärmelknopfes ein Huckel entstanden – das stimmt alles nicht. In Wirklichkeit sei eine hochrangig besetzte Russisch-Polnische Grenzziehungskommission die künftige Trennlinie abgeschritten und habe einvernehmlich alles regeln können. Aber irgendwann sei die Kommission auf ein Gehöft gestoßen, bei dem die Grenze später mitten hindurch verlaufen werde. Was tun? ‚Lassen wir den Bauern entscheiden!' Sie klingeln an der Haustür. Bäuerlein kommt. ‚Wir von der Russisch-Polnischen Grenzziehungskommission möchten Sie fragen, ob Sie für Polen oder für Russland optieren möchten?' – ‚Da muss ich meine Frau fragen', erwidert der Bauer und klettert die Stiegen hinauf. Kehrt zurück und sagt: ‚Zu Polen.' – Kurz vor Abschluss der Arbeit besinnt sich die Kommission des interessanten Falls und kehrt noch einmal zu besagtem Gehöft zurück. Klingelt. ‚Es bleibt, wie Sie entschieden haben', sagt der Kommissionsvorsitzende, ‚nur wüssten wir noch gern den Grund.' – ‚Da muss ich meine Frau fragen', sagt der Bauer und klettert die Stiegen hinauf. Kehrt zurück und berichtet: ‚Meine Frau fürchtet den russischen Winter.' So war das."

Manchmal, sehr gelegentlich, darf Konstantin die Honneurs entgegennehmen, die Professor Ziegler zugedacht sind. So muss der Professor an einem 8. März den versammelten *Verdienten Frauen* des Landes Gruß und Dank von Partei und Regierung überbringen, ehe ein festliches Tafeln beginnt. In hohem Ton spricht er vom Menschen, der Schöpfer seiner selbst sei, gibt auch ein uraltes Rätsel zu bedenken: *Am Morgen läuft er auf vier Beinen, mittags auf zweien, am Abend auf dreien ...* Da kommen sie, die Mugele aus der Arbeit kennen, und sagen erregt: „Heute hat dein Chef so interessant und zu Herzen gehend gesprochen ..." Mugele, für den sein Professor durchaus auch sphinxisch ist, ahnt, auf dem Zettel für das Grußwort stand womöglich ein einziges Wort. Und kaum jemand im Saal kennt es. Und die Beilage der richtungweisenden Tageszeitung titelt jede Woche: *Die Gebildete Nation.*

Nach ein paar Monaten im Haus am Rosa-Luxemburg-Platz wird das *Hohe Haus* mitsamt der *Lichtzentrale* in das Gebäude am Werderschen Mark verlegt. Einst hatte dort Hjalmar Schacht residiert. Für Mugele ein riesiges Labyrinth, in dem er sich noch oft verlaufen wird. Der zweite Stock, von einem Posten besonders abgeschirmt, ist dem engeren Kreis des *Zentralbüros* nebst Mitarbeiterstab reserviert. Dort sitzen Mugeles Kollegen, erfahrene Spezialisten, die ihren Chefs die Reden ausarbeiten. Die Richtung weist Walter Ulbricht. Wenn Bernhard Ziegler zu ihm geht, führt er eine kleine Kladde mit sich, die mit *WU* beschriftet ist. Er sammelt: Worte des Großen WU.

Zu Mugeles Obliegenheiten gehört Routinearbeit: Termine vereinbaren, absagen, vertrösten. Das macht keinen Spaß. Aber es gibt immer neu Anfragen, Beschwerden, Eingaben zu Plagen und Vorkommnissen, die eine *Kommission für Erleuchtung* möglichst umgehend klären möge. Das ist spannend, wiewohl manchmal auch abwegig und nicht zu lösen. So verlangt das Außenministerium dringlich abzustellen, dass in Zentralafrika das Buch über *Nobi* verbreitet werde, das von einem Afrikaner handele, dem die Tiere des Waldes, und freilich auch die Affen, Beistand leisten. Ein Einheimischer dort sucht oder erfährt Hilfe von Affen – das sei blanker Rassismus. Empörend das Buch, es störe die Aufnahme diplomatischer Beziehungen ... Armer verkannter Ludwig Renn, Spanienkämpfer, was hast du dir nur mit diesem liebenswerten Kinderbuch gedacht! – Ähnlich schlimm eine Hiobsbotschaft aus dem Norden: das schwedische Königshaus unterhält zwar noch keine diplomatischen Beziehungen zur DDR, aber wie man die Veröffentlichung eines Tagebuchabdrucks von F.C. Weiskopf in der Literaturzeitschrift beanstanden kann, weiß es bereits. Weiskopf charakterisiere einen jüngst verstorbenen Prinzen als lieb, aber ein wenig dümmlich. Ja, wie soll man da dem ehrenwerten DDR-Außenministerium anderes sagen als: Es ist die Meinung des Genossen Weiskopf. Und: Er kannte ihn. – Der Erfinder einer elektronischen Orgel wünscht sich zur endgültigen Fertigung seines Meisterwerks nochmals eine Tranche Banknoten. – Ein bestallter Universitätsprofessor erbittet über die *Kommission für Erleuchtung* eine Entscheidung des *Zentralbüros*, das Wirrwarr bei der Transkription chinesischer Namen und Begriffe zu beenden. Das ginge schon mit der Hauptstadt los, solle man *Peking* oder *Beijing* sagen und schreiben, *auch Peiping* war schon zu hören. Gütiger Weise fügt er eine weitere, von ihm selbst erarbeitete Übertragungsmethode an. – Unbeschwert ist die Anfrage eines Goethe-Enthusiasten und Professors: Der große Dichter habe eine wunderbare Tagesaufgabe formuliert. Unser Professor habe sich den großartigen Text notiert, aber die Quelle sei ihm just entfallen. So wende er sich vertrauensvoll an die mit Erleuchtung Befassten und bitte um eine Nachricht. Auf dem Zettelchen stand:

Man sollte alle Tage wenigstens ein kleines Lied hören, ein gutes Gedicht lesen, ein treffliches Gemälde sehen und, wenn es möglich zu machen wäre, einige vernünftige Worte wechseln.

Man sollte. Man sollte. Er, Mugele, kommt zu gar nichts mehr. Ach lieber Koko, man sollte jeden Tag wenigstens einen Papagei kraulen, ihn sanft mit Wasser besprühen und, wenn es möglich zu machen wäre, einige vernünftige Worte mit ihm wechseln.

Mit dem Professor raus in die Bezirke zu fahren ist ein ander Ding, vorn Fahrer und Begleiter von der Sicherheit, hilfsbereite Burschen. Der Chef hat Arbeit mit, Vorlagen, Berichte. Macht sich Notizen, streicht an, erteilt Aufträge. Mugele erstaunt das Arbeitspensum, das werden zehn und zwölf Stunden am Tag sein, wenn's mal reicht. Die Landschaft wird lieblicher, der Professor entspannt sich, fängt zu singen an, wundert sich, wundert sich nicht, wie sein junger Begleiter einstimmt, Melodie und Text weiß. Sie fahren dem *Zupfgeigenhansl* entgegen, Wyneken, dem Hohen Meißner mit seiner Basaltkuppe. Und ist doch nur Burg Giebichenstein in Sicht, an *der Saale hellem Strande* gelegen, wenn's nur so wäre. Später erreichen sie Thüringen. Ziegler singt eine melancholische Weise, die kennt Konstantin nicht.

Hier sitz' ich auf Rasen
mit Veilchen bekränzt;
hier will ich auch trinken
bis lächelnd am Himmel
mir Hesperus glänzt. ...

Das menschliche Leben
ist schneller dahin
als Räder am Wagen.
Wer weiß, ob ich morgen
am Leben noch bin? ...

„Das Lied höre ich zum ersten Mal", sagt Mugele. „Es klingt wehmütig, korrespondiert gar mit dem Spruch alter Genossen: *Kommunisten sind Tote auf Urlaub.*"

„Mag sein", sagt der Professor, „aber es ist sehr viel älter, stammt noch aus dem 18. Jahrhundert. Mal ist es fort und vergessen, mal taucht es hervor und will gesummt und gesungen sein. Im April 1919 hatte ich nach aufregender Fahrt mit Ludwig Kroeber aus München endlich Moskau erreicht – wir wurden im *Kavalerski Korpus* untergebracht. Hoch auf den Zinnen des Kreml habe ich das Lied gesungen. Der Abendstern war fern und niemand störte. Wir sollten bedenken und uns daran gewöhnen, wie weit Europa reicht."

Moskau, ja dort müsste man einmal hin und ganz in Ruhe, denkt Mugele, aber das sagt er Bernhard Ziegler nicht. Der hatte in Moskau auch bittere Stunden erlebt und sich wieder aufgerappelt. „Fallen, das passiert. Zu den wichtigen Erfahrungen in meinem Leben gehört: Aufstehen lernen!"

Ob der Chef mit ihm und seiner Arbeit zufrieden ist, Konstantin weiß es nicht genau. Manchmal lacht er, manchmal stöhnt er auf. So lädt die Prinzipalin des Berliner Ensembles den Professor zu einer der *sehr lustigen Flinz-Proben ein,* merkt im Brief auch an, sie habe in Zürich ausführlich mit einem Agenten verhandelt – der sieht das erschrockene Gesicht des Sekretarius und lacht. – So hält Mugele dem Professor für die Wahlversammlung der Schriftsteller einen Platz in der Mitte frei, der aber strebt stracks zur Wand. Die Standpauke gibt es hinterher:

„Wenn du einen Saal betrittst, guck als erstes, wo die Türen sind und die Fenster. Begreif doch: Mit dem Rücken immer an die Wand!" Das ist die Erfahrung des Illegalen, denkt Mugele, und sie leuchtet ein.

Auch ein Papagei ist ungern umstellt. Er sucht einen Platz, der Schutz verspricht. Drum sind runde Käfige völlig ungeeignet. – „In Pankow kenne ich eine Wohnparteigruppe", sagt Mugele, „in der es nicht schwer fällt, auch betagte Genossen für eine Plakataktion zu gewinnen – aber zu dieser Aktion gehen sie nur nachts. Und im Januar wollen sie ihre LLL-Versammlung haben. Und kriegen sie auch. Und mitten in der Gedenkrede fällt der Strom aus, aber das macht einem LLL-Redner überhaupt nichts, er fährt einfach fort und würdigt sie alle, Lenin, Liebknecht, Luxemburg."

„Manche Erfahrung der Illegalität", sagt Ziegler, „ist einfach angeraten in einer Epoche der Klassenkämpfe – oder sind wir da schon raus? Wenn du zum Beispiel unterschreiben musst, sorg, dass der erste Buchstabe missdeutbar bleibt. Schon suchen sie in der falschen Spalte."

Ach ja, die alten Haudegen, denkt Mugele. Und es ist ihnen ernst. Aber vertrauen sie uns Jungen oder tun sie es nicht? – Mugele fischt aus dem Packen der Tagespost, an den Leiter der *Kommission für Erleuchtung* gerichtet, eine Anfrage der Chefredaktion des *Neuen Deutschland:* Ob angesichts der aktuellen Kultursituation und der Kaderschwierigkeiten in der Redaktion die Möglichkeit bestehe, Genossen K. Mugele in absehbarer Zeit für eine feste Mitarbeit freizugeben. – O Gott, gegen dieses Angebot hat er sich schon vor sieben Jahren gewehrt. Immer mal hat er eine Rezension, eine Glosse für das Blatt geschrieben und weiß: Redakteure sind Getriebene, es peitscht sie die Zeit. Wortlos legt er das Schreiben dem Professor vor. Der überfliegt den Text, zieht die Stirn kraus und sagt: „Ja, warum eigentlich nicht? Da haben wir dann einen Mann drin." Augenblicke später überlegt er es sich anders. Mugele kommt ins Grübeln: *einen Mann drin haben* in jenem *Zentralorgan,* das dem *Hohen Haus* direkt untersteht ... Oje, die alten Genossen, *komin-*

42

ternerfahren ... Aber Ziegler will ihn nicht hergeben. Da spürt er Vertrauen.

Und du selber, Konstantin? Traust du den Menschen? Oder auch nur dem Papagei? Die Zahl derer, die sich deine Freunde nennen und die dich um Rat fragen, steigt bedenklich. Denk nicht schlecht, von niemandem denk schlecht. Hilf, wenn du kannst. Auf deinen Schicksalsgefährten aber darfst du bauen. Machst du aber nicht, Mugele. Du hast ein Auge drauf, dass er dir nicht fortfliegt. Er darf auf deinem Kopf landen und mit dem Schnabel den Haarschopf kämmen – Ohr und Aug darf er nicht nahekommen, bislang. Mugele, du misstraust.

Beherzt setzt Konstantin den Papagei auf die linke Schulter – weiß er, was er anrichtet? Koko spürt Wohlwollen. Mit seinem Schnabel, der ist durchblutet und warm, streichelt er das Ohrläppchen. Von nun an, links auf Mugeles Schulter sitzend, beschaut ein Papagei die Welt. Jedenfalls die häusliche. Er ist ruhender Pol auf bisher ruheloser Gestalt. Ist jener so gelaufen, der die Eule nach Athen getragen hat?

Bittsteller stellen sich ein: der *Demokratische Frauenbund* vom Prenzlauer Berg wünscht sich zur Jahreshauptversammlung einen Vortrag zum Thema: *Familie und Papagei. Aus dem Erfahrungsschatz eines alten Züchters.* – Die Arbeitsgemeinschaft *Freie deutsche Reiher* der *Jungen Pioniere* trägt ihm die Ehrenmitgliedschaft an. – In der Uni Jena liegt eine Dissertation eines vietnamesischen Aspiranten an: *Das Vogelmotiv in der vietnamesischen und der germanischen Mythologie. Divergenz und Übereinstimmung.* Wir bitten Sie um das Außengutachten möglichst bis ...

Nein, Mugele lässt sich nicht hinreißen. Er hat auch Sorgen: ringsum, im sandreichsten Revier der Republik – kein Vogelsand aufzutreiben. Die Streuung. Wie soll das weitergehen mit der häuslichen Hygiene ohne den feinen weißen Sand, mit Kalk, Sepia, Anisöl versetzt, Ingredienzien, die Mensch und Papagei gesund erhalten? Rettung erhofft Mugele von der Endmoräne, wie sie die letzte Eiszeit vor 12 000 Jahren im Brandenburgischen zurechtgerieben hat, so die Wanderdüne bei Woltersdorf. Aber ist die keimfrei? Auch überstehen Viren und Mikroben hohe Temperaturen. Er muss ein kräftiges Feuer machen, um den Sand wenigstens bakterienfrei zu kriegen. Hat am Sonntagmorgen, die Leute schlafen noch, im Hof aus alten Ziegeln einen offenen Brennofen gerichtet, setzt eine halb mit Dünensand gefüllte Eisenschüssel drüber. Das Buchenholz lodert – für Koko alles! Mutmaßt schon den Neustart für märkisches Glasbrennen – im Baruther Urstromtal sind sie seit 1716 dabei – da kippt der windige Brennofen in sich zusammen. Reflexhaft greift Mugele nach der Schüssel, schreit auf.

Zwei verbundene Hände sind am Montag nicht lange unter dem Tisch zu verbergen. Professor Ziegler schickt seinen Assistenten mit dem Dienstwagen unverzüglich in jenes Krankenhaus, in dem man auf Schritt und Tritt maladen Staatsdienern begegnet, auch kränklichen Künstlern, Schriftstellern von einiger Berühmtheit. In der Scharnhorststraße mangelt es nicht an erlesenen Ärzten und vorzüglichen Salben. Heute hilft ihm das. Er kehrt noch mal zur *Kommission für Erleuchtung* zurück, um sich krankzumelden.

„Was hast du Sand zu kochen?" fragt Ziegler, und Mugele muss die Geschichte vom lebensrettenden Papagei preisgeben. Der Professor zeigt Verständnis. Auch auf diesem Gebiet hat er Kenntnisse. „Schau dir alte persische Poeme an – ohne Papagei geht es da nicht ab. – Gut, dass dich Engpässe nicht genieren", sagt Ziegler. „Du weißt dir zu helfen. Muss man auch. Im Kaukasus, selbst in Moskau habe ich viel improvisieren, basteln und erfinden müssen. Übrigens: das Sekretariat im Hohen Haus

44

hat eine Dienstreise nach Moskau beschlossen, um die Heimkehr von Kurt Sanderling perfekt zu machen. Den kennst du nicht? Du wirst ihn schätzen lernen. Sanderling ist ein großer Künstler, vormals Chefdirigent des Symphonieorchesters von Charkow, war 18 Jahre lang, bis heute, der zweite Mann am Dirigentenpult in Leningrad. Wir brauchen ihn dringend. Und du kommst mit mir. Beeil dich mit den Brandwunden. Es geht nicht an, dass du Moskau nur aus der Perspektive deines russischen Teeschaffners kennst. Moskau – dort schlägt das Herz der Welt. So, und nun schnell nach Hause mit dir. Und gründlich ausheilen. In zehn Tagen geht's los. Inzwischen erkunde, welches Konzept die sowjetische Kulturministerin verfolgt, ackere die Rede vom Parteitag durch. Ich bin gespannt, was dir auffällt. Ist alles übersetzt. Ich schicke es dir morgen. Vor allem: Gute Besserung. Und nun greife nicht mehr. *Begreife!*"

Professor Ziegler und Mugele, mit Diplomatenpässen ausgestattet, steigen in die Maschine der *Interflug*. Sie werden zum *VIP*-Bereich geführt. Der Begleiter nimmt draußen seinen Platz ein. Zur Begrüßung wird Sekt gereicht. Ab geht's nach Moskau-Scheremetjewo von Schönefeld her, dem von *FDJ-Brigaden* erbauten Rollfeld der Hauptstadt, der Dichter Karl Mickel damals dabei. Professor Ziegler greift nach der *Frankfurter Allgemeinen,* streicht sich was im Leitartikel an, sagt: „Der Flüchtlingsstrom nach Marienfelde beginnt ihnen lästig zu werden, für uns aber ist er fatal. Was suchen diese Leute, und zunehmend sind es Bauern, in dem bigotten Adenauerstaat?" – Fragt, ohne eine Antwort abzuwarten: „Und wie war die Lektüre der Furzewa-Rede?"

„Chruschtschows Kulturministerin spricht einschläfernd, Genosse Ziegler, richtig trocken. Statistik, Statistik ihr ein und alles. Widersprüche sieht sie nicht. Also Probleme – kaum erkennbar."

„Ich weiß. Dabei gibt es im sowjetischen Vielvölkerstaat und seinen Kulturen Probleme übergenug. Unsere Bruderpartei geht die Dinge eher pragmatisch an. Uns Deutschen, das wusste schon der alte Heine, liegt mehr das Grübeln und Philosophieren. Für morgen ist ein Besuch bei ihr im Ministerium verabredet." – Die Stewardess füllt den Sekt nach und bietet Kaffee und ein Frühstück an.

Hoch in den Lüften ist Zeit für ein ungestörtes Gespräch. Das geht von neuen Büchern in Frankreich und Italien bis zu Chancen der Skelettbauweise und wie man die Eintönigkeit neu erbauter Stadtviertel aufbrechen könnte. Was leistet eine gute Übersetzung und was kann sie nicht? „Schon ein einziges Wort deutsch dem ausländischen Pendant zugesellt, bietet Übereinstimmung und Nichtübereinstimmung", sagt der Professor und legt für einen Augenblick beide Handflächen zueinander, ehe er die Daumenballen gegenläufig leicht dreht. „*Chleb* – Brot", sagt er, „das scheint identisch. Ein Russe aber hört zugleich *Getreide*. Das bietet Raum für Missverständnisse. Es ist doch ein Unterschied, ob ich aus der Periode des *Kriegskommunismus* berichte, den Kulaken wurde das Brot weggenommen oder die Getreidevorräte wurden beschlagnahmt?" So kommen heikle Dinge zur Sprache. „Sag bitte, Genosse Bernhard, wie konnte es in unserer Bewegung zu solch verhängnisvollem Beschluss kommen wie dem Verdikt über die *Sozialdemokratie als Hauptfeind*?"

„Die Untaten der Noske und Zörrgiebel sind unbestreitbar, dennoch war dieser Beschluss sektiererisch. Er traf auf eine aus Erfahrung gespeiste Grundstimmung in der Arbeiterklasse. Ich nehme ein Beispiel: Ein Fabrikarbeiter, er muss nicht Kommunist sein, wehrt sich gegen die Kürzung seines Lohns, die Betriebsleitung entlässt den Mann, der *den Arbeitsfrieden gestört* hat. Der Betriebsrat stimmt zu – ein Sozialdemokrat. Der Arbeitslose geht auf die Straße und empört sich, der Polizist zieht ihm den Gummiknüppel über und nimmt ihn hopp – ein Sozialdemokrat. Ein Richter verknackt ihn. Wer schließt den Gefangenen ein? – Doch der Beschluss war grundfalsch." – Das Flugzeug verliert an Höhe. Im Landeanflug liegt Moskau. Dort wurde der Beschluss gefasst.

Denkt Mugele an die Dienstreise im Frühsommer 60, Reise im Schatten des Professors, sieht er draußen eine quirlige besonnte Stadt. In den Sälen geht es gedämpft zu. Professor Ziegler beabsichtigt, seinem Mitarbeiter den Stadtkern zu zeigen, wenn das offizielle Programm absolviert ist. *Schwanensee* im *Bolschoi* ist die Vorspeise. In seiner Erinnerung sieht Mugele eine energische, elegante Blondine auf Ziegler und ihn zutreten, rund fünfzig Jahre alt, Ministerin Furzewa. Eine mächtige Frau, die einzige in dem von Männern okkupierten Präsidium des *ZK der KPDSU*. Und *Sekretär des ZK* ist sie auch. Die deutschen Gäste bittet sie an einen grün betuchten Arbeitstisch. „Jekaterina Alexejewna", sagt Professor Ziegler auf Russisch, „im Namen unserer Parteiführung und der Regierung möchte ich Genossen Chruschtschow und der *KPdSU* nochmals für das Verständnis und alle Unterstützung danken: Kurt Sanderling kehrt nach 24jähriger Emigration in sein Heimatland zurück und wird dort eine bedeutende Aufgabe übernehmen." – „Das geht schon in Ordnung", sagt die Ministerin, was Mugele noch grad versteht. Und kein Wort mehr über Kultur, was Mugele nicht versteht. Vielmehr parlieren die Zwei über platte Politik, über die ansteigende Zahl der Flüchtlinge von Ost nach West. Und Ziegler zieht die *FAZ* aus der Tasche und gestikuliert heftig mit der Zeitung in der Hand.

Die Begegnung mit Kurt Sanderling war und bleibt für Mugele der Lichtpunkt, wiewohl sie im sterilen Ambiente eines Gästehauses stattfindet. Dumpfes Licht, das ist vornehm, tröpfelt durch Vorhänge. Kurt Sanderling ist gut aufgelegt und konzentriert zugleich. Sendbote und Dirigent umarmen sich mit russischer Herzlichkeit. Sanderling steht am Wendepunkt zweier Lebensepochen, das ist aufregend. Aber der Emissär macht es ihm leicht, nennt die Freude, die seine Zusage in Berlin geweckt habe, auch bei ihm, Ziegler. Die Entscheidung, das Pult in Leningrad aufzugeben, sei weitsichtig, sagt er. Ein Deutscher, so gut er sei, werde dort nie die erste Geige spielen. Und fragt nach den Wünschen und Erwartungen des Übersiedlers für sich und die Familie ... Das alte Pankow sei eine angenehme Vorstadt. Vielleicht werden wir Nachbarn? – Es läge eine Einladung zu einem Gastdirigat beim London Philharmonic Orchestra vor, sagt Sanderling, solle er zusagen? – „Dagegen spricht nichts", meint Ziegler, „aber antworten Sie besser nach der Übersiedlung, vom neuen Wohnsitz her."

Mugele blickt fasziniert in das belebte Gesicht des Dirigenten. Er freut sich schon auf dessen erstes Berliner Konzert, möglicherweise ist eine Schostakowitsch-Symphonie dabei. – Zieglers Frage, ob Sanderling Wünsche gegenüber dem in Aussicht genommenen Berliner Sinfonieorchester hege, beantwortet der bescheiden: „Ich freue mich auf alle, die dort musizieren. Wir wollen *von unten auf* miteinander arbeiten." Das berührt Mugele sehr.

Der Gang durch Moskaus zentrale Straßen und Plätze an der Seite des *Einheimischen* ist ein Kontrastprogramm. Kreml und Roter Platz, das Denkmal für Majakowski, die alten *Sperlingsberge* längs über der Stadt mit der Lomonosssow-Universität – Mugele kann nicht genug davon gezeigt und erläutert bekommen. Auch dem jungen Begleiter vom Personenschutz macht der Stadtgang Spaß. Mugele zückt seinen recht primitiven Fotoapparat und schießt Bild um Bild, bis der Professor anmerkt: „Das alles ist oft und schon viel besser fotografiert worden, als dir das möglich ist. Die *Menschen* musst du sehen – ihnen musst du ins Gesicht blicken."

Zu Dritt gelangen sie zu einer vormalig orthodoxen Kirche, die durch Umwidmung zur *Bibliographischen Abteilung der Staatsbibliothek für Auslandsliteratur* dem Zerstörungswahn früher Sowjetjahre entging. Hier, im Refugium seiner einstigen Strafversetzung, begrüßt Frau Margarita Rudomirowa, die Leiterin, den Professor aufs Herzlichste. Ein guter Tee wird gebrüht, Erinnerungen flattern herüber und zurück. Und Mugele entgeht nicht der Stolz, mit dem die Direktorin auf den Mann blickt, der ihr 1935 heikel als Mitarbeiter zugeteilt ward.

Später verabschiedet sich Bernhard Ziegler von den zwei jungen Wegbegleitern, um seine vormalige Gattin, eine Russin, zu besuchen. Dorthin müssen Mugele und die Sicherheit nun wirklich nicht folgen.

Frau und Kinder sollen ein Mitbringsel aus Moskau erhalten. Die Zwei machen sich auf ins *GUM.* Und was entdeckt Konstantin? Ein wunderschöner großer Papageienkäfig, *Made in GDR,* blitzt auf. Wie würde der Chinapapagei sich wohlfühlen, wenn er sich, nach des Tages Schabernack, da rein zur Nacht zurückziehen könnte! Und grad dieses Exportgut aus der Heimat kann er, Greenhorn in der *Kommission für Erleuchtung,* dem *Vaterland aller Werktätigen* nicht entziehen, wiewohl er ahnt, was Diplomaten der Welt im Dienstgepäck so alles fortschleppen.

Und wie leben die Papageien in der Hauptstadt der Sowjetunion? Mugele zieht es mit Macht in den Zoologischen Garten. Er wird dort nicht glücklich, verfehlt auch die Papageien. Ein alter Zoo. Gewiss, der russische Bär, er hungert nicht, aber hier fehlt ihm Hagenbeck'sche Freiheit.

Die Familie daheim erhält einen Beutel Pralinen aus der Schokoladenfabrik *Rot Front*. Auch Koko freut sich über die Rückkehr Konstantins, zuspelt am Ohr, guckt als frage er: Hast du auch mir was mitgebracht? Das sind Augenblicke, in denen Konstantin eine strapazierte Moskauer Auskunft in Zweifel zieht – denn Papageien sind den Menschen viel näher, als diese meinen.

Solche Exkursionen gehen zulasten Isas. Auch Peter und der Papagei leiden. Und immer dann fallen Entscheidungen, die Isa treffen und ausbaden muss. Kurz: der Möbelwagen ist schon bestellt, das fertig gebaute Genossenschaftshaus muss bezogen werden. Die beiden Kinder sind für einen Tag bei den Großeltern. Dass auch der Papagei von der Hektik des Räumens möglichst verschont bleibe, stellt ihn Konstantin mit dem Käfig auf den Kachelofen. Die Transportarbeiter klettern fluchend die hohen Stufen der engen Hinterhaustreppe empor und beruhigen sich ein wenig, als sie die Teller mit dem kräftigen Frühstück und auf dem Ofen den schönen Vogel erblicken. Fünf Mann haben plötzlich Zeit, klettern nacheinander auf einen Schemel und suchen dem klugen Tier ein paar dumme Wörter beizubringen. So kommt man ins Gespräch. Und dann flutscht es. Den Vogel aber unterschätzen alle, auch Konstantin. Als die Bude schließlich leer geräumt und gefegt, auch die peinliche Frage schroff beantwortet ist, ob Mugele ‚die olle dicke Bibel‘ noch brauche, als fast alle unter der Platane zur Abfahrt nach Wilhelmsruh versammelt sind, werden die Möbelräumer nun doch unruhig. *Zeit ist Geld!* – Der Papagei muss noch geholt werden. Doch den Vogel haben die ungewohnte Geschäftigkeit, danach die Leere und absolute Stille so verstört, dass er sich mit übergroßer Anstrengung durch die Käfigstäbe gezwängt hat. Nun will er sich nicht mehr einfangen lassen. Unten hupen die bibelfrommen Möbelfahrer, und man kann nicht einmal das Fenster aufreißen und hinunterschreien: „Geduld, ich werde den *Bager* schon kriegen."

O Glück des Einziehens. Du hast eine neue Wohnung, hast sie mit erbaut! Wohnst im ersten Stock. Fontanestraße. Das Haus duftet nach Kalk und Ziegelstein. *Trockenwohnen* – lang aus der Mode. Du wohnst trocken. Anno 61 freust du dich, die ersehnte Bleibe auszugestalten. Wenn das Bohren und Hämmern ein Ende findet, wird jeder seine Ruhe haben wollen. Aber der Papagei wird durch die dünnen Wände zu hören sein. Augenblicklich ist er unerträglich, kreischt metallen auf, wenn nur in einer der Wohnungen gehämmert oder gebohrt wird. Was tun? – Renate krabbelt um die vollen Bücherkisten. Für maßgerechte Regale muss rasch ein Tischler gefunden werden. In der Nähe gibt es einen tüchtigen Altmeister, ortsbekannt ob seines Könnens und seiner Preise. Der Meister kommt, vermisst die Wände. Mitleidig betrachtet er die Tür des Kleiderschranks, die nur mit Hilfe eines eingeklemmten Stück Leders geschlossen bleibt, murmelt „russischer Verschluss". – „Bei Gagarin im Weltraum haben sie's auch so gemacht", höhnt Mugele, besinnt sich aber: Im *Bauern-und-Handwerker-Staat* sei lieb zu deinem Tischler.

Nein, Kindergeschrei wird im Haus nicht zum Problem werden. Die Einziehenden – manche haben zwei und mehr Kinder oder erwarten eins. Peter wird bald Freunde finden. Schon erkundet er das Terrain rundum und sucht nach der Schule. Dort wird er zum Herbstbeginn die Zuckertüte überreicht bekommen. „In der Schule ganz oben nisten Adler", berichtet er aufgeregt. So ganz stimmt das nicht. Aber brütende Falken, wie sich erweist, im Giebel einer *Zehnklassigen Polytechnischen Oberschule* – das ist schon was.

Die Hausversammlung im Freien verspricht Gutes, obwohl oder weil der Antrag auf Umwandlung der Wüstung hinter dem Neubau in einen Parkplatz zugunsten eines Kinderspielplatzes abgeschmettert wird. Mugele nutzt die gute Laune der Runde und lädt die Versammelten zum Umtrunk beim chinesischen Papagei ein. Das hast du dem Ziegler abgeguckt, gesteht er sich: Den Stier bei den Hörnern packen! Erst neulich hat der, als heftig um die Nachtschicht gestritten wurde, einer Gruppe von Stahlwerkern in Hennigsdorf geraten: „Eure Frauen verstehen das nicht? Verfluchen das Werk und euch, wenn ihr morgens müde heimkommt? Ladet sie doch, mit aller Vorsicht, mal ein zu einem Abstich. Was meint ihr, wie das Eindruck macht! Sie werden stolz auf euch sein, jedenfalls werden eure Frauen euch besser verstehen." Und der Parteisekretär stimmt dem Gast aus dem *Hohen Haus* zu, natürlich stimmt er zu, der Betriebsleiter nickt und meint: „Wir können es mal versuchen."

Und die Mitbewohner in der Fontanestraße 40 greifen sich eine Stulle mit Zwiebelschmalz, langen nach einem Gläschen Nordhäuser Korn, die Frauen nach Kirschlikör. Wie von allein gruppieren sie sich um den Papagei. „Also", sagt Mugele, „seid willkommen beim größten Schreihals des Wohnblocks – Koko. Ich frage mich, ob ihr den grünen Chinesen aushalten werdet, den Lebensretter? (Zustimmung rundum.) Details erzähle ich ein andermal. Zum Wohl. Auf gute Nachbarschaft." Die Gläser klirren und es sieht so aus, als ob es wegen des Papageien niemals Ärger geben könnte. Der aber kommt schneller als gedacht.

Zwei Urlaubswochen am Ruppiner See stehen an. Die Mugeles überlegen, wem die Ehre angetragen werden kann, einen Lebensretter zu betreuen. Auf gut Glück entscheiden sie sich für das Ehepaar im Erdgeschoss, ruhige Leute mit zwei netten Mädchen, ermahnen die Familie auch, den Vogel nicht aus dem Käfig zu nehmen und frei fliegen zu lassen.

Die Atempause im Ruppiner Land tut gut. Vorsommer in Gildenhall. Es lockt der See. Klar konturiert die *Liebesinsel*. Daran rudert die Familie vorbei, zu genau erinnert sich Konstantin der insularen Mückenschwärme manchen Kindertages. Alt-Ruppin ist das Ziel. Guten Tag, lieber Rhin mit deinen lauschigen Angelplätzen.

Viel zu rasch geht es nach Berlin zurück. Die Familie parterre links ist verstört. Koko hat Schaden angerichtet: neun Büchern hat er den Rücken heruntergerissen und mit der scharfen Schnabelspitze nicht wenige Buchseiten gelocht - in Kügelgens *Lebenserinnerungen eines alten Mannes,* in zwei Bänden *Brehms Tierleben,* im Gedichtband *Terzinen des Herzens* und bei fünf weiteren Kostbarkeiten. „Regle du das, Konstantin", sagt Isa, „es ist peinlich."

Tatsächlich ist die Aufregung groß und legt sich erst, als die Tante von der Versicherung, sie wohnt in der Nachbarschaft, den Schaden in Augenschein nimmt. Mugele erläutert: „Hier, im Haushalt der Nachbarn, hat dieser Papagei ohne unseren Auftrag und unser Wissen Schaden angerichtet; Bücherschaden – die Zeugen sind anwesend." Flüchtig blättert die Frau in der Kladde mit den Vorschriften und entscheidet: „Die Pflegefamilie ist durch Sie rechtzeitig gewarnt worden. Für so viel Unachtsamkeit können wir nicht aufkommen, leider."

Die zwei Mädchen stehen bedrippt. Mugele erbost sich: „Gute Frau, wissen Sie eigentlich, wen Sie da vor sich haben? Der Verursacher ist eindeutig Lord Derbys Edelsittich, aber Geld besitzt er nicht."

„Das entscheiden wir ohne Ansehen der Person", sagt die Versicherungsdame. Konstantin, die Police aus der Haftpflichtakte zottelnd, entgegnet: „Wegen dieses Papageien sind wir in Ihrer Versicherung, freilich egal aus welchem Geblüt. Wir kündigen, wir kündigen sofort."

„Nun beruhigen Sie sich doch, Herr Mugele", begütigt die Beauftragte der *Deutschen Versicherungs-Anstalt*. Sie entnimmt ihrer Tasche ein Formular. „Fülln se mal erst aus", sagt sie, „vielleicht lässt sich wat machen."

„Vielleicht, vielleicht!" Missmutig nimmt Mugele das Blatt und beginnt auszufüllen, wobei sich seine Laune rasch bessert. Der Text ist logisch und verständlich – *wann, wo, was (notfalls mit Beiblatt), Zeugen, voraussichtliche Schadenshöhe?* „Schadenshöhe weiß ich nicht", sagt Mugele. „Die Bücher müssen zum Binder. Die *Terzinen des Herzens,* Sie sehn es selbst, sind so durchlöchert, da hilft nur Schmerzensgeld." Zuletzt ist noch eine kniffliche Frage zu beantworten: *Was wurde getan, damit der Vorgang sich nicht wiederholt?* Die Versicherungsvertreterin, inzwischen hat sie sich neben Mugele gesetzt, guckt gespannt. Sie hat im Rahmen zweier interner Maßgaben zu agieren: 1. Abwimmeln zugunsten des Volksvermögens, aber keine Kunden vergraulen. 2. Sind die Fragen glaubhaft beantwortet, großzügig sein bei Lappalien. – *Ja, was wurde getan, damit sich …* Mugele trägt ein: Der Papagei wurde belehrt. – Die Firma ist es zufrieden und – zahlt.

Im Sozialismus ist niemand zufrieden, wenn er belehrt werden soll, und schon gar nicht, wenn sich die *Königsebene* betut. Auch sind grübelnde, gar philosophierende Parteiführer was Rares im Land. Da fällt Ziegler im Kreis der Pragmatiker auf. Auch in der überraschend angesetzten Diskussionsrunde des Sekretariats – diesmal ohne Thema und in erweitertem Kreis, die notorischen Raucher seitlich unter einer absaugenden Deckung versammelt – stört er mit seinen stolpernd vorgetragenen Thesen zu den Intentionen des jungen Marx. Es gibt Geraune, sodass der Vorsitzende Ulbricht mit einem Stift auf die Tischplatte klopft und Aufmerksamkeit verlangt. „Jeder Genosse hat das Recht, seine Überlegungen vorzutragen." Gemeint sind die Könige im *Hohen Haus,* es sind ja die

Unterkönige. Sie kommen aus Bereichen wie Ökonomie, Landwirtschaft, Außenpolitik, mächtige Herrscher mit Hinterland. Die Künste haben, in den Augen der Unterkönige, ein schier ewiges Schicksal: sie bleiben zurück. Und die Zeitungen schreiben es so. Dabei hätten doch gerade die Künste voran zu preschen und Anstöße zu geben. Nein, sie stören nur und sind anstößig. Daran haben Dispute und Konferenzen, zumal die in den Chemieschwaden von Bitterfeld erfolgten, auch die Disziplinierungsversuche danach, nichts ändern können. Die Irrungen, die Missverständnisse wachsen.

Mugele geniert sich wegen des offen bekundeten Desinteresses, das schon beleidigend ist. Nach dem so ergebnislos verlaufenen Disput sagt Professor Ziegler. „Konstantin, es ist nicht so wie es ist." – Merkwürdiges Trostwort. Noch zu Haus geht es Mugele durch den Kopf. Wie sollte es anders sein als es ist?

Koko ist ihm zur Begrüßung auf die Schulter geflogen und will gekrault sein, heute ein wenig nur. Schon hört er auf, zärtlich zu sein. Mugele verweist ihn auf seine Schaukel. In Wirtschaft und im Militärwesen, überlegt Mugele, bei *Staat und Recht,* bei der Industrie, selbst im Sport, überall sind Fachleute gefordert – bei Künsten und Kulturpolitik? Jeder der Mächtigen redet mit, das ist schon in Ordnung. Aber jeder entscheidet auch, freilich nach persönlichem Geschmack, ob ein pikanter sowjetischer Spielfilm, der im ganzen Land läuft, auch in Leipzig gezeigt wird, oder was sich zu Bernau ein Leierkastenmann herausnimmt, auf seiner Drehorgel abzunudeln. Nun Kommission, erleuchte mal. Dabei kann sich der Kommissionsleiter nicht von den eigenen Prägungen freimachen.

Die Theoretiker in der Hauptstadt empfehlen den Autoren plötzlich, sich die Sicht der *Königsebene* zu erarbeiten. War bislang der Blick von unten gefragt, ja gefordert, zu gestalten, was die Künstler an der Basis, in Betrieben und *Landwirtschaftlichen Produktionsgenossenschaften* gesehen und erlebt hatten, war nun mit den neuen Werken, die zu Tage traten, ob der Genauigkeit der Spiegelung der Schrecken groß. Selbst der Dichter KuBa wird wegen seines Theaterstücks *Bauernkantate* angezählt: er liebe die Bauern nicht. Das behauptet Genosse Ernst Wulf, Vorsitzender einer mecklenburgischen Muster-LPG. Er sagt es auf dem *ZK-Plenum,* das den Bauernkongress bewertet. Das lässt der dickköpfige Dichter nicht auf sich sitzen, und reicht dem Muster-LPG-Vorsitzenden sein Skript:

„Da, lies erst mal und streich an, womit du deine Behauptung begründen könntest." Und vor dem Gremium verlangt er eine Analyse des Stücks, und die wird ihm zugesagt. Aber die versammelten Funktionäre, obwohl manche von ihnen die *Bauernkantate* in Rostock-Marienehe gesehen hatten, können sie ihm nicht bieten. Der inkommodierte Schriftstellerverband vermag es auch nicht, selbst die unglücklich bemühte Akademie der Künste kommt mit dem Stück nicht zurande, findet zu keiner Verurteilung, und eine Analyse hat sie auch nicht. Und ging es überhaupt um Liebe? – Ein Dichter hat seinen Zeitgenossen den Spiegel vors Gesicht gehalten! Nun soll die *Kommission für Erleuchtung* den Fall abschließen. Der Vorsitzende lädt die berufenen Kommissionsmitglieder erst gar nicht ein, sondern nimmt die Angelegenheit selbst in die Hand, stößt aber auf beharrlichen Widerspruch des Dramatikers. Besessen, wie Shylock sein Pfund Fleisch verlangt, fordert der: „Versprochen ist eine Analyse des Stücks. Ich will die Analyse haben." Lautstark. Bis der Professor entnervt resümiert: „Jedes Ding muss doch ein Ende finden, Genosse KuBa. Man muss auch mal eine Kröte runterschlucken."

„Wenn du das kannst, Kröten schlucken", sagt der, „dann schluck. Ich kann es nicht."

Männerstolz vor Königsthronen? Konstantin ist es von KuBa gewohnt. Und er bewundert ihn. Er selber – ein Lernender. Aufmerksam genug? Gut zwei Jahre ist er jetzt beim Ziegler. Den Professor sieht er kritischer als zuvor.

Der Alte macht aber auch Fehler. Statt angesichts der notorisch geist- und literaturfeindlichen Attacken der A-denauer, von Brentano und Erhard gegen die Schriftsteller eine Bresche für mehr Libertät, mehr Experimentierfreude einzufordern, kommt er dem versammelten *Sekretariat* mit Marxens *Philosophisch-Ökonomischen Manuskripten.* Die hat der geschrieben, so was weiß man doch, da war Marx noch gar nicht Marxist.

Der Alte gilt als einfühlsam, wenn er mit jungen Schriftstellern über deren Manuskript disputiert, denkt Mugele, aber wenn er dabei auf eine Textstelle trifft, die er als feindlich empfindet, wird er urplötzlich kiesig. „Du bist verantwortlich für das, was aus dir herausquillt." Er beginnt also, mit Fritzing Reuter gesagt, *herut zu untersäuken.* „Wie kommt so was in deine Feder? In dir muss es doch stecken, wie käme es sonst heraus?" Und das sagt einer, der frei spricht, anregende Gedanken vorbringt und manchmal Hanebüchenes.

Statt mit dem Werk des viel zu früh verstorbenen Bertolt Brecht zu wuchern, der sich als kommunistischer Künstler die DDR erwählt hatte, um gegen die Alte Welt anzutreten, und nicht eben ein bürgerlich-antifaschistischer Mitstreiter war, verhält sich Ziegler wie alle Moskowiter in der Parteiführung, zaudernd. Aber wie Brecht ist Ziegler der Meinung, dass die Bibel in den Schulstoff gehört. Und ganz praktisch: *Die Gemäldegalerie Alte Meister in Dresden – spar sie dir, wenn du keine Ahnung vom Alten Testament hast.* Mugele hat Ahnung.

Das mit der Bibel plaudert Konstantin, da ist er gern Papagei, bei den jungen Dichtern aus.

Was zwischen den Kontrahenten an Ressentiments lief – da bist du zu jung zu, Mugele, das kriegst du nicht raus. Und überhaupt ist 1961 ein Jahr, da weiß niemand so recht, was die Weltgeschichte bereithält - *Jahr des Eisenbüffels*. In einer Kapsel umkreist der erste Mensch den Erdball, die Vereinigten Staaten zeigen sich tief getroffen. Im Fernsehen: Eichmann im Glaskasten. *Hat immer nur seine Pflicht getan.* Die Chruschtschow-Note zur Entmilitarisierung Westberlins mahnt an, bis Weihnachten solle der Hort der Freiheit *Freie Stadt* werden, ohne Geheimdienste, ohne Besatzer. Die Welt schreckt auf. Es kommt keine Ruhe in den Sommer, wiewohl alles läuft, wie es läuft.

Am Müggelsee gibt es ein kleines Sommerfest. Professor Ziegler ist entspannt und fröhlich. Die Urlaubsreise in den Kaukasus ist unter Dach und Fach, beschlossen also. Arme Personenschützer, an den Bergen wird euch der Alte davonklettern. In heiterer Laune auch Otto Gotsche, Sekretär Walter Ulbrichts, schlendert am Tisch Zieglers entlang und sagt: „Bernhard, ich glaube, dass du zeitlebens ein Wandervogel geblieben bist."

Wieder ein Sonnabendnachmittag. Vom *Hohen Haus* fährt ein Bus mit den Abteilungsleitern in den Niederbarnim. Es wird kein Ausflug in die Sommerfrische. Am südlichen Eingang der Gemeinde Basdorf biegt der Bus in das Objekt der *Kasernierten Bereitschaftspolizei* ein. Der Kommandeur wartet schon am Eingang. Er führt die Gäste in die Problematik ein: *Schnell mit voller Kampfstärke das Objekt verlassen und Kampfpositionen einnehmen.* Er zieht die Stoppuhr, löst Alarm aus. Ein gemächlicher Tag bricht weg, wird Geschrei, Geknatter und Rauch. Mögen einstmals Ritter, Knappen und Knechte bei Gefahr zur Burg gestürzt sein – hier eilen bewaffnete

Männer, sich hastig den Rock knöpfend, zu Schützen-panzern und Mannschaftswagen, um aufs Rascheste die Burg zu verlassen. Motoren heulen auf. In einer Staub-wolke verschwindet ein Bataillon. Der Kommandeur blickt auf die Stoppuhr: „Sechs Minuten. Das geht", ver-kündet er stolz. Es gibt nachdenkliche Gesichter. Mugele denkt sich nichts Böses, hat sich den versauten Nachmit-tag auch nicht gewünscht, fragt also: „Genosse Komman-deur, was kostet der Probealarm?"

Der Offizier, den Unwillen einiger nicht beachtend, antwortet er doch dem *Hohen Haus*, rechnet, überschlägt die Einzelposten, sagt: „Die heutige Übung kostet etwa 26 000 Mark der Deutschen Notenbank." Nun sind es alle zufrieden. Konstantin versteht nicht.

Auch Irene D., eine Freundin, ist verwundert. Sie ist Slawistikstudentin an der Humboldt-Universität. Hat ein Praktikum am Frauensee in der Dubrow, 30 Kilometer südlich von Berlin. Ein Ferienlager ist zu betreuen mit deutschen Kindern, mit russischen Kindern aus den Waldsiedlungen in der Sperrzone. Deutsche und russi-sche Kinder kommen bald gut miteinander aus, spielen, singen, tanzen. Die schön gebundenen Haarschleifen der russischen Mädchen werden bewundert und stören nicht, nur beim Baden. Alle tummeln sich, an 14 Tage ist gedacht, am Strand des *Frauensees.* Wo es Verständi-gungsschwierigkeit gibt – Irene behebt sie. Zum Mittages-sen verlangen die russischen Jungpioniere *Chleb* – und die Küchenfrauen, den Brauch nicht gewohnt, schaffen Brot herbei und schneiden es zurecht. Soll ein wunder-schöner Kindersommer werden. Bis eine russische Offi-ziersfrau im *Wolga* vorgefahren kommt, um ihren Pjotr *in einer Familienangelegenheit* aus dem Lager zu holen. Da hilft kein Gezeter des Jungen. Eine andere Offiziersfrau eilt auf dem Fahrrad herbei, *Jewgenia* müsse ihr *nun doch im Garten helfen.* Hilft keine Träne. Eine dritte, vierte russische Mutter, mal ein Vater in Hauptmannsuniform, verlangen ihr Kind zurück, bedanken sich artig und murmeln irgendwas. Binnen zweier Tage leert sich der russische Part des deutsch-sowjetischen Ferienlagers. Irene versteht nicht.

Professor Ziegler verabschiedet sich in den Kaukasus. Er beauftragt Mugele, die DDR-Anden-Feuerland-Expedition, wenn erforderlich, zu unterstützen, eine Berliner Bergsteigergruppe, demnächst mit einem nagelneuen S 4000 und anderem Testgerät unterwegs. Für den Brockhaus Verlag solle ein Chileporträt entstehen – dafür fahre der Schriftsteller Fritz Rudolph mit; der Laster und die übrigen DDR-Geräte sollen sich im tropischen und im Hochgebirgsklima der Anden bewähren. Man werde in Südamerika, Ziegler schmunzelt, auch etwas über unser Land erfahren. Die Schiffsreise beginne vom Hafen Gdynia. Leiter der Seilschaft sei Percy Stulz, Historiker, nebenbei der künftige Schwiegersohn des Außenministers. Das Patronat habe der Kulturbund. „Aber man weiß ja nicht, wie es kommt ...", sagt Ziegler.

Ach, der Percy, ein großer, blonder, hochbegabter Bursche. Dem ist Mugele im September 48 vor einer riesigen Tafel in der Alma mater erstmals begegnet, auf der die Professoren der wieder eröffneten Berliner Universität und ihre Vorlesungen verzeichnet waren, nach Fakultäten geordnet. Und was machen die zwei Neulinge? Sie stehen und rätseln und suchen aus dem riesigen Angebot traditionell-bürgerlicher Gelehrsamkeit die zwei Handvoll marxistischer Lehrer herauszufischen, die sich an Marxens alter Uni mit der neuen Denkmethode auskennen. Die wollen sie von den alten Hasen abkupfern und dann dreist auf die Wissenschaften losgehen. Ja, unter Hunderten braver Leute lass es ein Dutzend marxistischer Gelehrter sein – das war damals die *kommunistische Humboldt-Universität in Ostberlin.*

60

Nun aber, seit den frühen Morgenstunden, läuft ein kommunistisches Bubenstück. Und keiner will's gewusst haben. Macmillan, der britische Premier, unterbricht nicht einmal die sonntägliche Jagd. Kennedy sieht den status quo nicht gefährdet. Er kalkuliert kühl: *Better a wall than a war.* In Jeeps werden die Späher an die Grenze der Westsektoren geschickt. US-Soldaten fotografieren von West nach Ost, wie bewaffnete Arbeiter, *Kampfgruppen* genannt, *presumebly Germans*, Drahtbündel ausrollen und, von Soldaten unterstützt, ihre Grenze befestigen. Die Jeeps fahren unkontrolliert durch die ihnen zugewiesenen Übergänge in den *Soviet sector* und knipsen Gleiches von Ost nach West. Sie finden keinen Gesprächspartner. Sowjetische Truppen – nicht zu erblicken. Das macht die Niederlage noch bitterer. Die Vereinigten Staaten schicken eine Protestnote an N.S. Chruschtschow, aber die Aufhebung der getroffenen Entscheidung des Warschauer Pakts wird gar nicht erst gefordert. Maurer, auch Soldaten mit Ziegeln und Mörteleimern, errichten eine Mauer.

Von der Schließung der Grenze erfährt Mugele am Sonntagmorgen aus dem Radio. Es wird ein warmer, sonniger Tag werden. „Mit dir, mein grüner Papagei, hat das alles nichts zu tun. Hier, nimm Nüsse und Kerne, solange wir sie haben." Mugele macht eine Katzenwäsche, greift sich eine Schrippe und fährt ins *Hohe Haus.* Unterwegs: nachdenkliche Leute, Menschen, die ein *Na endlich!* bekunden, andere wütend und gereizt. Lebensplanungen zerstieben.

Ein Sonntag also im *Hohen Haus*, und alle sind da. Nur ein paar Angler fehlen. Eine kurze Absprache. Planungsstäbe entstehen, Verantwortliche der Ministerien treffen ein. Was wird heute gebraucht, was morgen und danach? – Viel und von allem! Mehl und Brot, Fleisch, auch Zucker. (Die Bruderländer springen ein.) Und

Opernsänger. (Der Minister für Kultur ordnet an, das vorzüglich ausgebildete *Nationale Dorfensemble* zweckgebunden aufzulösen.) Überhaupt, über Nacht wird alles verlangt sein, auch Arbeitsplätze für Hunderttausende *Grenzgänger*. (Was macht man mit Kommerzialräten?) Konstantin fällt der Papagei ein, wiewohl man sich in seinem Fall durchaus ein paar Wochen behelfen kann. Aber wie steht es um die Wellensittiche? Berliner sind ein tierliebendes Volk. Was knapp war oder fehlte, holte der gemeine Mann aus Quelle West. Konstantin eilt zu den Wirtschaftsleuten, spricht von den Wellensittichen. „Bist du wahnwitzig, Genosse Mugele, siehst du nicht, was hier los ist?" – „Ich sehe es genau", sagt der, „ihr wollt uns vierhunderttausend Berliner zum Feind machen ..." (Der Kaufauftrag nach Syrien – Hirse, wird aufgestockt und vorverlegt.) Mit dem Wellensittich, Konstantin, da hast du deine *Königsebene*.

Mugele jubelt nicht, Mugele trauert nicht. Er liest die eingehenden Nachrichten: schroff ablehnende, wägende, skurrile. Er wird sie alle vergessen, vielleicht die eine nicht, weil sie so fern aller Wirklichkeit erscheint:

Der Chef einer Kleiderfabrik in Westberlin wandte sich an die eine, ihm bekannte kommunistische Arbeiterin im Werk: Was machen wir, wenn die Russen kommen? – Sie dachte einen Moment nach und schlug vor: Dann nennen wir uns VEB Rote Nadel.

(Auszug aus „Konstantin Mugele erzählt", Erstmals veröffentlicht 2013, HeRaS Verlag, Göttingen)

Redefin, Kutschfahrt für Rentner, 1986

Berlin, 1. Mai 1960

Karl-Marx-Stadt, Dienstleistungskombinat 1975

HANS MÜNCHEBERG: Die Macht des Gesanges
Rekonstruktion eines realen Geschehens

Mehr als drei Jahrzehnte war der Autor neben seiner beruflichen Arbeit im Deutschen Fernsehfunk als gewählter Schöffe am Berliner Stadtbezirksgericht Treptow tätig.

An dem geschilderten Fall hat er als Beisitzender Richter mitgewirkt.

„Typisch Weiber! Für uns kein Feiertag - aber für sie 'n Tag zum Feiern."

Diese Einheit des Widersprüchlichen und ein ihm eigenes Pflichtgefühl wurden Egon S. im ersten Frühjahr nach dem Mauerbau beinahe zum Verhängnis. Ihm fehlten zudem gewisse Erfahrungsbereiche. Kurz gesagt: Er war ein Spätentwickler.

Noch als Halbwüchsiger war er in das Kabelwerk Berlin-Adlershof gekommen. Dort hatte er nur einmal - und zwar bei seiner Einstellung - mehr als zwei Sätze mit Frauen gewechselt: in der Personalabteilung. Sein Weg zum Facharbeiter und danach in den Meisterbereich II war konsequent von Männern begleitet worden - sein privater Lebenslauf jedoch von einer willensstarken Frau, seiner Mutter.

„Du darfst nie uffhören zu lernen, Junge!", schärfte sie ihm immer wieder ein. „Oder willste ewig Schichtarbeiter blei'm?" Und wenn er sie dann mit gequältem Gesichtsausdruck anblinzelte, versicherte sie eifernd: „In dir steckt mehr, ville mehr! Ne Mutter fühlt das! Und et wär ne Sünde, würdeste unjenutzt lassen, wat dir Gottes Gnade an Talent mit auf'n Weg jejeben hat."

Das mit der Sünde meinte sie ernst. Mit GOTT DEM HERRN wollte sie stets im Einklang leben. Sie ging regelmäßig in die Kirche. Solange Egon klein war, musste er sie zum Gottesdienst begleiten. Massiver Druck durch seine Schulfreunde half ihm Jahre später, sich zum ersten Mal gegen den Willen der Mutter zu behaupten und neben der Konfirmation auch zur Jugendweihe zu gehen. Danach musste er sich wieder und wieder Klagen über seinen Verrat anhören. Ihre Gebete wurden immer flehender. Die Macht des Diesseitigen drohte ihren Egon auszuhöhlen. Da war es besser, er verbrachte die Abende auf der Schulbank statt in verräucherten Versammlungsräumen.

Nun also trafen zusammen: der Internationale Frauentag, ein normaler Arbeitstag und der abendliche Stundenplan an der Volkshochschule.

Egons Mutter hielt nicht viel vom Frauentag. Auch für ihren Verflossenen war der 8. März nur ein willkommener Anlass gewesen, sozusagen offiziell um fremde Weiber herumzuscharwenzeln und durch gemeinsames Saufen alle moralischen Hemmschwellen hinwegzuspülen. Und weil Egon über Jahre miterlebt hatte, welche Jammergestalt sein Vater im Vollrausch abgab, war in ihm ein Ekel gegen Bier und Schnaps gewachsen.

Für den frauenlosen Meisterbereich war es ein normaler Arbeitstag, also stiefelte Egon in der Abenddämmerung, nüchtern wie immer, von Adlershof nach Spindlersfeld in die Alexander-von-Humboldt-Schule. Nichtsahnend stieg er in das erste Obergeschoss hinauf.

Die Tür zum Klassenzimmer stand einladend offen und wirkte wie ein Schalltrichter für Zurufe, Kichern und heftiges Prusten. Was gab es da zu lachen? Egon machte einen Schritt in den Raum und das Stimmengewirr verstummte abrupt. Ein rundes Dutzend erwartungsvoller Augenpaare blickte ihm entgegen. Was war los mit den

Frauen? Sie sahen irgendwie verändert aus. Und seltsam - von den Männern seiner Klasse war noch niemand erschienen. Jetzt fiel es ihm wieder ein: der 8. März!

„Ja, richtig ...," presste er heraus, „herzlichen Glückwunsch zum Internationalen Frauentag."

„Ist das alles?"

Ratlos blickte er sich um. Was wollten sie von ihm? Einfach übersehen, dachte er, flüchtete auf seinen Platz und atmete auf, als die Klingel ertönte.

Physik, Mathematik und Gesellschaftskunde - seine Glanzfächer. In den Pausen wurde er belagert, mit Schokolade gefüttert und befragt, was er so erwarte - vom Leben allgemein und vom heutigen Abend speziell. Beklommen sah er dem Ende des Unterrichts entgegen. Und richtig, sie schnappten sich seine Aktentasche, sie schnappten sich den Kerl und entführten ihn nach Alt-Köpenick in ein Café. Dort forderten sie von dem Schüchtern-Nüchternen reihum den Vollzug der längst überfälligen Brüderschafts-Zeremonie, mit Kirsch-Likör auf Ex und Kuss.

Die Dunkelheit war längst hereingebrochen, als es Egon endlich gelang, auf dem Umweg über die Herrentoilette zu entkommen. Erst hinter der Dahme-Brücke, schon in Höhe der Schule, fiel ihm ein, dass er seine Mappe mit den Büchern und Heften zurückgelassen hatte.

Egon schwankte, suchte Halt an der alten Litfaßsäule und überlegte: Umkehren? Sich dieser Knutschriege erneut ausliefern? Nein! Es war wie verhext! Jawohl: Hexen!

Quatsch - Frauentag! Schluss, aus! Er stieß sich von der Litfaßsäule ab und spornte sich mit erhobener Stimme an: Auf leisen Sohlen - Gott befohlen!

Der Reim gefiel ihm und so wiederholte er ihn mit stets wechselnder Betonung, mal militärisch hart, mal werbend sanft, endlich halb singend im Rhythmus seiner Schritte. „Aa-uf lei-hei-hei-sen Soooh-len - Go-ho-hott-be-fooohlen ..."

So schwenkte er endlich in die Adlershofer Nipkowstraße ein. Plötzlich erreichten ihn schwebend schöne Klänge, ergriffen ihn, packten ihn, zogen ihn unwiderstehlich an. Chorgesang war es, und er drang, gedämpft zwar, doch vernehmlich aus der etwas von der Straßenfront zurückgesetzten Christus-König-Kirche. Mildes Licht erhellte die rote Backsteinfront des Gebäudes.

Die schmiedeeiserne Tür des Zaunes gab nach, dann auch die schwere Pforte zum Kircheninneren. Und jetzt konnte sich Egon dem Wohlklang voll ergeben. Unsicher, ob er wachte oder träumte, ging er wie ein Schlafwandler mit weit vorgestreckten Armen auf die vielstimmige Quelle des Gesanges zu. Noch nie hatte ihn ein Lied, hatte ihn Musik derart aufgewühlt. Er kannte die Melodie von Kindheit an. Warum hatte er sie noch nie so erlebt?

„Gott-be-fo-ho-hooo-len ...", stimmte er in das ausklingende Kirchenlied ein.

Jäh brach die letzte Fermate ab. Beunruhigtes Raunen.

„Was wollen Sie? Sie hören doch, wir proben. Merken Sie nicht, dass Sie stören?" Der Kantor stellte sich Egon mit abwehrend erhobenen Händen entgegen.

„Ach Jotte-nee! Stör'n will ick nich: mitsingen!"
Unterdrücktes Lachen.

Der Kantor erbat sich mit einem warnenden Räuspern vom Chor Ruhe, dann sprach er mit mildem Vorwurf: „Sie irren, junger Freund, mehr noch, Sie haben sich verirrt." Dann wies er in Richtung Ausgang. „Und darum werden Sie jetzt so freundlich sein, sich unverzüglich zu entfernen."

Die Stimme des Kantors brach sich im hohen Kirchenschiff. Egon war versucht, ihr mit den Blicken zu folgen.

Toll dieser Bau! Gottes Haus eben! Was hatte die Bergern in Staatsbürgerkunde zitiert? „Kirchtürme sind umgekehrte Trichter, die Gebete der Gläubigen in den Himmel zu lenken." Richtig! Dies hier war eindeutig eine Kirche, und die war für alle da! Das stand sogar in der Verfassung. Er hätte nie gedacht, dass er sie einmal brauchen würde.

„Ne Frage noch, Chef! Diss is doch hier 'ne Kirche. Richtig?"

„Richtig, und hier probt der Kirchenchor. Offiziell ist das Gotteshaus längst geschlossen. Also bitte, gehen Sie!"

„Moment, Chef! Sie woll'n doch nich 'n Christenmenschen aus Jottes Haus stoßen?"

„Ich will nur ..."

„Stop, Chef! Kennen Sie uns're Verfassung, Artikel zwanzich und Artikel neunundreißich? - Kennen Sie se oder kennen Sie se nich?"

„Ach, lassen Sie uns doch endlich in Ruhe proben ..."

„Jeht seinen Jang, Chef! Sie proben in Ruhe, und ick unterhalt mir mit'm lieben Jott."

„Also dann in des Heilands Namen, aber bitte dort hinten am Ausgang."

Egon winkte dem teils ärgerlich, teils belustigt tuschelnden Chor kollegial zu und stakste gutwillig und mit seinem Erfolg zufrieden in die ihm gewiesene Richtung. Als jedoch anschwellender Gesang hinter ihm her flutete und das ganze Bauwerk erfüllte, packte es ihn erneut. Er setzte sich auf das äußerste Ende einer Kirchenbank, lauschte, summte die Melodie mit, fühlte sich verwoben in ein bisher ungefühltes Sein und fragte sich, ob es nicht doch etwas geben könnte, jenseits des ‚historischen und dialektischen Materialismus'.

Erfüllt vom Zauber der Klänge, überhörte er das Ende der Probe. „Wachen Sie auf, Mann, und gehen Sie endlich!" Der Kantor versuchte, den Träumenden aus der Bank zu ziehen.

„Hände weg!" Mit einem kreatürlichen Klammerreflex hielt sich Egon am Schnitzwerk der Kirchenbank fest.

„Zum letzten Mal im Guten: Gehen Sie - oder wollen Sie Hausfriedensbruch begehen?"

„Wat für'n Bruch? Ick sitz hier janz still, und ick hab'n Recht mit Jott zu reden, wann immer *ick* will. Und jetzt will ick, und hier will ick."

„Gott ist überall, und die Kirche ist kein Wartesaal. Gehen Sie endlich!" Und weil der Eindringling sich weiterhin an das Schnitzwerk klammerte: „Oder muss ich erst die Polizei rufen?"

Egon empfand die Frage nicht als Drohung. „Det machen Se man. Dann werd'n Ihn'n die Jenossen nämlich beibiegen, wat in unsre Verfassung steht von Jlaubensfreiheit und so."

Einige Chormitglieder waren neugierig an der Tür stehen geblieben und beobachteten die ungewohnte Szene. Den Kantor ärgerte das. Er fühlte sich zu einer entschiedenen Haltung verpflichtet.

„Achten Sie bitte darauf, dass dieser Mann keinen Schaden anrichtet", rief er der kleinen Gruppe zu. „Ich verständige inzwischen das Polizeirevier." Ohne auf eine Antwort zu warten, eilte er davon.

Zögernd trat ein älterer Mann an Egon heran. „Machen Sie sich nicht unglücklich, junger Mann. Die Kirche muss abgeschlossen werden. Das ist nun mal so."

Egon zog sich an dem massiven Schnitzwerk hoch.

„Warum darf ick ma nich in Jottes Halle setzen? Nie is mir danach jewesen, aber miteins heute." Mit der freien Hand beschrieb er einen weltumfassenden Bogen. „Det muss doch wat zu bedeuten hab'n!"

„Wenn Sie es ehrlich meinen, junger Mann, dann setzen Sie ruhig Ihre Zwiesprache fort... aber vielleicht außerhalb der Kirche." Der Mann winkte Egon ihm zu folgen. „Stellen Sie sich einfach vor, Sie wären nicht gerade während unserer Probe hier vorbeigekommen." Mit einer weiten Geste erreichte er, dass Egon zu ihm aufschloss.

„Schauen Sie sich diese Tür an, eine herrliche Arbeit, hab ich recht?"

„Mit de Tür haste recht, Kolleje, aber ehrlich, ick kann mir nich vorstell'n, det Jott bloß mal uff Schicht jeht, so wie ick. Also, wenn Jott wirklich Jott is, dann issert rund um die Uhr. Stimmt's?"

„Aber ja. Er ist immer da und überall. Er ist allgegenwärtig."

„Dann isser jetzt hier? Hier vor de Tür?"

„Auch das."

„Jut, Meester, dann will ick dir man nich weiter bemühn.

Egon lehnte sich gegen den gemauerten Türbogen und ließ sich auf die oberste Stufe sinken. Tief aufatmend schloss er die Augen und legte den Kopf weit zurück.

Der ältere Mann ging dem Kantor entgegen und wies auf den Türbogen. „Jetzt sitzt er ganz friedlich draußen und scheint ernsthaft nachzudenken."

„Lieber Herr Lenz, Sie versuchen immer und überall, das Gute zu entdecken. Ich fürchte, der Kerl führt uns alle an der Nase herum."

„Wie Sie meinen, Herr Kantor. Dann darf ich mich verabschieden." Er zögerte, doch der Kantor zeigte nicht den Wunsch, ihn zurückzuhalten. So wandte sich Herr Lenz mit einem leichten Kopfschütteln ab und ging.

Der Kantor schloss geräuschvoll die schwere Eingangstür, stieß missmutig den Schlüssel in das Schloss, drehte ihn hörbar herum und forderte nachdrücklich: „Verlassen Sie endlich kirchlichen Boden oder Sie haben sich die Folgen selbst zuzuschreiben!"

Egon sah keinen Grund, sich zu trollen. Im sicheren Gefühl, mit Gott und der Welt im Einklang zu sein, blieb er auf den Stufen des Portals sitzen und erwartete eher belustigt das Erscheinen der Staatsmacht.

Scheinwerferlicht erhellte die Straße, Blaulicht strich über den schmiedeeisernen Zaun, dann wurden Autotüren zugeschlagen und eine barsche Stimme rief: „Ist da jemand?"

Der Kantor eilte den Uniformierten entgegen. „Ja, hier!" Er riss die Tür des Zaunes auf und beeilte sich darzulegen, warum er es unvermeidlich gefunden hatte, Hilfe zu rufen.

„Lage erfasst", ließ sich nun die barsche Stimme vernehmen, „setzen wir ihn also an die frische Luft."

„Da ... da sitzt er schon."

„Ja - was sollen wir dann noch ...?"

„Er will nicht vom Grundstück ..."

„Und warum nicht?"

„Das fragen Sie ihn am besten selbst."

„Na gut. Komm Schorsch, fragen wir ihn."

Egon räusperte sich, und als die beiden Polizisten auf ihn zu schritten, ergriff er das Wort und die Initiative.

„Juten Abend, Jenossen. Ick hab Eure Frage jehört und kann sofort antworten."

„Na dann."

„Dies hier ist 'ne Kirche, und mir is ausnahmsweise mal nach'm Zwiegespräch gewesen mit dem", er hob Blick und Hände gen Himmel, „obersten Chef von de Kirche."

Blick und Hände wandten sich den Vertretern der irdischen Macht zu. „Nu hab ick grad in de Abendschule jelernt, in unserm Staat steht die Jlaubensfreiheit unter'm Schutz der Verfassung." Blick und Hände schwenkten in Richtung Kantor. „Und da steht ooch, det sich die Kirchen an unse Verfassung halten müssen. Und deswejen, liebe Jenossen, macht mal dem Kollejen in Schwarz klar, det ick hier nur mein verfassungsmäß'jes Recht wahrnehm."

Die beiden Volkspolizisten sahen sich mit mühsam bewahrtem dienstlichen Ernst an. Der Streifenführer rückte seine große Meldetasche zurecht. Doch bevor er etwas sagen konnte, trat der Kantor auf ihn zu.

„Verzeihung, aber hier geht es überhaupt nicht um die Verfassung. Hier geht's um das Hausrecht. Tagsüber steht unsere Kirche jedermann offen. Aber nach Einbruch der Dunkelheit muss alles verschlossen werden. Das ist Vorschrift, und hier bin ich dafür verantwortlich. Der junge Mann weigert sich aber, das Grundstück zu verlassen. Das ist schlichtweg Hausfriedensbruch!"

„Isses das?" fragte der Uniformierte mit der barschen Stimme seinen Nebenmann.

Der blätterte suchend in seinen gesammelten Dienstvorschriften und hob dann wie entschuldigend die Schultern. „Das könnt man so sehen."

„Also dann", konstatierte die barsche Stimme, „Ende der Debatte." Und nach einem schnellen Schritt auf Egon zu, kommandierte der Streifenführer: „Hoch und raus auf die Straße!"

„Moment, Moment." Egon hielt ihm abwehrend die Handflächen entgegen „Wat heißt Friedensbruch? Ick sitz hier janz friedlich. Wer det Treiben verrückt macht, det is der Schwarze da." Und mit anklagend weisendem Finger: „Der will mich nich reden lassen mit sei'm obersten Chef."

„Es reicht, Bürger, also hoch und ab!" Der Streifenführer packte Egon an seinem ausgestreckten Arm und zog ihn mit einem Ruck von den Steinstufen hoch.

Dem wurde durch das schnelle Aufrichten schwindlig, und um nicht zu straucheln, hielt er sich dort fest, wo es ihm einzig möglich war - an der Uniformjacke des Polizisten. Nun hatte der nach dem energischen Hochreißen eines vollgewichtigen Erwachsenen noch nicht die wünschenswerte Standsicherheit wiedererlangt. Die unabsichtlich angesetzte Hebelkraft des sich erschrocken Anklammernden riss beide zu Boden. Unglücklicherweise drehten sie sich dabei so um eine imaginäre Mittelachse, dass Egon auf dem Uniformierten zu liegen kam.

Den Streifenführer schmerzte seine unvermutete Unterlegenheit. Er stieß einen unartikulierten Schrei aus. Seine Stimme hatte plötzlich alles Barsche verloren.

Der andere Ordnungswächter sah nur, dass dieser widerspenstige Zivilist plötzlich auf seinem Vorgesetzten lag und handelte völlig mechanisch. Er riss den Schlagstock vom Koppel und drosch auf den vermeintlichen Angreifer ein.

Egon rollte sich sofort zur Seite und rief: „Hör auf, du Idiot!"

„Wird auch noch frech, der Bet-Heini!" Und nun sauste der Schlagstock erneut auf Egon nieder. Der Streifenführer hatte sich aufgerappelt. Schreck und Schmerz blockierten jede nüchterne Überlegung. Wütend trat er nach dem vor ihm am Boden Liegenden.

„Aber meine Herren ..." Der Kantor versuchte zaghaft, sich ins Mittel zu legen.

„Schon gut, Hochwürden. Den Burschen stauchen wir jetzt so zurecht, dass er Ihnen nie wieder in die Quere kommt", keuchte der Streifenführer.

Schutzsuchend wollte Egon zum Kantor robben, doch der Schlagstockschwinger versperrte ihm den Weg und lachte triumphierend.

In ohnmächtigem Zorn brach es aus Egon heraus: „Und ihr wollt Volkspolizisten sein? Ihr seid ja schlimmer als die SS!"

„Das wirst du bereuen, du Schwein! Hochwürden, Sie sind Zeuge!", stieß der Streifenführer heraus und befahl seinem Untergebenen: „Los, Schorsch, die Handschellen!"

Sie warfen sich auf den Zerschundenen, drehten ihm die Arme gewaltsam auf den Rücken und ließen die stählerne Acht um die Handgelenke schnappen.

„Aber, aber... Muss man denn gleich ..." Der Kantor beugte sich zu Egon hinab und wischte ihm mit einem makellos weißen Tuch Blut aus dem Gesicht.

„Sie haben uns zwar gerufen, Hochwürden, aber jetzt halten Sie sich mal fein raus. Alles, was Sie jetzt noch zu tun haben, ist nachher unser Protokoll unterschreiben."

Das Protokoll des Streifenführers bildete den Pfeiler einer Anklage wegen ‚Hausfriedensbruch und staatsfeindlicher Hetze in Tateinheit mit Widerstand gegen staatliche Maßnahmen‘.

Die Schöffen des Stadtbezirksgerichts hatten zwar den Eröffnungsbeschluss unterschrieben, aber die Vorladung des Kantors, des Herrn Lenz vom Kirchenchor, eines Vertreters der Volkshochschule und des Meisters aus dem Kabelwerk als Zeugen durchgesetzt. Zwischen deren Aussagen und dem Protokoll der Streifenpolizisten hatten sie einen eklatanten Widerspruch entdeckt.

Die Beweisaufnahme bestätigte ihre Vermutung. Es löste Bewegung im Gerichtssaal aus, als die Polizisten erklärten, keine Aussagegenehmigung erhalten zu haben.

Der Kantor bat erneut ums Wort. Er habe sich nach jenem Abend den Vorwurf gemacht, nicht auf Herrn Lenz gehört zu haben. Diese unglückselige Zuspitzung wäre dann vermieden worden. Den Vorwurf des Hausfriedensbruches bat er zurücknehmen zu dürfen. „Es war falsch von mir", fügte er mit belegter Stimme hinzu, „einen jungen Mann hinauszuweisen, der vielleicht doch in einer besonderen Situation war. Heute kann ich das nur bedauern."

Der Staatsanwalt beharrte zwar auf der erhobenen Anklage, beantragte jedoch, die geforderte Freiheitsstrafe für die Dauer von drei Jahren zur Bewährung auszusetzen.

Das Gericht folgte dem Antrag nicht. Mit ihrer Stimmenmehrheit setzten die beiden Schöffen durch, dass Egon S. lediglich ein öffentlicher Tadel ausgesprochen wurde.

(Erstmals veröffentlicht in „Außergewöhnliche Fälle", Edition Lithaus, Berlin, 2010)

Leuchtreklame an der Autobahn, um 1980

Berlin Jugendweihe 1965

HELMUT H. SCHULZ: Eine Platte für Frank

Frank ist nie pünktlich gewesen. Wir wunderten uns deshalb nicht, dass er uns warten ließ, aber wir sahen häufig zur Uhr. Wir brachten eben nicht mehr die Geduld mit Frank auf, die uns früher selbstverständlich gewesen war. Seine Schlamperei empfanden wir heute als rücksichtslos gegen unseren Zeitplan. „In einer Viertelstunde fangen wir an", sagte Mama, „egal, ob er da ist oder nicht." Wir sagten gar nichts zu Mamas Bemerkung, wir taten, als hätten wir nichts gehört, mein Mann und ich. Natürlich hätte Frank Rücksicht darauf nehmen müssen, dass wir uns ein paar Stunden für ihn stahlen.

Früher war es immer so lustig bei Mama und Papa. Ich meine, problemlos war es. Nach zehn Jahren, etwa so lange hatten wir uns nicht gesehen, lässt sich da nicht einfach anknüpfen. Die Jahre. Papa ist immerhin sechsundvierzig, Mama sogar noch älter. Schließlich sagte Papa: „Weshalb wollen wir eigentlich noch warten? Wir wissen doch, dass Frank vielleicht in einer Stunde kommt oder in zwei Stunden oder gar nicht." Herausfordernd sah Papa uns an. Er traf immer das Richtige, daran erinnerten wir uns noch gut, mein Mann und ich. Verändert hatte sich Papa eigentlich kaum, vielleicht war ein bisschen Speck dazugekommen. Die Hose spannte etwas über dem Bauch. Wäre Papa allein gewesen, hätte er wahrscheinlich den Knopf oben geöffnet. Feist, ich meine, feist war sein Gesicht schon immer und energisch, keine Hängebacken oder so. Ein fleischiges, energisches Gesicht mit runden kühlen Augen, starkem Kinn. Mehr als weiß ich wie viel Prozent unserer Männer sind zu dick. Papa trug lange Koteletten und ließ sein dünn gewordenes Haar lang über die Ohren wachsen, wie die Jungen heute. Mode, Anpassung; wir haben da so eine Art Playboy hervorgebracht. Ich bin dagegen. Tragen soll das, wem es steht. Papa stand es nicht. Auch die ausgestellten Hosen passten nicht zu Papa. Meine Sorge, jeder blamiert sich, so gut er eben kann. Bei meinem Mann achte ich auf diese Kleinigkeiten. Harald würde sich auch ohne weiteres anpassen. Der Bart, gut, warum nicht? Aber sonst? Ein Gentleman trägt Mode von gestern, daran halte ich mich und ihn. Harald ist mein Mann und kein Traumheld, er ist nicht dick und auch nicht mager. Lange Haare könnte er sowieso nicht tragen, weil ihn vor einigen Jahren Ausfallserscheinungen heimsuchten. Seither trägt er Glatze. Seine Stirn fällt in der Mitte leicht ein, er hat eine kleine klumpige Nase, Augen ohne Farbe und Ausdruck. Seine Bäckchen sind glatt. Als mein Mann einen Bauchansatz bekam, schickte ich ihn in die Sauna. Seit wir unseren Bau auf dem Halse haben, braucht er keine Sauna mehr.

Die Viertelstunde war noch nicht rum, da sagte Mama: „Neugierig bin ich, ob Frank solo kommt."

„Solo natürlich", sagte ich, und mein Mann gab seinen Senf dazu. „Natürlich solo, der ist nicht so dumm wie wir." Mama und Papa protestierten, ich schwieg, obgleich die Bemerkung für mich bestimmt war. Den Hieb habe ich eingesteckt, erst mal. Ich nahm mir vor, mich gründlich zu betrinken.

Ich muss feststellen, dass wir Frank mochten. Er war uns sympathisch, sehr sogar, und natürlich plagte uns auch die Neugier, wie Frank nach zehn Jahren aussehen würde. „Darf ich dann bitten", sagte Mama mit einem Blick auf die Uhr.

„Die Viertelstunde hätten wir wirklich noch warten können", sagte ich. Wir rückten um den Klubtisch zusammen. Mama hatte ein kleines Büfett gemacht, niemand anders als sie brachte *ein* kleines Büfett so sauber zustande. Schinken, Salami, Cremespeisen, alles Mögliche aßen wir. Es gab Maibowle. Ich trank drei oder vier Glas.

„Wo habt ihr denn Waldmeister aufgetrieben", fragte mein Mann kauend.

„Gott", sagte Papa lachend, „wo treibt man heutzutage überhaupt etwas auf? Ich bin zwei Stunden mit dem Wagen rumgekutscht, dann hatte ich welchen. Das ist alles."

Zufrieden erläuterte Mama: „Kinder, wir haben uns einen ganz schönen Lebensstil angewöhnt, was?" Mama liebt das Burschikose, ihr rundes weiches Gesicht verschwand fast hinter der großen schwarzen Brille. Ihre Zähne waren weiß und klein, deshalb wirkte Mama frisch und gesund, etwas zu füllig vielleicht, pummelig.

Haarersatz, mein Mann hat natürlich nichts gemerkt, aber ich sofort. Das Lockennest hinten sah einen Schein anders aus. Mit ihrem Haar hat Mama immer Kummer gehabt. Es war fettig, dünn und vertrug keine Frisörbehandlung. Es machte auch nichts; Papa legte wenig Wert auf Schönheit. Mamas Kleid war unmöglich. Es müsste sich doch mal rumsprechen, dass große Blumen nichts für Dicke sind. Dazu der Schmuck, ein Goldarmband, so um tausenddreihundert. Man sieht das Zeug ja heute in jedem anständigen Juweliergeschäft herumliegen. Mama und Papa verdienen beide gut, klar, trotzdem, das Haus, gerade erst gebaut, die Kinder in dem Alter, wo sie am teuersten sind. Beide, Junge und Mädchen, studieren. Es ist eine Schande, ich muss das wirklich sagen. Ich meine, unsere Herkunft Arbeiterklasse haftet uns an. Jetzt werden wir dafür bestraft, dass wir gedarbt haben, uns heraufarbeiteten, wo andere bloß ans Verdienen dachten. Ein Stipendium für unsere Kinder kriegen wir nicht, wir müssen alles selbst aufbringen. Uns geht es ja ähnlich. Bald zumindest, wir haben auch zwei. Wenn wir für den Jungen eine gute Lehrstelle finden, muss er in die Lehre.

Was er will, oder sagen wir, was eine Zukunft hat. In diesem Punkt bin ich mit meinem Mann einig.

So wendete sich das Gespräch erst mal den Kindern zu. „Ich weiß gar nicht, was da los ist", sagte Mama, „unsere Kinder machen kein Hehl daraus, so bald als möglich weg von zu Hause. Das liegt an der Zeit." Papa widersprach: „Das ist doch ganz natürlich, waren wir anders?" Ich schwieg dazu, auch mein Mann sagte nichts. Für unsere Kinder sind wir Spießer. Nach dem Essen flaute die Unterhaltung etwas ab. Wir wussten eigentlich nicht so recht was anzufangen mit dem Abend. Die Du-erinnerst-dich-doch-Themen erschöpfen sich ja immer schnell. Es lag auch zu viel Zeit zwischen dem Labor der Organiker von damals und dem beruflichen Ärger von heute. Jetzt hätte Frank erscheinen können, fanden wir, aber er kam nicht. Wir mussten allein mit diesem Abend fertig werden.

„Kommt ihr noch manchmal weg", fragte Mama. „Kaum", sagte mein Mann, „wohin denn? Bis auf die Sommerreise, die lassen wir uns nicht nehmen. Anita hat eine nette Bekanntschaft im Reisebüro. Das klappt, nur kommt man sich da schon wie zu Hause vor. Immer dieselben Leute, aber wo sollen wir hin?"

Anita bin ich. Das stimmt schon mit Nessebar. Jedes Jahr ist es der gleiche Tanz, Nessebar oder nicht. Jetzt, wo wir unser Haus bauen, fällt es uns auch schwer, die Kosten aufzubringen. Im vergangenen Jahr haben wir es so gemacht: das Auto hinten mit Lebensmitteln vollgestopft, Wurst und Fleisch, alles in diesen kleinen Portionsbüchsen. Eine Freude? Ich weiß nicht.

„Uns zieht es auch nicht mehr weg, seit wir das Haus haben", sagte Papa, „dauernd fällt etwas an. Abends haben wir auch das Fernsehen. Was haben wir eigentlich gemacht, als es noch keins gab? Man kann es sich gar nicht mehr vorstellen." Das ist richtig.

Mein Mann sagte: „Ich habe mir auch, noch die Arbeitsgruppe aufhängen lassen."

„Da habe ich von vornherein klare Verhältnisse geschaffen", sagte Papa energisch, „acht Stunden, meinetwegen neun, mehr nicht. Man muss auch mal an sich denken." Stimmt schon, aber ohne die Arbeitsgruppe hätten wir den Bau gar nicht anfangen können. Sie brachte doch ein schönes Stück Geld. Zusätzlich.

Mama schlug vor, den Tisch abzuräumen. Wir Frauen brachten das schmutzige Geschirr in die Küche. Mich ekelt es, ich habe mich an alles gewöhnt, nur nicht daran, dreckiges Geschirr abzuwaschen. Mama sagte: „Der Wasserhahn, Papa wollte da so eine Scheibe auflegen." Sie rief nach Papa, der kam auch, von Harald, also meinem Mann, begleitet.

„Entschuldigt", sagte Papa, „mit so einem Haus hat man mehr Ärger als Freude."

„Kann ich dir was helfen", erbot sich mein Mann.

„Ich bitte dich", sagte Papa, „das wäre noch schöner, du bist mein Gast. Legt euch doch eine Platte auf, wir kommen sofort wieder rein."

Wir, mein Mann und ich, verschwanden erst mal von der Bildfläche. Die machen ein Trara um ihr Haus, dabei ist es ungemütlich und verbaut. Ich habe es am Nachmittag festgestellt, als uns Papa herumführte, vom Dach bis zum Keller. Wir fanden nicht mal einen Parkplatz, jetzt muss das Auto draußen auf der Straße stehen. Auch seine Garage hat Papa ungünstig angelegt.

„Falls Frank Geschmack hat", sagte mein Mann, „dann erspart er uns dieses Wiedersehen." Ich nahm erst mal eine Zigarette, mein Mann gab mir Feuer, sah mich aber nicht an. Ich kenne das. Wenn er verstimmt ist, bin ich Luft für ihn, fehlte nicht viel, und er würde mich mit Sie ansprechen.

Ich sehe gut aus, sehr gut, muss ich sagen, ich meine, für mein Alter. Meine Figur ist noch ausgezeichnet. Zu meinen dunklen Augen passt ein grelles Rot auf meinen vollen Lippen. Auch mein Haar verträgt noch was. Selbst meine Kosmetikerin macht mir Komplimente, obwohl ich ahne, dass sie sich selber auf diese Weise herauszustreichen sucht. Meine Zähne sind nicht mehr ganz in Ordnung. Deshalb lache ich selten und gelte als ernste, zurückhaltende Frau von einem stillen Charme. Ich rauchte also und trank auf die Schnelle zwei Glas Bowle. Mein Mann spürt kein Verlangen mehr nach mir, aber ich weiß genau, dass er um andere, die weniger gut aussehen als ich, herumbalzt. Ich wollte ihn aufstacheln und sagte gelangweilt: „Sprichst du jetzt von Frankieboy?" Wir Studentinnen nannten Frank damals so. „Von wem sonst", sagte mein Mann, „Frankieboy, wenn ich das schon höre."

Mama und Papa kamen zurück, deshalb mussten wir uns zusammennehmen und das abgeklärte Ehepaar spielen. Ich hatte genug von der labbrigen Bowle und fragte, ob es nichts anderes zu trinken gäbe. Papa öffnete daraufhin eine Flasche Weinbrand. Mama stellte ein Gerät auf den Tisch und setzte den Spiritusbrenner darunter in Gang. Papa erwärme Kognakschwenker über der bläulichen Flamme und goss Weinbrand ein. „Trinkt das mit Verstand", sagte Mama nach diesem Zeremoniell. Donnerwetter, die ließen alle Minen springen. Ich habe nichts gesagt, den Spaß machte ich ihnen nicht. Mama sagte denn auch: „Das hat Papa aus dem Ausland mitgebracht, probiert mal, das Aroma wird tatsächlich besser. Wisst ihr noch, wie wir früher Weinbrand getrunken haben? Halb kalt? Wir wussten es ja nicht besser, wir Kröten aus dem Hinterhof." Napoleon, so hieß der Schnaps, schmeckte ausgezeichnet, ich trank vielleicht zwei, höchstens drei Glas. „Kommst du denn so oft ins Ausland«, fragte mein Mann Papa. „Hin und wieder. Wir verkaufen ja Chemieausrüstungen, du musst eben einen Anlass für eine Dienstreise finden", sagte Papa. „Ihr bedient euch wohl selbst?"

Hier zeigte es sich, dass wir ein bisschen den Anschluss verloren haben. Weiß der Teufel, wie Papa sich etabliert hat, uns stand so was nicht ins Haus. Wir kleben in unserer Farbenfabrik fest. Ich will ja nichts sagen, uns geht es gut. Wir wären auch dumm, würden wir die Annehmlichkeiten unserer Verträge mir nichts, dir nichts aufgeben, für eine ungewisse Zukunft hier in Berlin.

Mein Mann erzählte dann ein paar lustige Schnurren von unserem Bau. Mit der Baugrube fing das Theater schon an, kein Betrieb wollte uns kurzfristig die Baugrube ausheben, aber man ist ja geeicht auf solche Pannen. Zufällig haben ein paar Leute an unserer Straße gebaut, unsere, das heißt, bei uns in Thüringen. Ich habe den Brigadier angesprochen, am Sonntag rückte die ganze Truppe an, zwei Stunden später hatten wir unsere Baugrube. So macht man das. Scheck wollten die Männer nicht. Die paar tausend Mark haben wir uns von den Nachbarn zusammengeborgt. Papa lachte Tränen, ich meine, so wie Papa kann kein Mensch lachen, so von Herzen, sein Lachen steckte uns an. Mit dem Napoleon stellte sich natürlich auch die Stimmung ein. Papa holte noch Wodka, aus dem Kühlschrank, eisgekühlt. Ich muss sagen, ich ziehe eisgekühlten Wodka vor, zumindest dem Kognak. Ist Geschmacksache, zugegeben.

Mama legte eine Tanzplatte auf. „Kinder", sagte sie, „das ist ja wie in den alten Tagen. Man müsste öfter zusammenkommen, nicht bloß alle zehn Jahre."

„Wenn unser Haus fertig ist", sagte mein Mann, „dann sind wir an der Reihe."

Es war reichlich halb elf, als es draußen klingelte.

Mama sprang sofort auf. Frank hatten wir fast vergessen. „Das ist er", sagte Mama und ging nach draußen. Wir folgten ihr langsam in die Diele und sahen, wie Mama Frank umarmte. Wir waren genau in der richtigen Stimmung, ihn zu empfangen. Er war solo. Mein Mann drückte meinen Arm, ich machte mich natürlich los und trat auf Frank zu. Seine Lederjacke roch nach Schweiß und nach Chemikalien. Frank war überrascht, als er mich sah. Ich muss sagen, ich habe diese Überraschung auf seinem Gesicht genossen. Er zog mich an sich, legte mir auch den Arm um den Nacken. Einen zähen und starken Körper hat Frank immer gehabt, nicht fett und schwammig. Auch sonst, kein Bart, keine Dackelfrisur, alles wie früher, dichtes dunkles Haar, die eingeschlagene Nase, ein paar Wangenfalten, braun und gesund, wie aus dem Urlaub. Frank war früher Ringer, Leichtgewicht oder Bantam, ich kenne mich da nicht aus. Wir Studentinnen gingen jedenfalls gern zu den Wettkämpfen. Merkwürdiges Gefühl, dieses Ziehen im Leib, wenn unten auf der Matte die Muskeln explodierten, reden wir nicht davon.

Natürlich war es Mama, die zuerst daran dachte, dass Frank nicht gegessen hatte. „Ich mach dir Würstchen heiß, mein Junge", sagte sie, „willst du?"

„Später, Karoline", sagte Frank, großartig machte er das. Im Triumph führten wir ihn ins Zimmer, ließen ihn sich setzen. Ich muss noch erzählen, wie Frank meinen Mann und Papa begrüßte. Die Arme erhoben wie auf einem Siegerpodest nach einem Ringkampf, schnippte er mit den Fingern, na, ihr faulen Säcke? So mit der Haltung unser Mann aus, na, woher gleich? Ich weiß nicht.

Mama nahm Franks braune kräftige Hände in die ihren, die ein bisschen verfettet waren. Frank kriegte das wieder richtig hin, ohne Mama zu verletzen. Er ließ ihr einen Augenblick lang seine Hände, dann fingerte er eine

Zigarettenschachtel aus der Brusttasche seiner Lederjacke und steckte sich eine an. Er sah aus, als habe er sich Mama gedankenlos entzogen.

Frank trug eine enge Hose, unter der Lederjacke ein buntes Hemd. Seine dunklen Schlitzaugen, mongolisch, funkelten, als er zur Begrüßung einen Wodka trank, wie ein Kutscher, Kopf nach hinten, zack. „Alle hast du wohl nicht zusammengekriegt", fragte er Mama. „Nein", sagte Mama, „ich wollte auch gar nicht alle hier haben, das Haus ist ja nicht groß." Wir hechelten dann das Seminar durch. Viel kam dabei nicht raus. Papa sagte zu Frank: „Du siehst aus wie ein Räuber. Willst du dich frisch machen?"

Da erst fiel uns der Gegensatz richtig auf. Wir trugen ja zur Feier des Tages unbequeme enge Kledaschen. Mich ärgerte, dass ich nicht auf den Putz gehauen hatte. Hosen stehen mir, offene Bluse, ich meine, oben die beiden ersten Knöpfe offen, kein BH natürlich. Ich kann es mir leisten, meine Brust ist noch straff, ich sage immer, tragen soll man, was einem steht. Haare hinten aufgebunden, Blusenärmel aufgekrempelt, Sandalen, rot bemalte Zehennägel, so hätte ich mich wohl gefühlt, wohler, meine ich. Die anderen hätten ruhig so bleiben können.

„Ich komme gerade von der Schicht", sagte Frank, mein Frank, sein Lächeln war unverkennbar ironisch. Klar, er hätte mit zwei Griffen Papa an die Wand pfeffern können, von meinem Mann zu schweigen. Ich weiß nicht, was der neuerdings hat, dauernd schleppt er die Flasche mit dem Herztonikum herum. Wird nicht so schlimm sein, denke ich, er lässt sich in die Krankheit fallen. Franks Lächeln, ja, darüber waren mal alle Weiber unseres Seminars gestolpert, außer Mama, die in jedem jungen Mann ein zu bemutterndes Kind sieht und in jedem älteren eine Respektsperson. Wird auch ein gut Teil Heuchelei dabei sein, oder nein, nicht bei Mama, die ist so hausbacken. Sie ging damals auch schon mit Papa, gesucht und gefunden, das Seminar war da einer Meinung.

Papa sagte: „Moment mal, wir haben deine Anschrift von Danzer bekommen, der hat aber nichts davon gesagt, dass du Betriebschemiker bist. Wie verhält sich das? Klär uns mal auf." Ich hätte schreien können über die dämlichen Gesichter, aber ich hielt mich zurück, versteht sich. Eins muss ich sagen, als mein Frank mich damals sitzen ließ, als ich hinter seine Liebschaften kam, ich bin dicht dran gewesen, Schluss zu machen, aber meine Bude hatte keinen Gasanschluss. Was anderes kam nicht in Frage. Heute bin ich ganz froh, Kindereien sind das, auch das andere, der Traum vom Eheglück mit Frank, und was hätte mir ein Fuchs an der Kette genutzt?

Frank antwortete erst mal gar nicht, und Mama rettete die Situation. „Ab ins Bad, ich mach dir inzwischen Würstchen heiß. Annilein hilft mir, ja?"

Natürlich war Mama imstande, Frank den Rücken abzuseifen, ohne dass was passiert wäre, da bin ich sicher, fast sicher. Mama ging in die Küche, Papa und Frank verschwanden im Badezimmer. Ich hatte schon einen kleinen sitzen. Mein Mann warf sich in den Sessel zurück und lachte lautlos, sein schwaches, energieloses Kinn wabbelte. „Hör auf", zischte ich. „Entschuldige", sagte mein Mann, „das ist einfach zu komisch. Der Musterknabe, Danzers Kronprinz, Frank, der heute Professor sein könnte, würde er gewollt haben und sich nicht so blöde angestellt, der Beischläfer vom Dienst, der fährt heute noch in einer Chemiebude Schicht. Wenn das nicht komisch ist, dann weiß ich nicht."

Es ist wahr, ich habe ihm eine geschallert, eine saftige, nicht bloß die leichte Andeutung einer Schelle. Sein Bäckchen verfärbte sich auch gleich rosa. Meinem Mann verschlug es die Sprache. Das war ein seltener Genuss, ich hätte das schon eher tun sollen, es löst Spannungen.

„Für den Beischläfer", sagte ich, glänzend in Form, „wir wollen doch einen Rest Anstand zwischen uns wahren." Ich ließ meinem Mann keine Zeit, sich was auszudenken, sondern zog mich in die Küche zurück.

Mama arbeitete schon am Herd. Sie zeigte ihre Küche mehr vor, als dass sie damit arbeitete, eine Küche mit allen denkbaren Maschinen, mit Rauchabzug und Grill, alles eingebaut. Mama brauchte ja nur einen kleinen Topf, um die Würstchen heißzumachen. „Ist Papa bei Harald", fragte sie. „Du", sagte ich schluckend, mir wurde ein bisschen mies, Mama verstand es falsch, denn sie sagte: „Tu mir den Gefallen und heul jetzt nicht, dass alle Weiber immer gleich heulen müssen, ich habe sofort gesehen, dass es zwischen euch nicht mehr stimmt. Jetzt mach ich mir Vorwürfe, Frank überhaupt eingeladen zu haben. Ich habe nicht gewusst, wie tief es bei dir sitzt. Gib mir mal den Lappen rüber", sagte sie resolut. Ich reichte ihr den Topflappen. Wenn es darauf ankommt, kann Mama ganz schön falsch sein. „Wir sind ja nicht mehr auf unsere Männer angewiesen", sagte Mama streng, „wenn es eben nicht mehr geht, machen wir halt Schluss." Sie nahm die Würstchen vom Herd, wedelte mit dem Deckel den Kochdunst ab und roch an den Würstchen. Nett machte sie das, eine hübsche Platte für Frank mit Senf und Toast, Gurkenscheiben und Salatblättern. „So einfach, wie du denkst, ist es nicht", sagte ich. „Das weiß ich doch, Kind", sagte Mama, „aber für den Fall, dass es überhaupt nicht mehr geht, machst du eben Schluss." Das ist es, wir wissen ja nie, ob es überhaupt nicht mehr geht, zumal jetzt, wo wir das Haus, bauen. Ich habe ja auch dafür mitgearbeitet. Vielleicht könnte ich das Haus behalten und meinen Mann an die Luft setzen. Heute sollten Dachbinder geliefert werden, eigentlich hätten wir uns diese Reise nach Berlin gar nicht gestatten dürfen.

„Willst du wissen, wie du aussiehst", sagte Mama, „in der Diele hängt ein Spiegel." Das konnte sie sich nicht verkneifen. Den Spiegel hatte ich gleich gesehen, altes Stück im verschnörkelten Goldrahmen, ich habe meinen Mann angestoßen. Wie man ein Haus so konsequent geschmacklos einrichten kann, bleibt mir ein ewiges Rätsel. „Was besagt das schon", meinte ich. „Versau uns nicht den Abend", sagte Mama hart, „nimm dich ein bisschen zusammen."

Wir gingen ins Zimmer zurück. Frank war noch nicht da, aber mein Mann und Papa standen auf der Terrasse. Mama ordnete den Tisch, nett machte sie das wieder. Mama hätte das Zeug zu einer kalten Mamsell, würde sie nicht alles auffressen, was für die Gäste bestimmt ist. „Frank trank doch immer Bier", sagte sie, „lauf doch bitte in die Küche, im Kühlschrank stehen noch ein paar Flaschen, Kind." Na schön, ich tat es.

Papa und mein Mann kamen herein, fröstelnd, denn die Maiabende waren noch kühl. Papa küsste Mama auf die Wange und sagte: „Nett, das wird dem Herrn aus der Großchemie wohl genügen."

„Kleiner Imbiss", sagte Mama stolz und bescheiden.

Wir setzten uns und warteten, es war wie zu Beginn des Abends, wir warteten auf Frank. Mama sagte: „Habt ihr eine Erklärung dafür gefunden, dass Frank im Betrieb sitzt?"

„Wegen seinem Fiasko mit dieser Pilotanlage", sagte mein Mann. Mechanisch rückte Mama an dem Wurstteller herum.

„Das kann jedem passieren", sagte Papa beschwichtigend, „das ist unser Risiko."

„Risiko geh ich auch ein", sagte mein Mann, „aber ich fordere niemand heraus. Wir kennen doch Frank, oder?"

Ich sah ihn an, aber die Backe war nur noch wenig gerötet, ich hätte fester zuschlagen sollen, für Frank. „Alle fünf Jahre ein neues Chemiekonzept", sagte mein Mann, „mir können sie den Buckel runterrutschen. Ihr hier in Berlin merkt vielleicht weniger davon als wir da unten", er winkte ab, weil Frank erschien.

Mein Frank trug ein weißes Hemd und einen Binder von Papa. Wir waren ja gewöhnt, dass Frank nur mitbrachte, was sich in den Taschen unterbringen ließ. Frank war frisch rasiert, überhaupt ging Frische von ihm aus. „Das Wichtigste hätte ich fast vergessen", sagte er und fischte aus seiner Lederjacke zwei winzige Sträuße, „die ersten Veilchen." Gerührt weinte Mama ein bisschen.

Ich? Ich hielt den Strauß fest zwischen meinen Händen. So stark rochen die Blumen, dass sie den Zigarettenrauch verdrängten. Früher hatte Frank Blumen für mich aus Danzers Garten geklaut. Ich muss wohl mal sagen, wer Danzer ist, unser alter Lehrer, Professor, Chemiepapst genannt.

„Hast du noch mehr Wunder in der Tasche?", fragte Papa. Frank schüttelte den Kopf. Er nahm ein Würstchen, stippte es in den Senf und aß es.

„Ernsthaft", sagte mein Mann, „wir haben uns eben den Kopf darüber zerbrochen, warum du im Betrieb hängen geblieben bist." Neugierig sahen wir dem ruhig essenden Frank zu. „Wir haben ja alle mal unseren gesellschaftlichen Pflichtteil eingebracht", sagte Papa, „zwei, drei Jahre Leim oder Gas, ganz gleich, um Erfahrungen in der Großtechnik zu sammeln, einverstanden. Dann aber Forschung oder was anderes. Schließlich sind wir promovierte Chemiker. In einem Betrieb versinkt doch bald alles in Routine."

„Danzer kann dir wohl nicht helfen?", fragte mein Mann lauernd.

„Weshalb sollte mir Danzer helfen", fragte Frank. Er schob den Teller weg, und Mama nahm gedankenlos vom Tisch, sie räumte auf mit dem Würstchenteller. Also ich muss sagen, verstanden haben wir alle nicht, welchen Spaß Frank an der Großchemie haben könnte. Es war bloß großartig, wie er da saß, mit dunklen Mongolenaugen, geschmeidig und zäh, ein Mann eben. Mein Frank.

„Danzer ist schon in Ordnung", sagte Frank schließlich, „aber sonst? Ein Institut mit allen Intrigen, Kriecherei, Heuchelei. Draußen ist für solche Faxen weniger Zeit."

Mama nickte überzeugt. Sie hatte nie einen Fuß in eine Bude gesetzt, freiwillig nicht. Auch Papa stimmte nachdrücklich zu. „Du hast schon recht", sagte er, „wenn du es so nimmst. In der Produktion ist man heute tatsächlich am besten aufgehoben, da kann man noch eine Lippe riskieren. Uns ist wahrhaftig nicht immer wohl in unserer Haut".

„Sucht euch doch was Besseres", sagte Frank, „unten werden immer tüchtige Leute gebraucht", Frank, den riss keiner um.

Mein Mann lächelte mitleidig. „Nicht jeder kann einfach weglaufen, dem es nicht mehr passt, mein Lieber." Ich traute meinen Ohren nicht, mein Mann sagte tatsächlich ‚mein Lieber' zu Frank.

Der erwiderte schlicht: „Mir machst du nichts vor, Klaus, ihr sitzt hier wie angeschraubt, euch müsste man mit der Brechstange losmachen." Mein Mann im Doppelnelson.

„Die Geschichte damals mit der Pilotanlage", sagte mein Mann, sich noch immer wehrend, „die hat dich wohl aus der Bahn geworfen?"

„Ich habe mein Verfahren durchgesetzt", sagte Frank; „richtig, ich habe auf der Schnauze gelegen, bin aber dran geblieben." Peng, da lag mein Mann, Schultersieg, mir tat das wohl.

„Du machst, was du für richtig hältst", sagte Mama nun, „und jetzt sprechen wir über was anderes als über

Arbeit, die haben wir jeden Tag. Dazu sind wir nicht zusammengekommen."

„Meinetwegen", sagte Frank, „aber ich spreche gern über Arbeit." Mama hatte meinen Mann gerettet, schade ich hätte gern mal gesehen, wie Frank auf seiner Brust kniete und den Atem aus ihm rausquetschte.

Frank tanzte zuerst mit Mama, sie hatte beide Arme um seinen Hals gelegt. Unter dem Hemd zeichnete sich Franks fester Rücken ab. Frank war einen Kopf länger als Mama, die wie eine dickliche Puppe in seinen Armen hing. Ich gönnte es ihr, muss ich sagen. Dann kamen sie zurück zum Tisch. Frank trank, ich goss mir den Schwenker voll, mir war alles egal.

„Es steht schlecht um euch, Lina", sagte Frank ziemlich laut, „man sieht es. Ich bin nicht gegen Haus, Auto und Wohlstand überhaupt, ich finde bloß, man sollte sich nicht ganz an solchen Mist ketten."

Mama die solche Reden nicht liebte, schob ihn weg von sich, mir zu und sagte: „Red keinen Unsinn, man lebt nur einmal."

„Eben", sagte Frank. Dann tanzte er mit mir. Mein Mann und Papa beteiligten sich nicht an der albernen Tanzerei. Sie zechten, sie stritten sich, es wurde laut, sehr laut. Ich meine, sie stritten sich nicht richtig, es wurde nur laut, sie benahmen sich wie Angetrunkene, die ihre Hemmungen verlieren.

Ich? Ich hängte mich an meinen Frank, an früher dachte ich wie an das verlorene Paradies. Franks Bude lag im Obergeschoß eines Miethauses, mitten im Häusermeer Berlins. Wenn wir raussahen, morgens, vom Bett aus, hatten wir die Dächer der Stadt vor Augen. Mir war jetzt alles scheißegal, muss ich sagen, vielleicht hatte ich auch schon ein Ding weg. Ich küsste Frank lange und nicht bloß brüderlich oder schwesterlich. Er küsste mich auch, und ich ließ es mich was kosten, ihn scharf auf mich zu machen. Mama saß ausgebootet im Sessel und glotzte wütend vor sich hin.

„Du, vielleicht war das falsch, damals", sagte Frank zu mir, zärtlich. Ach, Frank, wären wir doch weggegangen. Ich bat ihn um seine Adresse. Ich hätte Mama um seine Anschrift bitten können, aber die würde natürlich getratscht haben. „Im Ernst", fragte er.

Verdammt noch mal, hätte ich doch Hosen und die alte Bluse an, ohne BH, Knöpfe oben offen, ich hätte Frank viel stärker gespürt. Wer konnte ahnen, dass Frank solo käme? Ich bin ja wie eine Witwe, alle drei Wochen mal, und dann auch nichts rechtes. „Nimm mich doch mal fest in den Arm, Frank", bat ich, „mein großer Junge, mein Mongole, na, los, mach schon." Er war ein bisschen verwirrt, er zögerte, sah schnell zu meinem Mann hinüber, und da endlich, nach so vielen Jahren, ging mir auf, was für eine dumme Kuh ich damals gewesen bin, zu jung, meine ich.

Stimmt, ich hatte einen sitzen, sonst würde ich natürlich meinen Rand gehalten haben. Frank ist geschieden, den hat die Erinnerung an unsere Zeit damals auch nicht losgelassen. Ich kann mich bloß nicht mehr genau entsinnen, aus welchem Anlass und wann wir uns trennten.

Schluss habe jedenfalls ich gemacht, mit großer Szene und so. Die sollten uns jetzt mal vierzehn Tage allein lassen, auf einer Insel. Mach mich doch mal richtig fertig, Frank, Doppelnelson, oder kleb meinem Mann mal eine.

Das muss eine ganze Weile so gegangen sein, mir drehte sich alles, bis Mama den Tonarm von der Platte nahm und laut und deutlich sagte: „Nun ist Schluss, macht bloß halblang, ich brüh Kaffee."

Es ging auf zwei. Mama war in der Küche und schrie alle Augenblicke nach mir. Da hatte ich die Nase voll und schrie auch, leck mich doch du alte Ziege, oder etwas ähnliches, nichts Feines und Anständiges jedenfalls.

Mein Mann machte den Fehler, sich einzumischen. Er hielt mir einen Kurzvortrag über Moral, glaube ich. Mir drehte sich alles, wie gesagt. „Du auch", schrie ich, „nimm bloß deine dämliche Visage weg, sonst schmier ich dir noch eine rein, du alter Niesfisch, faul, fett und träge. Ich halte es nicht mehr aus, ich geh weg." Ich kann hier nicht alles genau wiedergeben, einfach deshalb, weil ich das meiste vergessen habe. Vielleicht hätte Mama mit ihrer Wachsamkeit das Schlimmste verhindert, aber Mama war eben in der Küche. „Ich mach nicht mehr mit", sagte ich noch, „ich geh zu meinem Frank." Ich schrie weiter solch ungereimtes Zeug, dann kam Mama herein und brachte mich weg. Natürlich ging ich nicht einfach mit, mein Mann und Papa halfen ihr. Ich schlug um mich, versuchte meinen Mann zu schnappen, aber der hielt sich außer Reichweite. Schließlich kriegten sie mich unter. Mein Mann rächte sich, er griff fest zu, an meinem Arm habe ich noch blaue Flecke. Sonst ist mein Mann zu nichts fähig. Dann lag ich in Mamas Bett und heulte, schlief aber wohl darüber ein. Beim Erwachen lag ich still und lauschte. Aus dem Zimmer hörte ich das Gesumm von Stimmen, allmählich, je länger ich über das Vorgefallene nachdachte, kam eine tiefe Befriedigung über mich. Ich, die promovierte Chemikerin, die zierliche und nette kleine Frau, die immer still ist und selten aus sich herausgeht, die immer zu allem Ja und Amen sagt, ich hatte endlich mal Luft abgelassen. Ich denke nicht daran, das Haus zu räumen, ich bleibe, wo ich bin. Scheiden lass ich mich auch nicht.

Hin und wieder werde ich so ein Ding drehen wie heute.

Frank, na ja, es ist schon besser, es bleibt, wie es ist.

Ich stand auf, ging ins Bad und besah mein ramponiertes Gesicht. Das kriegte ich schon hin mit heißem Wasser und Farbe. Es dauerte, aber ich hatte ja Zeit.

Dann bekam ich Appetit auf Kaffee und holte mir meinen Teil, Musik gab es keine mehr. Ich setzte mich bescheiden auf einen freien Platz und hielt meinen Sabbel. Die saßen herum und warteten auf den Morgen. Anscheinend hatten sich die Männer gestritten, klar, ich hatte auch ein bisschen Zündstoff gegeben, Franks Gesicht sah hart aus, ungefähr wie damals, bevor er in einen Kampf ging. Mama sagte schlecht gelaunt: „Bowle und Schnaps, Kinder, was haben wir früher mal vertragen."

Papa sagte zu Frank, meinem Frank: „Das hättest du gleich sagen können, anstatt uns im Dunklen tappen zu lassen. Vielleicht wär dann der Abend ganz anders verlaufen." Ich wusste natürlich nicht, wovon die Rede war, wollte aber auch nicht fragen, denn ich hatte ja diese herrliche Party geschmissen. Bereut habe ich nichts, mir war sauwohl.

Trübe Stimmung bei den anderen. Wir gingen raus auf die Terrasse. „Es wird schon recht früh hell", sagte mein Mann, als verkünde er eine Neuigkeit. „Mai", sagte Papa, „was willst du, die Tage werden bald schon wieder kürzer." Wir redeten ziemlich vernünftig und sahen auch häufig nach der Uhr. „Habe ich viel Blödsinn geredet", fragte ich beiläufig, sicher, dass ich in Gnaden wieder aufgenommen war. „Es ging, Schätzchen", sagte mein Mann trocken, „Schwamm drüber." So, jetzt bin ich endgültig mit ihm fertig, wie kann er sich das von mir bieten lassen, ohne aus dem Kleister zu gehen? Schwamm, ja, Schwamm saugt alles auf und gibt nichts wieder her. Andererseits, es war ja nichts zu machen, das Haus, die Kinder. Ich ging hin zu ihm und sagte: „Dachbinder, unsere Dachbinder sollten doch kommen, was meinst du?" Er erschrak sichtlich.

Im Zimmer saß Frank und schrieb etwas, die Adresse, ich schüttelte langsam den Kopf.

„Es ist eben immer dasselbe", sagte Mama missbilligend, „aufhören können, das ist die Kunst."

„Fährst du gleich wieder zurück", fragte Papa meinen Frank, meinen Traummann. Das werde ich mir für stille Tage angewöhnen, ich schlafe im Wachtraum mit Frank, ohne mir was zu vergeben. „Ja", sagte Frank. Nervös sagte Mama: „Wir sind etwas eng, aber es wird schon gehen." Etwas eng ist gut, vier Zimmer habe ich gezählt. „Mach keinen Unsinn", sagte auch Papa, „schlaf ein paar Stunden. Solche Touren enden im Krankenhaus."

Dann stand Frank wieder im Räuberzivil in der Diele.

Keiner versuchte mehr, ihn zurückzuhalten. „Komm mal wieder vorbei, wenn du in Berlin bist", sagte Mama, katzenfreundlich, muss ich sagen, nichts mehr mit Küsschen in Ehren. Dann kam Papa an die Reihe. „Fahr vorsichtig", riet er warm, „wie gesagt, du könntest auch bleiben, obwohl wir etwas eng sind."

Wir sahen zu, wie Frank in den Wagen stieg, Trabant, ziemlich alte Kiste; stellte ich fest. Viel verdiente er wohl nicht.

„Den Jungen hat es erwischt", sagte ich. Er tat mir leid, ich mochte nicht in seiner Haut stecken. „Den hat es erwischt", sagte Mama mit Nachdruck, „der wird Danzers Nachfolger im Institut, mein Kind. In ein paar Jahren ist er dein Vorgesetzter, sozusagen. Der hat immer sein Ziel verfolgt." Donnerwetter, da ist mir doch das Wichtigste entgangen, als ich im Jumm lag.

„Da schrubbt man jahrelang", sagte Papa, „gönnt sich nichts, und so ein windiger Bursche macht das Rennen."

„Alle zehn Jahre solch ein Besuch reicht mir eigentlich", sagte Mama.

Mein Mann sagte: „Wir wollen uns mal jetzt keinen Kopf machen. Es muss auch Leute wie uns geben, die ohne Spektakel ihre Pflicht tun, sauber und anständig durchs Leben gehen. Im nächsten Jahr seid ihr bei uns zu Gast."

Mama nickte. Ich? Ich ging noch mal rein und grapschte mir Franks Adresse vom Tisch. Vielleicht fahr ich doch zu ihm. Die kotzen mich an, alle.

(Erstmals veröffentlicht in „Alltag im Paradies", Hinstorff Verlag, Rostock, 1979)

Klub auf Rädern für die Landbevölkerung, 1954

Uns trifft beide keine Schuld

Ich kann es drehen, wie ich will, ich bin hereingelegt worden. Daran hat niemand Schuld, ich nicht, mein Geschiedener nicht und überhaupt keiner. Jetzt, wo ich wach liege und darüber nachdenke, komme ich zu keinem anderen Schluss. Mein geschiedener Mann liegt neben mir, ich höre ihn im Schlaf lachen. Mich ärgert das. Ich lege ihm meine Hand fest auf den Mund, er atmet durch die Nase weiter, wird aber nicht wach. Ich könnte jetzt einen Kochtopf fallen lassen, mein Geschiedener würde ruhig weiterschlafen. Was kann ich noch tun? Mit der anderen Hand halte ich ihm die Nase zu. Er krümmt sich, wälzt sich auf die Seite. Mein geschiedener Mann schläft weiter. Vor halb sechs wird er nicht erwachen.

Das fing heute beim Wohnungsamt an. Die Sachbearbeiterin sagte: „Leider, im Augenblick, leider."

Ich verteidigte mein Recht, erwiderte, dass mir unsere Wohnung vom Gericht zugesprochen worden sei, nun ziehe sich die Sache bereits ein halbes Jahr hin.

„Wir haben Fälle", sagte die Sachbearbeiterin, „wo geschiedene Eheleute jahrelang in einem Zimmer leben müssen. Sie haben zwei."

„Und zwei Kinder", sagte ich.

„Ihr geschiedener Mann muss sich darum kümmern", sagte die Sachbearbeiterin.

Wieso mein geschiedener Mann? Ich habe mich scheiden lassen, nicht er. Ich wollte es, ich habe es durchgesetzt. Mein Geschiedener ist eigentlich ganz verträglich, ein abgehärteter Geldverdiener. Pünktlich geht er zur Arbeit, pünktlich kommt er nach Hause, isst rasch was, setzt sich in den Trabant, einen Kombiwagen, und fährt los, Radios und Fernseher reparieren. Hinten im Auto hat er eine Werkstatt eingerichtet, mit Prüfgeräten, Ersatzteilen, Kabeln, mit allem, was er braucht. Weil er in einem Elektrobetrieb arbeitet, fällt ihm die Beschaffung von Ersatzteilen nicht schwer, oder er kauft Röhren und andere Sachen im Handel. Manchmal sitzt er in seinem bequemen Sessel, die Füße hochgelegt, trinkt sein Bier, und wenn das Telefon klingelt, gehe ich ran. Ich schreibe die Anschriften der Leute, deren Fernseher kaputtging, in ein dafür bestimmtes kleines Buch. Im Terminkalender suche ich Tag und Stunde aus, wo mein Geschiedener Zeit hat. Hartmut ist zuverlässig. Deshalb schätzen ihn die Leute, einer sagt es dem anderen, über zu wenig Kundschaft können wir nicht klagen. In der Kaufhalle sprechen mich oft wildfremde Menschen an und bitten mich um einen Termin. Im Betrieb wird Hartmut ebenfalls geschätzt, kein Jahr vergeht, wo er nicht mit einer guten Prämie ausgezeichnet wird. Einen Teil davon muss er für Bier opfern, die Kollegen, die ihm bei der Beschaffung von Ersatzteilen behilflich sind, fordern auch ihren Teil. Mein geschiedener Mann stiehlt nicht, er bezahlt alles, unser Geschäft ist korrekt. So ist es.

So war es, bis ich auf die Idee kam, mich scheiden zu lassen. Ich arbeite in einem Waschstützpunkt. Ich hätte auch zu Hause bleiben können, aber ich wollte nicht. Der Richterin habe ich das alles so erzählt, habe gesagt, das sei kein Leben. Sie hat mir zugeredet, sie hat ihm zugeredet, er versprach auch, sich das alles durch den Kopf gehen zu lassen. Ich blieb fest. Ich weiß, was herauskommt, wenn sich Hartmut etwas durch den Kopf gehen lässt. So wurden wir geschieden, weil ich es wollte. Die Wohnung sollte er räumen. Ich war zufrieden. Konnte ich ahnen, wie sich das entwickeln würde? Also trifft mich keine Schuld.

Jede zweite Woche lief ich zum Wohnungsamt, bis heute. Es war mein Haushaltstag und ich hätte genügend zu tun gehabt mit Einkaufen, Anstehen, sich was fürs Wochenende ausdenken. Die Kinder wollen mal raus. Wohin? Zu meinen Schwiegereltern. Sie wohnen draußen in einem Häuschen mit Garten. Ich könnte jedes Wochenende zu ihnen fahren, sie hängen an den Kindern. Früher brachte mich mein geschiedener Mann mit den Kindern raus, ehe er auf Montage fuhr, und holte uns abends wieder ab, jahrelang. Ich will das jetzt nicht mehr. Mit meinen Schwiegereltern habe ich nichts mehr zu tun, aber ich muss meinen Kindern natürlich was bieten, bloß was? Darüber dachte ich beim Anstehen nach. Ich wollte auch nicht nach Hause, ich fürchtete, dass mein geschiedener Mann in der Küche wirtschaftete. Dieses Recht steht ihm ausdrücklich zu, ich kann dagegen nichts machen. Lieber hätte ich den Tag verbummelt, mal ganz allein, ohne meine Kinder. Das ging nicht. Die Kinder kommen aus der Schule, dann schreien sie nach Essen, dann muss ich ihre Schularbeiten beaufsichtigen, ihre Sachen waschen und flicken und vieles andere noch. In den Berichtsheften meiner Kinder stehen jetzt häufig Eintragungen, Sabine lernt schlecht, Torsten passt nicht auf, was soll ich machen? Mein Geschiedener hat sich erboten, die Sache in die Hand zu nehmen. Ich will das nicht. Ich will ein für allemal Schluss machen und auf eigenen Füßen stehen.

Ich wollte es. Mein Geschiedener stand am Herd, mit der linken Hand rührte er in einem Topf, die rechte hielt eine Zeitschrift, Elektrotechnik, denke ich. Wir beziehen einen Haufen Fachzeitschriften. Ich hatte es geahnt, stellte die Tasche und das Netz ab, die prall gefüllt waren. Ich zog meinen Mantel aus. Für die Kinder hätte ich jetzt was kochen müssen, aber mein Geschiedener blockierte den Herd. Bedeppert stand ich mit dem Mantel über dem Arm in der Küche.

„Ich bin bald fertig", sagte mein Geschiedener tröstend.

„Könntest du es nicht anders einrichten", sagte ich, „vielleicht solltest du im Lokal essen."

„Wieso denn", sagte er, „wir können uns ja absprechen, zwei Leute werden sich doch wohl absprechen können."

Ich brachte den Mantel nach draußen in die Diele und ging in mein Zimmer, also in das Zimmer, welches mir und den Kindern zusteht. Hier konnte ich mich nicht drehen, denn ich hatte gleich darauf bestanden, unsere Sachen zu trennen. In meinem Zimmer standen die Schlafcouch, die Kinderbetten, zwei Tische, ein großer Schrank für meine Sachen, ein kleiner für die Sachen der Kinder, Stühle und ein Sessel. Auf dem großen Tisch lagen die Spielsachen. In dieser Enge kann man schwer Ordnung halten. Ich versuche es auch gar nicht mehr. Ich streifte die Schuhe von den Füßen und legte mich auf die Couch. Ich wollte ausruhen, aber ich lauschte in die Küche rüber. Als sie frei war, ging ich hinein, packte die Esswaren aus konnte mich aber nicht entschließen, was zu kochen.

Plötzlich packte mich das heulende Elend. Das war natürlich Unsinn, denn ich hatte es ja gewollt. Die Richterin, meine Schwiegereltern, meine Mutter, unsere Freunde, alle hatten mir von diesem Schritt abgeraten. Es wären nicht genügend Gründe vorhanden, mich von Hartmut zu trennen, einem fleißigen, zuvorkommenden Mann, der nur an seine Familie denkt.

„Wäschst du zufällig ab", hörte ich meinen geschiedenen Mann von der Küchentür her fragen.

„Nein", sagte ich, es klang mir selber wie ein Schrei. Mein Geschiedener kam herein, stand hinter mir, ich spürte seinen Körper und zuckte zusammen, als Hartmut mich bei den Schultern nahm und herumdrehte. Ich klappte zusammen und heulte an seiner Schulter. Sein

Gesicht war ernst, aber ich las darin die Genugtuung, mich so tief zu demütigen.

„Carola", sagte er, „du hast doch erreicht; was du wolltest? Ich kann mich doch nicht in Luft auflösen. Meinen Teller werde ich selbstverständlich allein abwaschen." Seine Hände hoben meinen Kopf hoch. Wahrscheinlich sollte ich die Berührung spüren. Mit der Scheidung ist ja nicht alles zu Ende.

„Warum gehst du nicht", sagte ich, „ich kann doch nicht weg. Du würdest doch bestimmt ein Zimmer finden. Ich weiß nicht, wie lange ich das noch aushalte".

„Und dann", fragte er gespannt, „wenn du es nicht mehr aushältst?"

Mein geschiedener Mann berechnet seine Schläge genau, er trifft immer. Ich kann mich wegducken, er trifft, ich kann stehen bleiben, er sucht sich bedächtig die Stelle aus, wo ich zu fassen bin. Weglaufen, wie ich jetzt merke, kann ich auch nicht. Er trifft mich eben, mein Geschiedener kann das.

„Ich ziehe aus, wenn ich etwas Zumutbares finde", sagte er, „es ist nicht meine Schuld, dass du mich satt hattest." Er ging, und ich stand wie betäubt in der Küche.

Satt haben, ist das ein Scheidungsgrund? Ich hatte mir zuerst ausgemalt, was ich alles tun würde, wie ich leben würde mit meinen Kindern. Es war anders gekommen.

„Lass deinen Teller stehen", rief ich meinem Geschiedenen nach, „ich wasch nachher sowieso ab."

„Na also", sagte er. Ich hörte ihn im Badezimmer, er pfiff laut. Immerhin fing ich an, das Essen für die Kinder vorzubereiten. Sabine und Torsten hätten in der Schule essen können, aber das ging nicht. Beide aßen schlecht in letzter Zeit, ohne Kontrolle überhaupt unregelmäßig. Ich liebe meine Kinder, mir bleibt ja auch nichts übrig, als sie zu lieben. Für mich kam die Pille um zehn Jahre zu spät.

Dann entschloss ich mich, noch einmal mit meinem geschiedenen Mann zu sprechen. Es kostete mich Überwindung, in das Zimmer zu gehen, früher unser Schlafzimmer, Hartmut saß an seinem Tisch und lötete an dem ausgebauten Chassis eines Fernsehers herum, aber er stand auf, als ich hereinkam. Ich setzte mich in einen Sessel, der ihm gehörte nach meiner säuberlichen Trennung unseres gemeinsamen Eigentums. Der andere Sessel stand bei mir drüben. Es war ein Fehler, sich in diesen Sessel zu setzen, das sah ich sofort. Mein Gesicht im Spiegel schien mir gedunsen und gealtert, eine Frau von fünfzig blickte mich abschätzend an, die in Wahrheit gerade vierunddreißig war. Ich drehte mich etwas weg, um nicht mein Gesicht sehen zu müssen.

„Ja", sagte mein Geschiedener, dem mein Schreck natürlich nicht entgangen war, „die Jahre fressen uns auf, wie ein Krebsgeschwür greifen sie um sich. Man kann nichts machen, es ist immer noch das anständigste, bis zum Ende durchzuhalten." Ich nickte, es stimmte ja.

Mein Geschiedener trägt einen dunklen Schnurrbart, manchmal schiebt er in Gedanken die Unterlippe vor und zieht die Haare in den Mund, mit den Fingern glättet er den Bart wieder. Er isst geräuschvoll, nicht unanständig, aber geräuschvoll, seine Kinnbacken zermampfen Brot und Fleisch. Bei Hartmut haben die Jahre wenig Spuren hinterlassen. Warum hatte ich ihn nicht mehr ertragen? Er half mir, wo er konnte, er war höflich, nett und aufgeschlossen, vergaß nie einen Geburtstag, und unseren Hochzeitstag feierten wir mit Sekt. Wir fuhren in Urlaub, mit den Kindern, allein gönnte er sich nichts. Was er erwarb, teilte er mit uns. Er schlug die Kinder nicht, im Gegenteil.

„Woran glaubst du eigentlich noch", fragte ich meinen Geschiedenen.

„An mich", sagte er, „woran kann ein Mensch sonst glauben? Überhaupt, was soll die Frage?"

Das frage ich mich jetzt auch. Welche Antwort hatte ich denn erwartet? Die Frage kam mir einfach so in den Kopf, wie ich meinen Geschiedenen sitzen sah, vor dem ausgebauten Chassis, die Lötpistole in der Hand, nichts rechtes im Magen, bloß eine Suppe aus dem Beutel, ein Stück Brot vielleicht. Er tat mir mit einem Mal leid, so meine ich das. An Ordnung gewöhnt, fleißig und tüchtig, geachtet von Kollegen und Freunden, von Verwandten und Kunden, musste er sich mit dieser neuen Lage ja auch irgendwie abfinden. Wozu lötete er noch? Wozu überhaupt dieser gedrängte Arbeitstag, zwölf, vierzehn Stunden, Sonnabend und Sonntag? Er hatte Pech mit mir gehabt. Vielleicht könnte er eine andere Frau finden, die weniger zickig ist als ich, die solche Leistung zu würdigen weiß. Ich jedenfalls nicht, ich kann es nicht mehr. Warum? Keine Ahnung. Wir haben eine automatische Küche, eine automatische Waschmaschine, einen Fernseher mit automatischer Regelung, eine Stereoanlage mit Plattenspieler, Auslegeteppiche, diese geräuschlosen Lichtschalter, Heizstäbe im Bad und in der Küche, wir haben das Auto. Eine Datsche haben wir nicht, mein geschiedener Mann sagt, Datsche macht ihm zu viel Arbeit, er ist doch kein Arbeitspferd; er will was vom Leben haben.

Wir haben also alles, und ich sitze oder stehe manchmal vor den automatischen Apparaten und streichle das Holz oder das blitzende Metall, denn ich habe keine Zeit für alle diese netten Maschinen. Ich wische Staub und wasche den Wagen. Was ist mein Geschiedener herumgelaufen, um einen weißen Telefonapparat zu kriegen, er hat ihn natürlich bekommen. Wozu haben wir das Telefon überhaupt? Für die Kundschaft.

„Könntest du nicht wirklich ausziehen", fragte ich, „bitte."

„Darüber haben wir doch geredet", sagte mein geschiedener Mann geduldig, „es hat doch keinen Zweck, übereilt zu handeln, das hast du ja gesehen. Wo soll ich denn hin?"

„Und wohin soll ich", fragte ich.

„Um die Kinder könnte ich mich auch kümmern", sagte mein Geschiedener, „wenn ich hier bin."

„Ich muss immer hier sein", sagte ich, „ich muss es immer einrichten können." Natürlich, ich hatte alles beansprucht und konnte jetzt nicht damit fertig werden. Womit rechnete ich? Damit, dass ein anderer Mann zu mir ziehen würde? Ich weiß nicht, ich kannte keinen, ich wollte auch keinen, nicht gleich. Ich wollte einfach mal aufatmen können, mir mein Leben so einrichten dürfen, wie mein Geschiedener.

Es kam anders. Ich konnte nichts dafür. Hartmut auch nicht, keiner konnte dafür. Ich hatte mein und sein Leben kaputt gemacht und kam jetzt nicht wieder heraus aus dem Schlamassel.

Mein geschiedener Mann lächelte, er lächelte auch noch, als er dicht an mich herantrat. Ich saß still da und schloss die Augen. Ich hatte geglaubt, das sei mit der Scheidung vorbei. Es war nicht vorbei, mein Körper reagierte sofort, was früher selten der Fall gewesen war. Nach den Monaten des Hasses, der Ausbrüche und der Gleichgültigkeit war es neu und anders. Mein Geschiedener lächelte, so wie er vielleicht immer lächelte, wenn er eine Frau nahm, so wie er sie nahm, gelassen, mit Geduld und Nachsicht. Er konnte warten, mich langsam an den Höhepunkt heranführen, was in diesem Fall gar nicht nötig war, ich wurde auch ohne seine Geduld fertig.

Ich habe mich früher oft gefragt, was Frauen empfinden, die sich verkaufen, mal an diesen, mal an jenen, ich hatte außer Hartmut keinen anderen gehabt, von der Spielerei in der Jugend abgesehen. Heute, ab jetzt, weiß ich, wie das vor sich geht; was da bei uns einrastet.

„Wenn du willst", sagte mein Geschiedener danach, „dann zieh ich aus."

Er traf wieder genau, denn er kannte mich. Jetzt konnte ich nicht wieder zurück. Fast hätte ich gesagt, leg die fünfzig Mark; oder wie viel du willst, auf den Nachttisch, aber ich konnte auch nicht mit gleicher Münze zahlen. Ich bin ja die Frau, die alles aus freiem Willen tut, deren Liebe immer der Einstieg für alle möglichen Dienstleistungen ist. Mein Geschiedener war schuldlos, wie ich, und deshalb hatte es keinen Zweck, sich mit Worten zu schlagen.

„Frauen wollen immer das Unmögliche", sagte mein Geschiedener, „das, was es gar nicht gibt, die ewige Harmonie."

Das kenne ich auch, dieses Gequatsche, hätte er wenigstens jetzt den Mund gehalten und mir für eine halbe Stunde die Vorstellung gelassen, er könnte sich ändern. Irgendwas hätte anders sein sollen zwischen uns, nach dem Versuch, die Uhr zurückzustellen.

Trotzdem war mir wohler, ich fühlte mich ruhiger und fürchtete auch den Spiegel nicht mehr. Eine große Gleichgültigkeit und Müdigkeit spürte ich, gemischt mit diesem angenehmen Gefühl der Sättigung.

„Also was soll ich tun", fragte mein Geschiedener, während er sich eine Zigarette anzündete.

Warum wohl die Männer immer rauchen danach, ich höre das auch von anderen Frauen. Mich wundert das. Ich streichelte seine Schultern und wünschte mir, er würde aufhören zu reden. Ich jedenfalls sagte nichts, ich hörte mir die Versprechungen mit an. Ab jetzt sollte alles anders werden. Die Wochenenden sollten ganz für uns frei sein, auch abends wollte mein Geschiedener nicht mehr soviel arbeiten. Wir hatten ja auch alles.

Mein Geschiedener stand dann auf und begann die Möbel wieder umzustellen. Ich half ihm nicht, ich blieb liegen, gelöst und zufrieden, ohne richtigen Wunsch, ohne Sehnsucht. Ich begriff selbst nicht mehr, was mich in diese Hysterie hineingetrieben hatte, bis zu dieser Kurzschlusshandlung, mich gegen alle guten Ratschläge und Erfahrungen anderer scheiden zu lassen. Ich zog mir die Decke über den Kopf und gab mich ganz dieser neuen Zufriedenheit hin. Mein geschiedener Mann brachte Kinderbetten, schleppte Tische, Stühle und Sessel, er gab sich Mühe, meine Ruhe nicht zu stören. Verstohlen lachte ich unter der Decke, sollte er sich plagen. Es gefiel mir, rücksichtsvoll behandelt zu werden. Wer war mein Geschiedener schließlich? Ein netter und anständiger Mann, kein Trinker und kein Weiberheld, ein ganz normaler, freundlicher, gesunder, umsichtiger Mann von achtunddreißig Jahren, der nichts anderes wollte als eine nette, ordentliche kleine Frau und ein geregeltes Leben. Fortschrittlich, auch politisch aufgeschlossen, nicht verstockt, nicht unbelehrbar, auch nicht rechthaberisch, so ist Hartmut, alles in Ordnung.

Ich schlief fest bis in den Abend rein, stand auf, sah mich in dem neuen alten Zimmer um. Auf dem Nachttisch standen Blumen, ein hübscher Strauß Rosen, nett von meinem geschiedenen Mann.

Im Badezimmer war der Ofen geheizt, seit Monaten kümmerte sich mein Geschiedener wieder um Badewasser. Ich ließ das heiße Wasser ein, tauchte unter. Ich trödelte, Hartmut kümmerte sich ja um alles. Nach dem Baden zog ich mein blaues Kleid an, frisierte und schminkte mich. Soviel Umstände durfte ich sonst nicht mit mir machen, aber ich hörte ja, dass mein geschiedener Mann mit den Kindern in der Küche Abendbrot aß. Sabine und Torsten lachten ausgelassen. Ich hatte auch Hunger, beschloss aber, einen gemütlichen Abend für uns zu veranstalten, ein Versöhnungsfest, einen neuen Anfang brauchten wir. Mein Geschiedener musste sich heute mal um die Kinder kümmern, morgen würde ich meinen Ehedienst wieder aufnehmen. In einer Kneipe kaufte ich Wein, aus der Kaufhalle holte ich Bratfleisch und Bier und trudelte langsam zurück.

Zuerst sah ich ins Schlafzimmer. Torsten lag halb auf der Seite, die Arme komisch verdreht, wie er immer schläft. Ich legte ihn richtig hin, ohne dass er erwachte. Sabine, das kleine Biest, hatte den Kopf natürlich sofort oben. „Mama", sagte sie leise, „sind wir nun wieder verheiratet?" Ich musste lachen, Kindermund tut die Wahrheit kund, aber ich legte den Finger an die Lippen, und Sabine ließ sich zurückplumpsen. Ich deckte sie zu und ging ins Wohnzimmer. Mein Geschiedener hatte die Lötpistole in der Hand, das Chassis des Fernsehers vor sich und studierte einen Schaltplan. Still setzte ich mich zu ihm, öffnete die Bierflaschen, hielt den Lötdraht und reichte ihm das Werkzeug, das er brauchte. Ich saß da mit der bösen Gewissheit, dass alles von vorn anfing.

Jetzt also liege ich wach und überlege mir, was zu tun ist. Ich bin wieder hereingelegt worden, ohne dass jemand Schuld hat. Mein Geschiedener schläft fest. Das bringt mich auf den Gedanken, ihn durch irgendwas zu wecken. Ich schiebe mein, linkes Bein unter seine Decke, bis ich sein Gesäß finde, ein Tritt, und er fliegt auf den Boden. Es kracht ganz schön.

Mein geschiedener Mann kriecht, vor sich hin brabbelnd, wieder in sein Bett zurück. Ich liege ganz still und warte, was er jetzt tun wird. Er schläft weiter, den bringt nicht mal ein Fußtritt aus dem Gleichgewicht. Meinen

Fuß hat er nicht mal gespürt. Was spürt er überhaupt? Ich muss härter im Nehmen werden.

(Erstmals veröffentlicht in „Alltag im Paradies", Hinstorff Verlag, Rostock, 1979)

Berlin, mobile Annahmestelle für Sekundärrohstoffe, 1981

Kleiderwerk Jena, Abgeordnete für den Bezirkstag, 1981

CHRISTA MÜLLER: Candida

Als Candida elf Jahre alt war, fragte sie ihre Mutter:
Wenn du sieben Jahre Unglück haben müsstest und gefragt würdest, wann willst du sie haben: als Kind - oder
nachher? Was würdest du antworten?

Ich weiß nicht, sagte Maria.

Ich würde sie als Kind nehmen, sagte Candida, dann
hat man sie hinter sich.

Candida wurde geboren.

Maria quälte sich schon die zweite Nacht im Kreißsaal.
Die Hebamme hatte sich auf die Pritsche an der Wand
gelegt. Dieses Kind, das nicht zur Welt wollte, würde zwischen Nacht und Morgen geboren werden. Sie hörte das
am Atem der Kreißenden.

Sie schlief ein und erwachte vom Schrei Marias. Nicht
schreien, sagte sie. Die Kraft werden Sie brauchen. Sie
fühlte ihre Glieder bleischwer und erhob sich.

Sie tat das Nötige.

Vom Licht der Lampe am Fußende des Bettes geblen-
det, schloss Maria die Augen. Komm endlich. Komm!
dachte sie.

Die Hebamme hieß Maria flacher atmen, um das Kind
nicht aus ihrem Leib zu stoßen. Sie verbog ihm die Nase,
an der sie es ergriff, denn um seinen Hals verschlungen
lag die Nabelschnur. Die Schultern waren noch nicht geboren.

Kaum im Leben und schon wieder hinaus. Das wäre
zu einfach, dachte sie und trennte die Nabelschnur zwischen Candida und ihrer Mutter.

Hochgehalten an den Füßen, bekam Candida die ersten Schläge ihres Lebens. Sie schwieg. Maria sah sie über

sich schweben, ein mit weißem Talg bedecktes dünnes Körperchen. Über der schiefen Nase schnappte endlich der winzige Mund nach Luft mit einem kläglichen Schrei.

Sie lagen nebeneinander: Candida und ihre Mutter.

Die Hebamme trug die Daten in ein Buch. Das wenige, was man weiß: Gewicht, Größe, Schulterumfang, Schädelmaße.

Was konnte man ahnen? Dass die Augen blau sein würden?

Wie wird sie denken? Wie fühlen? Worüber weinen und worüber fröhlich sein?

Die Januarnacht klirrte vor Kälte. Der Frost zerriss die Telegrafendrähte, panzerte die Erde, tötete die Fische unterm Eis und begrub Menschen im Schnee.

Candida war zur Welt gekommen.

Die Welt. Das Kind verschloss Augen und Mund vor ihr. Es hatte nicht wählen können. Es hatte kommen müssen. Es lag mit geballten Fäusten und angezogenen Knien, wie es in ihrem Leib gelegen hatte, an den Brüsten seiner Mutter und trank nicht.

Candida, meine Tochter, redete Maria mit ihr. Es nützt nichts, dass du dich sperrst. Wenn dir die Welt nicht gefällt, musst du sie ändern. Man kann darin nicht leben, da hast du recht. Also trink. Du musst kräftig werden. Und mach die Augen auf.

Maria beschloss, Candida so zu erziehen, dass sie Schmerz tragen und um Glück kämpfen konnte.

In dieser Zeit hatte Maria immer den gleichen Traum: Sie vergaß, ihr Kind zu nähren, und als sie sich seiner in panischem Schrecken erinnerte, es aus seinen Tüchern wickelte, war es vertrocknet, zerfiel es unter ihren Händen zu Staub. Sie erwachte dann starr vor Angst und lauschte auf Atemzüge. Sie waren unhörbar. Sie musste hingehen, das Kind berühren, seine Wärme fühlen.

Candida blinzelte in die Sonne. Ihr Wagen stand im Garten; im schmelzenden Schnee.

Sie blickte in die freundlichen Gesichter, die sich über sie beugten. Wenn sie Maria erkannte, lächelte sie.

Candidas Augen waren von durchsichtiger Bläue, in manchen Sekunden ungewöhnlich hell. Dann erschrak Maria. Sie fühlte eine Ferne zwischen sich und dem Kind. In solchen Momenten kam es ihr vor, als kehre sich Candidas ganzes Sein von ihr ab.

Maria versorgte Candida zwischen den Vorlesungspausen. Sie atmete auf, als das Kind zehn Wochen alt war.

Das Heim lag unmittelbar am See. Ein Haus voller Kinder. Es roch nach warmer Milch und klang von ihrem Weinen und fröhlichen Geschrei.

Maria erfuhr, sie dürfe das Kind sonntags besuchen und, wenn die Heimleiterin nichts einzuwenden habe, es auch mit nach Hause nehmen. Candida gab keinen Laut von sich. Willig lag sie in dem fremden Arm und wandte, als sie hinausgetragen wurde, nicht einmal den Blick zu ihrer Mutter. Maria unterschrieb etwas, gab die Papiere des Kindes hin und fand sich wieder vor dem Haus, nicht erleichtert, eher verwirrt.

Candida erkältete sich gleich. Am Atmen gehindert, verweigerte sie alle Nahrung. Sie schrie, sträubte sich. Wenn sie den Mund aufriss, wurde er vollgestopft mit süßem Brei. Sie spuckte ihn aus, bis zur Erschöpfung mit der Pflegerin kämpfend.

Nach einer Woche wurde das Heim unter Quarantäne gestellt. Die Infekte traten auch in der Stadt auf. Über den Quarantänen im Säuglingsheim, dann im Studentenheim verging ein Vierteljahr.

Auf der Terrasse zum See standen in langer Reihe die Bettchen unter einer Markise, und Maria ging zweifelnd von einem zum andern. Sie sah in rosige Gesichter und fand nicht das Candidas.

Eine Kinderschwester zeigte sie ihr.

Candida lag auf dem Bauch, eine Hand darunter versteckt. Schlief auf der linken Wange; am rechten Daumen saugend. Ihr Haar war gewachsen und ringelte sich zu dünnen, blonden Locken. Ihre Haut war zart geblieben. Die Mutter sah das Blut darin pochen.

Maria kauerte sich nieder, ihrem Kind ins Gesicht zu sehen. Die lustige Nase, die von den langen Wimpern beschatteten schmalen Wangen. Es schlief mit dem Daumen im Mund. Als Maria ihn herauszog, blinkten hinter den Lippen zwei Zähnchen.

Candida seufzte im Schlaf und wandte den Kopf zur anderen Seite. Maria folgte ihr und sah sie von neuem an. Suchte in ihrer Vorstellung, was zwischen Abschied und Wiedersehen lag. Sie hatte ein Kind hergebracht, das auf der Seite, auf die man es bettete, liegen blieb. Sie traf es an, wie es sich umdrehen konnte.

Candida schlug die Augen auf. Groß, klar, blau sahen sie erinnerungslos die Mutter an.

Maria fuhr Candida spazieren, Candida schaute in das Blättergewirr der Bäume. Hatte es noch nie gesehen. Sie kannte den Himmel, die Zimmerdecke und die Markise.

Candida sah nur die Blätter. Wenn sie genug gesehen hatte, schlief sie.

So blieb es Monate.

Candidas Lächeln gehörte nicht Maria.

Die Ferien hatten das Internat leer werden lassen. Nun zog Candida dort ein. Ihre Stimme schallte durch das Haus, und sie nahm Stille um sich wahr.

Durch die Stäbe ihres Bettes sah sie am Morgen ihre Mutter schlafend, sah ihr Erwachen und lernte, ihr zu vertrauen. Nach der Morgenflasche lag sie bei ihr auf der

Liege und zauste ihr Haar. Candidas Laufgitter stand auf den besonnten Fliesen des Balkons. Ein Radio spielte. Sie wurde im Freien gebadet, und an den lauen Abenden stand ihr Bett unter dem sich färbenden Himmel. In den Büschen schlugen Nachtigallen.

Candida lag mit offenen Augen, als brauche sie keinen Schlaf.

Die Großmutter reiste an. Besah sich das Kind, so ein Mäuschen! Ist kaum was dran an ihr.

Sie blieb vierzehn Tage. Tage, in denen Candida sich an das Rädergeräusch ihres Wagens gewöhnte, sein Klappern auf dem Pflaster, das Knirschen der Kieswege; an denen sie das Blätterdach des Parks über sich erblickte und von einer weichen Decke in das sommerharte Gras der Wiese griff. Die Stimmen der Frauen umgaben sie oder Stille. Sie kroch herunter von der Decke und spürte das Anderssein der Welt dort und trotz des Unbehagens, das Disteln und Ameisen ihr bereiteten, schrie sie nicht.

Maria, sagte die Großmutter, gib sie mir!

Du wirst sie verziehen. Nein. Du hast ja sonst niemand.

Aber sie hat auch niemand. Wann hat sie dich denn? Sonntags zwei Stunden. Vielleicht mal ein Wochenende. Wenn die Ferien vorbei sind, seht ihr euch bis Weihnachten nicht.

In der nassen Jahreszeit bekamen die Mütter ihre Kinder ins Besuchszimmer gebracht. An den Wänden standen Stühle. Dort saßen die Mütter in weißen Kitteln, zuweilen ein Vater, und hatten die Kinder auf dem Schoß oder zwischen den Knien. Die Größeren trappelten durchs Zimmer. Es war laut und eng.

Candida mochte das Zimmer nicht, seine Stickigkeit, die vielen Stimmen. Ihre Mutter blieb ihr hier fremd. Zu ihr gehörten Wind und Sonne, der Geruch von trockenem Gras und Töne, die Candida in diesem Haus nicht vernahm.

Candida war mit sich beschäftigt. Sie versuchte, sich auf die Füße zu stellen, zog sich an allem Erreichbaren hoch.

Maria sah ihr zu, und wenn das Kind fiel, sprang sie nicht hin, es aufzuheben, und wenn es weinte, tröstete sie es nicht. Fallen gehört zum Laufen lernen.

Candida weinte nicht lange. Ließ es bald ganz. Wenn sie fiel, stand sie wieder auf. Ihre Mutter lobte sie nicht. Lächelte, aber Candida sah es nicht.

Weihnachten reisten sie in die nebelgraue Stadt der Großmutter.

Maria war betroffen, ihr Zimmer neu tapeziert, ihr Kinderbett, vom Boden geholt und frisch gestrichen, stand neben ihrem, ein Laufgitter, ein Schaukelpferd, eine Wanne, ein Töpfchen.

So viel Umstände! sagte sie rau, entschlossen, Candida nicht hier zu lassen.

Candida ergriff Besitz von den Dingen. Wälzte sich auf dem Teppich, zog die Tischdecken herab, erkletterte Stühle und Sessel und zerbrach Geschirr. In einer unbewachten Sekunde warf sie den Weihnachtsbaum um. Sie wurde gescholten. Sie weinte nicht.

Die Großmutter sagte: Woher soll sie wissen, dass eine Vase zerbricht, dass man sich an Tischtüchern nicht festhalten kann, dass die Ofentür heiß ist und die Kerzenflamme.

Candida schrie, wenn sie auf den Topf sollte. Sie ließ sich umfallen mit ihm und blieb starr und schreiend liegen. Ratlos standen die Frauen vor ihr. Die Großmutter band Candida mit einer Windel am Tischbein fest. Dann fiel sie nicht, aber schrie bis zur Erschöpfung. Der Topf blieb leer.

Was soll ich sie quälen, sagte Maria. In einer Woche ist sie wieder im Heim.

Die Großmutter sagte nichts.

Als Maria nach den Feiertagen in die Verkaufsstelle kam, in der ihre Mutter arbeitete, sagte eine Kollegin zu ihr: Sie setzt Himmel und Hölle in Bewegung, einen Platz in unserer Tageskrippe zu bekommen.

Das ist mein Kind, dachte Maria.

Die Großmutter brachte Maria und Candida zum Zug. Sieh sie dir an, sagte sie, wie viel ihr fehlt.

Auf diesem Bahnhof fuhr ein Zug ab, als Maria fünf war. Es blieb ihr ein Bild: ein Meer aus Blumen und Fahnen, in Sonne blitzendes Messing und Menschen über Menschen. Des Vaters Kopf merkwürdig gequetscht zwischen vielen Köpfen. Er hat eine Uniform an wie alle im Zug. Maria mag den Stoff nicht, er kratzt, wenn sie ihr Gesicht dagegen drückt. Der Arm des Vaters hängt aus dem Abteilfenster, und die Mutter hält seine Hand. Hält sie im Lauf neben dem Zug. Sie lacht. Die Trompeten blasen: Muss i denn, muss i denn zum Städtele hinaus ...

Die Mutter hat einen weißen Wollmantel an. Maria rennt neben ihr her. Alle Leute rennen. Dann müssen sie zurückbleiben. Die Mutter weint. Die Musik klingelt und trillert: Darum Madel, Madel wink, wink, wink ...

Maria sah ihren Vater nicht wieder, so sehr sie auch auf ihn wartete.

Sie sträubte sich gegen die Mutter die ganze Kindheit lang, denn sie dachte: Sie hat ihn wegfahren lassen!

Das Jahr der Erwachsenen ist kurz. Das Jahr der Kinder unendlich.

Candida war sicher auf ihren Beinen geworden. Deshalb bedurfte sie des Schutzes. Ihre Welt wurde von Türen und Gittern versperrt. Sie hatte unbändige Lust zu sehen, was vor den Türen und Gittern war. Sie akzeptierte kein Verbot.

Candidas Vater bat, sie sehen zu dürfen.

Eines Tages hatte der sonntägliche Spaziergang ein neues Ziel. Candida schob ihren Wagen über eine lange, stählerne Brücke. Sie blickte mit Staunen durch die Lücken des Geländers auf das kräuselige Wasser und warf, was sie gerade in der Hand hielt, hinunter. Sah die Puppe ein Weilchen auf dem Wasser schaukeln und dann versinken.

Ruhig schob sie den Wagen weiter.

Später, auf dem Rückweg erst, machte sie Halt an der Stelle und sah hinunter.

Weg? fragte sie ungläubig.

Die Mutter nickte.

Da weinte sie.

Auf der anderen Seite der Brücke wartete der Vater. Candida mochte ihn gleich. Er trug sie. Schwenkte sie herum. Tollte mit ihr. Sie durfte auf ihm klettern, reiten, ihn zotteln und zausen, auf seinen Schultern sitzend die Hände in seinen Bart vergraben.

Das bist du also! Er hielt sie über sich. Fliegengewicht!

Der Vater war Candidas große Entdeckung. Sie flog von seinen Händen in den Himmel und fiel in die Sicherheit seiner Arme.

Er lehrte sie, süßes schwarzes Bier aus einer Flasche zu trinken und den Verschluss zu öffnen; zeigte ihr Purzelbaum und Hampelmann. Sie vertraute ihm. Maria blieb schweigsam in diesen Stunden. Drückte Candida beim Abschied heftiger, ging aber am folgenden Sonntag wieder mit ihr über die Brücke.

Es war schon Sommer. Sie stiegen in des Vaters drolliges Auto und fuhren nach Wannsee. Der Vater redete mit der Mutter. Manchmal wurden sie heftig. Sie schwiegen, wenn sie Candidas erschrockenes Gesicht gewahrten.

Nächste Woche fahr ich ins Praktikum. Sechs Wochen, sagte Maria.

Bambu, sagte Candidas Vater, wenn du zurück bist, kommt zu mir. Wenigstens könnten wir zusammen wohnen.

Marias Augen wurden dunkel. Komm du! sagte sie.

Das geht nicht. Du weißt es.

Du willst nicht.

Du weißt, dass es nicht geht!

Warum bist du fortgegangen.

Ich studiere hier.

Und ich bei uns.

Bambula ...

Alles war längst gesagt.

Im August wurde die Grenze geschlossen.

Es war Sonntag, und Candida strebte auf gewohntem Wege zur Brücke. Sie protestierte nicht, als die Mutter die Richtung der Schritte änderte. Sie stieg erwartungsvoll in Busse und Straßenbahnen, aufmerksam die Gesichter musternd. Eilig und stürzend lief sie die Treppen im Internat hinauf, stand dann im Zimmer der Mutter, erstaunt, sagte den Namen des Vaters, lief hinaus, rief. Aber das Haus war leer.

Maria ging ihr nach. Da ließ Candida sich fallen. Stumm. Tränenlos. Maria hob ihre Tochter auf und trug schwer. Schlaff hingen Candidas Arme und Beine herab, das Blau ihrer Augen war ausdruckslos hell.

Sie fuhren Großmutter in einem Park spazieren. Auf seinen Teichen schwammen bunte Enten, und Brücken schwebten über ihnen. Kinder tollten. Musik spielte in einer weißen Riesenmuschel.

Candida tanzte vor der Muschel, spuckte von den Brücken ins Wasser, rief die Enten und ruhte aus auf Großmutters Schoß, die es gut hatte, in ihrem leichten, glänzenden Stuhl auf Rädern. Wie groß du bist, sagte die Großmutter zärtlich, und Candida rutschte von ihren Knien, einem Falter nachzulaufen. Später kamen sie in eine ruhigere Gegend. Ein breiter, schnurgerader Kanal mit schwarzem Wasser und schmutzigem Schaum lag träge neben ihrem Weg. Die Bäume standen dichter. Die Hitze ließ nach, und es roch nach wildem Lauch.

Ich habe diesen Geruch nie gemocht, sagte Großmutter, riech mal!

Candida blies die Luft durch die Nasenlöcher.

Nein! Anders herum! Die Großmutter machte es vor. Riecht es gut - ja?

Gut! sagte Candida. Umhalste sie.

So sah sie ihrer Mutter ins Gesicht, die den Rollstuhl schob, und sah Tränen.

Die Großmutter lachte Candida an. Schön so zu fahren - was?

Wenn du wieder gesund bist, sagte Maria, kommt Candida zu dir. Du hattest recht.

Ich wusste es ja, sagte die Großmutter zu Candida, deine Mutter ist eine kluge Frau.

Zwei Monate später wurde ein mit Samt bedeckter und mit Blumen geschmückter Sarg durch raschelndes Laub getragen und in eine Grube gesenkt. Candida sah zu, und die Geschicklichkeit der Männer mit den glänzenden steifen Hüten machte ihr Spaß. An der Hand der Mutter ging sie furchtlos auf das Brett an der Grube und warf

Blumen hinunter. Sie hörte erstaunt die Erdschollen auf den Sarg poltern und wurde ungeduldig, als das Händedrücken für die Mutter kein Ende nahm. Sie zog sie zur Halle, wo hinter Glas inmitten frischen Grüns, verwunderlich jung und schön, die Großmutter schlafend gelegen hatte. Man musste sie wecken, um nach Hause zu gehen.

Candida schrie und weinte, als Maria sie fest bei der Hand nahm und fortzog.

Candida verließ das Heim.

Maria hatte ihr neue Schuhe, Handschuhe, Schal und Mütze, einen leuchtend roten Anorak und wollig zottlige Gamaschenhosen mitgebracht. So ausstaffiert lief Candida durchs Haus, unbändig stolz; und wehrte allen Versuchen der Kinder, sie anzufassen, bis sie in Tränen ausbrach und zur Mutter lief, Maria lachte, und sie gingen fort.

Es war Candidas dritter Geburtstag.

Sie feierten ihn in der Milchbar mit Kuchen und Musik aus der Box. Die Box interessierte Candida. Sie gingen erst, als alle Groschen verbraucht waren. Die Luft roch nach Schnee.

Riech mal!

Candida schnupperte und lachte. Die Kälte hatte ihre Wangen gerötet, der Spaß ihre Augen blank gemacht. Unter der Kapuze schauten helle Haarsträhnen hervor. Maria konnte sich nicht sattsehen an ihrem Kind.

Sie rannten ein Stück, hüpften dann. Auf einem Bein. Auf zweien.

Candida wusste den Weg nach Hause. Sie zog die Mutter zur Haltestelle. Maria führte sie zu einer anderen. Candida war ahnungslos. Sie stürmte in den großen, warmen Bus, suchte sich den besten Platz: am Fenster, hoch überm Hinterrad. Die Mutter hatte viele Fragen an den Fahrer, und Candida wurde ungeduldig. Aber dann fuhren sie. Lange. Durch die ganze Stadt, über den Fluss, durch den Wald, an einem See entlang, wieder durch den Wald, durch ein Dorf, hielten vor einer Bahnschranke, bis eine Lok vorbeifauchte, fuhren vorbei an grüner Wintersaat und stiegen endlich aus.

Ein Windstoß empfing sie. Er blies Candida um.

Maria sprang hinzu, denn sie glaubte, der Wind werde Candida wegpusten, die Böschung hinunter zur Autobahn.

Candida staunte über den Wind. Sie konnte nicht gegen ihn an. Sie brachte ihre Beine nicht nach vorn. Sie wollte vorwärts und ging rückwärts.

Der Himmel war dunkel von Schneewolken. Maria nahm Candida auf die Arme, trug sie vor sich, Candidas Rücken nun gegen den Wind. Das Kind hatte die Arme um ihren Hals gelegt und den Kopf auf ihre Schulter.

So gingen sie die Autobahn entlang. Maria musste sich mit ganzer Kraft gegen den Wind stemmen. Die Autos kamen ihnen mit aufgeblendeten Scheinwerfern entgegen. Der Schnee peitschte in ihr Gesicht, schmolz und lief zum Hals herab. Ihre Arme wurden lahm. Sie fürchtete, Candida werde zu weinen anfangen. Aber Candida begann zu singen, leise und vergnügt. Sie fühlte sich geborgen. Sie fragte nicht, was sie hier sollte, im Schneesturm auf der Autobahn, rechts und links dunkler Wald. Die Mutter trug sie.

Endlich sah Maria die Autobahnbrücke. Sie sahen einen Schornstein rauchen, dann ein Licht blinken, dann das Haus, hell und freundlich vor nassen, glänzenden Kiefern. Sie flüchteten unters Vordach. Der Sturm trieb ihnen Schnee hinterher. Sie waren klamm vom Kopf bis zu den Füßen.

Erwartungsvoll blickte Candida auf die Tür, an der die Mutter geläutet hatte. Eine Frau kam, in einer knisternden weißen Schürze. Sie sahen einander an, Frau Wiese und Candida, und es sprang etwas über zwischen ihnen. Candida lief zu ihr, drückte ihr Gesicht in die frische Schürze, die nasse Stellen bekam, und lachte.

Wärme umgab sie und wieder Kinderstimmen.

Candida sah die Mutter sich ihren Mantel ausziehen und den Bügel nehmen, den Frau Wiese ihr reichte. Da zog sie sich aus. Das Büro hatte eine große Glastür. Und während die Frauen mit Candida scherzten, ihr Hausschuhe und trockene Strümpfe anzogen, wurde draußen die Gardine zur Seite gerückt, und Näschen drückten sich an der Scheibe platt.

Candida war wie elektrisiert. Sie wartete gespannt auf jedes neue Gesicht hinter der Glastür. Jedes schaute sie freundlich und neugierig an.

Maria durfte mit in die Spielzimmer. Candida nahm ein Paradies in Besitz. Und wurde darin aufgenommen.

Candida löste sich von der Mutter.

Maria ging ohne Abschied.

Das Haus war geräumig. Dreißig Kinder bewohnten es. Candida als die Jüngste. Sie bekam die gleichen Kleidchen und Schürzen wie alle Mädchen. In der Schneiderstube wurden sie passend gemacht und ihr Name hineingestickt. Sie wollte gern Hosen haben wie die Jungen.

Candida lernte, dass das Terrassenzimmer ihr Gruppenzimmer war. Dort wurde gebastelt, gemalt und ausgestellt, erzählt und vorgelesen. Dort hatte sie ihr Regalfach, ihren Schürzenhaken, ihren Essplatz.

Sie stand an der großen Glastür zur Terrasse, sah die Flocken den Garten und den Wald zudecken, Meisen in den Futterringen schaukeln und morgens im Schnee die Spuren von Hasen und Vögeln. Das Fenster an der Stirnseite schimmerte hell, eingeschliffen in das matte Glas Schneewittchen mit den Zwergen. Stand die Abendsonne dahinter, strahlte und funkelte es.

Schön war es im Vogelzimmer, dem Zimmer der Großen. Sie passten auf, dass die Kleinen keinen Unfug darin trieben. Es hatte eine lange Veranda mit zwei Aquarien. Entzückt stand Candida vor den roten, grünen und samtschwarzen Fischen. Redete mit ihnen und stupste Mund und Nase ans Glas. Stand so auch vor der Voliere, in der es schwirrte und piepste, wo man gezwickt wurde von roten oder gelben Schnäbeln, wenn man einen Finger durch die Maschen des Drahtes schob. Candida wusste bald die Namen aller Vögel.

Es war ein langer kalter Winter.

Die Frau, die am Morgen die Milch aus dem Dorf heraufbrachte, blieb im frischen Schnee mit dem Schlitten stecken. Dann saß sie mit rot gefrorenen Wangen in der Küche und wartete, dass der Heizer seinen Pelz nahm und den Schlitten holte. Sie sah den Kindern zu, die in die Küche kamen und die Geschirrkörbe holten. Sagte dann: Nur euch zuliebe tu ich es!

Die Milch in den Kannen gefror unterwegs. Neugierig fuhr Candidas Finger über die Milchkristalle.

Schnee?

Nein, lachte die Köchin, Milch! Pass mal auf!

Sie hackte mit dem Messer Stückchen heraus, warf sie in einen Topf und stellte ihn auf den Herd. Candida sah zu, wie sie schmolzen und Milch wurden.

Bist du ein magerer Spatz, sagte die Milchfrau. Isst wohl nicht gern?

Candida sah die Milch tauen und hörte nicht zu.

Die Köchin seufzte.

Candida aß lustlos und unendlich langsam. Sie war immer die Letzte bei Tisch, und die Kinder wurden grob zu ihr, weil sie ihretwegen mit Abräumen nicht fertig wurden. Das geschah ein paar Mal, dann holte die Köchin Candida zu sich in die Küche, und dort aß sie genauso langsam.

Die Köchin, wie fast alle Erwachsenen im Heim, stammte aus dem Dorf. Sie war eine einfache Frau, hatte das Kochen bei ihrer Mutter und in ihrer Ehe gelernt. Die Kinder hatten sie alle gern. Sie durften ihr helfen. Sie sagte: Wie lebt ihr denn? Ihr müsst doch wissen, wie es in einer Küche zugeht, dass eine rohe Zwiebel beißt, wie der Braten duftet und der Kuchen, wie viel Arbeit nötig ist, bis fertig wird, was auf eure Teller kommt. Zu Hause weiß das jedes Kind.

Es gab Kinder im Heim, die hatten kein anderes Zuhause.

Die Mutter schickte jede Woche eine bunte Karte. Auf jeder das Versprechen, im Frühling zu kommen. Candida sammelte die Karten und bewachte sie eifersüchtig. Sie lagen in ihrem Fach, und sie sorgte, dass sie respektiert wurden.

Die Schneeschmelze machte den Wald unbegehbar, und die Kinder konnten tagelang nicht ins Freie. Mühsam arbeitete sich der Friseur hinauf zum Schwarzen Berg, um die ‚Winterfelle‘ zu scheren.

Die Kinder begrüßten ihn mit Jubel. Er steckte voller Geschichten. Während er die Schere in ihren Schöpfen klappern ließ, hatte er um sich eine andächtig zuhörende Runde, die jedes seiner Worte genau kannte und streng darauf achtete, dass er die verlangten Geschichten richtig erzählte.

In der Veranda des Vogelzimmers hatten die Kinder aus Tisch und Stühlchen den ‚Kundenstuhl‘ gebaut und ließen sich eins nach dem anderen willig das weiße Leinencape umlegen. Wenn sie fertig waren, schauten sie verstohlen in den Spiegel.

So umfänglich sein Repertoire an Geschichten war, Haarschnitte hatte der Friseur nur zwei zur Verfügung, einen kurzen für die Jungen und einen etwas weniger kurzen für die Mädchen. Manchmal bat Frau Wiese, diese Locke und jene Franse zu verschonen, so gelang es schließlich, die Kinder nicht gänzlich einander ähnlich zu machen. Candida sah und hörte interessiert zu. Ihr dünnes Haar richtete sich unter dem Kamm des Friseurs knisternd auf. Sie zuckte zusammen, als sie die Kühle der Schere an ihrem Nacken, an ihrem Ohr spürte. Ihr Haar fiel in Strähnen auf das Leinencape, sie fasste es an, fühlte es seidig weich und sah es in der Sonne leuchten.

Die Autobahn flimmerte vor Hitze. Maria schlug sich in den Wald. Sie versank im Wegsand und zog die Schuhe aus.

Sie machte ihre Hoffnung klein, dass sie plötzlich Stimmen hören würde, wie sie's ein paar Mal erlebte, und hinter Gesträuch eine Wolke Kinder hervorgeschwärmt käme, die, sie erkennend, dann *einen* Namen riefen - Candida - und sich aus der Wolke hell ein Gesicht löste und auf sie zu flog. Die Kinder zeigten sich nicht. Hinter dem Transformatorenhäuschen nicht, nicht hinter dem Brombeergebüsch, auch nicht in der Mulde zwischen den beiden mit Hochwald bestandenen Hügeln und schon gar nicht auf der baumlosen Heide, wo ihr Immenwagen stand.

Auf der Wiese am Haus drehte sich ein Rasensprenger.

Candida lief mit den Tropfen um die Wette, überholte sie, ließ sich einholen, lief ihnen entgegen und davon. Sie lachte, wenn der Strahl sie erreichte, und lachte, wenn sie im Eifer des Spiels mit den Gefährten zusammenstieß und sie sich im nassen Gras kugelten. Maria sah lange unbemerkt zu, bis sie es nicht länger aushielt.

Sie trat hinaus auf die Wiese und fing das nasse, nackte Bündel auf, das auf sie zuschoss.

Das Spiel auf dem Rasen stockte. Die Kinder kamen näher und blickten auf Candida und ihre Mutter.

Maria umarmte ihre Tochter und sah in die Augen der anderen, zärtliche, hungrige, sehnsüchtige Augen. Maria wurde demütig vor ihnen. Überdeutlich empfand sie, wie Candida an anderen Tagen, wenn eine andere Mutter ihr Kind in die Arme nahm, unter jenen stand, mit ebensolchen Augen, ebensolchem schüchtern bittendem Lächeln, sich ebenso hindrängen würde zu der fremden Hand, wie diese Kinder zu ihrer, wenn sie sie hob, dem nächst Stehenden über den Schopf zu streichen.

Meine Mutti kommt auch, sagte eins. Seine Augen waren klar. Es glaubte. Aber seine Mutter würde nicht kommen. Dieses Mädchen war als Säugling in der Wohnung zurückgelassen worden, als die Eltern über die Grenze gingen.

Maria kannte die Geschichten der meisten Kinder. Die Tage, die sie hier gewesen war, hatte sie nicht nur mit Candida verbracht. Sie hatte mit allen gespielt, und Candida duldete es.

Candida redete lebhaft. Maria verstand nichts. Du schnatterst, dachte Maria, wann wirst du sprechen? Sprechen wie ein Kind von dreieinhalb Jahren?

Candida verschliff die Wortsilben bis zur Unkenntlichkeit. Nicht nur sie. Nur wenige Kinder sprachen ordentlich.

Maria hielt sich die Ohren zu. Candida lachte und verstummte.

Langsam! sagte die Mutter, und Candida machte Pausen. Maria wiederholte es deutlich, erbat die Bestätigung, dass sie verstanden hatte. Candida hielt es nicht lange aus. Sie verstand sich selbst ausgezeichnet.

Sie gingen noch vor dem Mittagessen. Maria hatte ein Taxi bestellt. Es wartete auf dem Parkplatz vor der Brücke.

Der Tag war ein Fest.

Candida nannte fragend den Namen des Vaters. Maria war betroffen, dass das Kind ihn noch wusste. Klaus und Auto gehörten zusammen. Jetzt würde Candida lernen, dass da kein notwendiger Zusammenhang bestand.

Es wurde die längste Bahnfahrt in Candidas bisherigem Leben. Die Sonne stand tief, als sie ankamen. Candida klagte nicht über den Weg vom Bahnhof zum Zeltplatz. Maria trug schwer. Zu einem Packen verschnürt lagen das Zelt und die Schlafsäcke auf ihrem Rücken. In einer Hand trug sie die Proviantasche, in der anderen hielt sie Candidas Hand. Als sie über die letzte Düne stiegen, blieben sie gleichzeitig stehen.

Vor ihnen lag das Meer.

Die Tage waren wie die Muscheln am Strand. Candida wurde ihrer nicht müde und vermochte sie nicht zu zählen.

Sie erwachte neben der Mutter, umfangen von Wärme. Das Geräusch der Wellen, wenn sie auf den flachen Strand liefen, gehörte ihr seit Ewigkeiten. Candida kroch aus dem Zelt, nackt und braun.

Tau lag auf der Leinwand. Der Zeltplatz schlief.

Sie war die Erste.

Das Meer weit wie an jedem Tag. Wo es aufhörte, hatte der Himmel rosige Streifen.

Am Horizont glomm ein Funken auf. Candida sah ihn wachsen zum Ball, heraufkommen aus dem Wasser. Vom Ufer führt eine schimmernde rote Bahn zu ihm hin.

Unverwandt schaute sie dorthin, wo rein und klar die Sonne heraufstieg.

Die Sonne!

Das O wurde zur Fanfare.

Die Sooooonne!

Sie schliefen noch einmal im Internat.

Die meisten Dinge waren schon zusammengepackt, untergestellt. Maria musste ausziehen, hatte das Studium beendet.

Candida beunruhigten die fehlenden Bücher und Bilder, und sie fragte nach ihnen. Maria konnte ihr nicht verständlich machen, dass sie hier nicht mehr wohnen würden.

Sie deckte den Frühstückstisch auf dem Balkon. Das war wie immer, und Candida verlor ihre Unruhe.

Sie sahen einander mit Vergnügen an.

Candida hatte noch nie so gesund ausgesehen. Tiefbraun, das Haar noch heller geworden. Wangen und Kinn rundeten sich weich, und der Körper steckte voll Energie und Zutrauen zu sich selbst.

Sie sprachen miteinander. Maria brauchte sich nicht mehr die Ohren zuzuhalten und rückzufragen. Candidas Wortschatz reichte noch nicht aus, und sie verdrehte zuweilen den Satz, aber die Wörter kamen deutlich, und ihr Sinn war klar.

Maria sagte Candida nicht, wohin sie fahren würden. Candida hatte den Kopf geschüttelt, als sie gefragt wurde, ob sie zu ihren Kindern wolle.

Maria tarnte sich mit dem Einkaufskorb, als sie aufbrachen.

Candida war arglos. Willig stieg sie in den Bus und fuhr erwartungsvoll in die Sommerlandschaft.

Maria fühlte sich elend. Sie hoffte, dass Candida es hinnehmen möchte wie bisher. Sie ahnte, dass das nicht mehr möglich sein würde.

Sie verstand aus Gesten und Blicken Candidas Bitte, bei ihr bleiben zu dürfen.

Sie hatten sich gefunden, nun hätten sie miteinander leben müssen.

Candida erkannte die Gegend sofort.

Maria sah, wie der kleine Körper verfiel. Die Schultern sanken nach vorn, der Kopf neigte sich, und Tränen schossen aus den Augen. Maria ergriff Candidas Hand. Sie hing schlaff herab. Ohne Widerstand lief das Kind neben ihr her. Ein tief verzweifeltes Weinen, ohne Kraft, ohne Protest.

Früher verlief sich Candida, wenn sie von zu Hause kamen, fand das Heim nicht, versuchte herauszukommen aus diesem Wald. Maria spielte mit, bis Candida müde wurde und aufgab. Candida hatte gelernt, dass sie das Haus immer fanden und dass die Mutter, eben noch bei ihr, plötzlich fort war.

Maria fühlte eine verzweifelte böse Wut in sich aufkommen.

Sei still! herrschte sie Candida an.

Candida nahm nichts wahr. Das Wasser lief aus Augen und Nase, das Gesicht verschwoll, die Pupillen waren weit und auf nichts gerichtet.

Kann ich es ändern, dachte Maria. Du hast eben nur mich. Aber ich habe noch anderes zu tun!

Hör auf! schrie sie, packte Candida an den Schultern, schüttelte sie. Nichts änderte sich.

Hör auf! Sie schlug ihr ins Gesicht.

Maria lag auf der mit dürren Kiefernnadeln bedeckten Erde. Neben ihr schlief Candida. Sie musste sie wecken. Es war spät.

Der Wind bewegte die Kronen der Kiefern. Wenn sie sich an den Stamm lehnte, würde sie diese Bewegung in sich spüren. Das würde sie Candida noch zeigen in diesem Sommer.

Sie kitzelte Candida am Ohr.

Candida tat die Augen auf, um sie gleich wieder zu schließen. Sie schlief weiter. Sie wollte nicht erwachen. Sie lag, die Beine an den Bauch gezogen, auf der Seite, den rechten Daumen im Mund, den linken Zeigefinger unterm Kleid in den Nabel gedrückt. Der Daumen war vom Saugen verunstaltet und der Nabel rau und aufgerieben. Sie zog sich in sich selbst zurück, verband die Glieder, die dem Außen ausgesetzt waren, mit ihrem Innen.

Maria nahm Candidas Hände, behielt sie in ihren, bis das Kind ganz wach war. Sie wischte ihm das Gesicht ab und nahm es auf den Schoß. Candida war ruhig.

Hör zu, sagte Maria. Wir können nicht nach Hause gehn. Ich muss arbeiten. Morgen fahre ich weg, und vorher muss ich noch ausziehn. Wir haben keine Wohnung. Wir haben Großmutters Wohnung in Leipzig ... Die müssen wir tauschen.

Candida konnte sie nicht begreifen.

Ich muss arbeiten! Ich komme wieder zu dir!

Candida nickte.

Sie standen auf.

Als hätte Maria das Gegenteil von allem gesagt, ging Candida den Weg zurück. Schweigend nahm Maria sie hoch, wandte sich um und trug sie ebenso, wie sie sie vor einem halben Jahr getragen hatte.

Es war warm und trocken. Candida blieb stumm, und Maria fühlte sie schwer werden. Candidas Arme pendelten über Marias Schultern, und ihr Kopf hing vornüber mit offenen, ausdruckslosen Augen.

133

Um Mitternacht stand fest, dass sie nicht würden drehen können. Maria verließ das improvisierte Büro des Filmstabes. Als sie aus dem Hotel kam, sah sie Licht in einem der parkenden Wagen. Sie fragte, ob sie mitgenommen werden könne.

Nehmen Sie die Decke, sagte der Mann neben dem Fahrer.

Sie verließen die Stadt auf der Sieben. Der Mann vorn rasierte sich. Maria wollte auf das Gespräch hören. Es ging um eine Ausstellung ...

Eine Hand schüttelte sie an der Schulter. Sie musste aussteigen. Sie hatte geschlafen. Der Mann sah sie mit unverhüllter Neugier an.

Maria musste fünfmal das Fahrzeug wechseln. Das letzte Stück fuhr sie auf einem Traktor. Der Fahrer kannte das Kinderheim und bot ihr an, sie hinzufahren, als er hörte, dass sie von Weimar getrampt war.

Candida ließ ihre Mutter keinen Augenblick allein.

Sie trat mit Füßen nach den Kindern, die sich Maria näherten, und sträubte sich, mittags zu schlafen.

Es war ein warmer Septembertag. Frau Wiese gab ihnen eine Decke, und Maria legte sich mit Candida hinters Haus. Maria schlief erschöpft ein, und Candida bewachte sie. Wenn sie sich von der Decke stahl, einen Apfel aufzulesen, entfernte sie sich nie so weit, dass sie ihre Mutter aus dem Blick verloren hätte. Nachdem Maria erwacht war, drängte Candida zu gehen. Maria entnahm es mehr ihren Gebärden als ihren Worten. Candida sprach so verschliffen wie früher.

Sie gingen zum See, schaukelten im Kahn, der in der Bucht festgemacht lag. Sie gaben sich große Mühe miteinander. Candida umwarb Maria, tat alles, ihr zu gefallen, alles, um mitgenommen zu werden. Maria tat alles, sie von der Wahrheit, dass sie allein fortgehen würde, abzulenken. Sie sah, dass es ihr nicht gelang.

Maria fühlte, dass es besser sei, nicht mehr zu kommen bis ... bis wann? Bis zum Urlaub? Bis Candida mehr Verstand hätte?

Die Kinder hockten in der Abendsonne auf den Stufen der Terrasse wie Vögel, langten sich vom Tablett, das Maria ihnen bot, ihr Futter und schluckten und schnatterten, tschilpten und riefen nach mehr. Frau Wiese brachte das zweite Tablett.

Maria war's ein vertrautes Bild. So hatten viele Tage hier draußen geendet. Heute hatte sie Angst.

Candida saß bei den anderen. Maria sah, dass auch Frau Wiese Candida beobachtete.

Sie ist verändert, seit sie zurückkam, sagte Frau Wiese. Sie zerstört die Spiele der anderen, wird immer ungeselliger und aus dem geringsten Anlass bockig. Als ich Nachtwache hatte, schlief sie nicht. Sie schläft überhaupt schlecht. Sie weinte und sagte immer dasselbe. Ich habe es lange nicht verstehen können: Der Fuchs hat meine Mutti gefressen. - Gehen Sie, wenn Candida den Geschirrkorb in die Küche bringt.

Maria nickte.

Später lief sie flüchtend zur Autobahn. Sie fühlte sich elend.

Am nächsten Tag trat eine neue Erzieherin ihren Dienst an. Sie kam von der Fachschule, und es war ihre erste Stelle. Am Nachmittag ging sie mit den Kindern hinaus, und am Abend fehlte Candida.

Sie alarmierte die Polizei.

In der Nacht wurde Candida auf einer Koppel neben der Autobahn gefunden, neun Kilometer vom Heim.

Maria trug Frau Wieses Brief einen Tag bei sich, ehe sie ihn Pelikan zeigte.

Ich war sehr froh, dass Sie einwilligten, mein Mentor zu sein, sagte sie, aber ich sehe keine Möglichkeit ...

Er las. Dann sagte er nachdenklich: Ich auch nicht.

In diesem Beruf gibt es keinen Achtstundentag und kein garantiertes Wochenende. Es tut mir leid. Kümmere dich um einen Kindergartenplatz. Ich werde nachdenken.

Er fiel ins Du, wenn ihn etwas berührte.

Es war wieder Winter, als sie Candida holen konnte.

Das neue Leben garantierte Candida den Sonnabendnachmittag und den ganzen Sonntag zu Hause bei Maria. Montags früh nahm Candida ihr Köfferchen mit Kleidungsstücken für fünf und einen halben Tag, ging über die Straße und war schon da. Die Mutter gab ihr vor der schweren Eichentür einen Kuss und rannte zur Straßenbahn.

Candida lebte wieder im Heim.

Wieder gab es Vögel und Fische, auch Blumen in Töpfen und im Garten ein Beet für jede Gruppe.

Der Garten breitete sich hin, von alten Kastanienbäumen bestanden. Unter ihnen blieb der Boden nackt.

Es gab wenig Gras.

Im Sommer standen unter den Kastanien Tische und Bänke. Im Winter bot sich Platz für Schneeballschlachten.

Candida konnte vom Fenster des Schlafraumes das Haus sehen, in dem sie mit der Mutter wohnte. Brannte dort abends Licht, war die Mutter zu Hause. Wenn die Kinder beim Spaziergang an dem Haus vorbeikamen, sagte Candida: Hier wohnen wir!

Manchmal sah Candida am Morgen Licht brennen.

Dann sagte sie: Meine Mutti steht jetzt auf und geht zur Arbeit. Am Sonnabend kann ich zu ihr.

Und wenn Maria Candida holen kam, zeigte Candida sie den anderen Kindern und sagte: *Meine* Mutti!

Marias Arbeitstage waren lang. Sie arbeitete sich die Wochenenden frei. Sie hatte zum dritten Mal eine Assistenz bei Pelikan, der in Kauf nahm, dass sie ihn am Wochenende allein ließ. Demnächst würden sie sich trennen. Pelikan fuhr nach Ägypten, um Material über den Bau des Staudammes bei Assuan zu drehen.

Maria beneidete ihn.

Sie wohnten im einstigen Zöllnerhaus, unweit der Brücke. Es verfiel und lag im Grenzgebiet. Zwei Umstände, die seine Vermietung erschwerten: Das Haus hatte lange leer gestanden.

Es war aus roten Ziegelsteinen erbaut, hatte große Fenster und eine Veranda zum Garten, der bis ans Seeufer reichte.

Staunen überkam Maria, wenn sie durch den Stacheldraht zum gegenüberliegenden Ufer blickte. Dort hatte sie mit Candida und ihrem Vater vor kaum drei Jahren gesessen und herübergeblickt auf das Haus. Sein warmes Rot hatte vor der Helle der Uferpromenade geleuchtet. Ein Sonnenschirm stand aufgefaltet im Garten.

Maria fand allerlei zurückgelassenes Zeug im Haus. Dinge, dem Haus angemessen, aber unnötig zum Leben in dem anderen Staat und ungeeignet für die Flucht dorthin.

Sie holte aus der Leipziger Wohnung, was sie brauchte, verkaufte den Rest und richtete das Zöllnerhaus für Candida und sich ein.

Mein Leben wird ein Nomadenleben sein, hatte sie früher gedacht. In Hotelzimmern, Zelten, in Autos und unter freiem Himmel. Ich werde dort sein, wo geschieht, was die Welt verändert, und wo geschieht, was uns vernichten soll. Eine Filmkamera kann eine Waffe sein.

Candida erkannte die Brücke nicht wieder. Da war eine Erinnerung an eine Brücke, die sich in stählernen Bögen über breites Wasser schwang. Man ging über sie in der Sonne, und am Ende stand der Vater, dessen Gesicht sie nicht mehr wusste. Aber die Brücke neben ihrem Haus versperrten weiß-rot gestrichene Mauern und in die Straße gerammte Eisenstangen.

Soldaten standen dort.

Sie lachten miteinander. Manchmal balgten sie sich.

Einer hatte sie bei der Hand genommen: Nicht dahin, nicht dorthin, nicht hierhin! und ein ernstes Gesicht gemacht, wie die Mutter, die ihr Gleiches gesagt hatte.

Verboten!

Candida wusste, was das bedeutete.

Im Frühling vergaß sie das Verbot. Sie kroch durch den Stacheldraht, pflückte die Maiblumen und brachte sie der Mutter.

Maria reagierte heftig.

Candida war verwirrt. Hatte plötzlich Eulenaugen. Erschreckt staunend vor den erregten Forderungen der Mutter.

Maria beherrschte sich endlich.

So viele Dinge umgaben die Mutter, die für Candida Zauber besaßen, die sie mit Neugier erfüllten, die dringend ausgesprochene Verbote vergessen ließen. Die zahllosen Bilder an den Wänden, die Bücher, und überall lagen wunderliche Steine, vertrocknete Rosen, Baumrinde, Äste, die wie Tiere aussahen. Die Mutter hockte auf dem Fußboden und hörte Musik von schwarzen Platten. Einen ganzen Stapel hatte sie.

Candida kauerte sich neben sie.

Was arbeitest du? fragte Candida.

So was! Maria deutete zum Fernsehapparat, auf dem tonlos eine Elefantenherde zur Tränke zog. Candida lachte.

Elefanten?

Nein. Filme, die man sich dort ansehen kann.

Im Fernseher?

Ja.

Elefanten?

Ach, Candida. Komm her!

Sie krochen zusammen über den Fußboden, und Maria zeigte auf die Fotos: ein Haus am Meer.

Das sind Palmen. Das Haus gehört den Kindern. Es ist ihre Schule. Sie hatten früher keine Schule, vor der Revolution ...

Maria machte eine Pause, wartete, dass Candida fragte. Sie benutzte mit Absicht alle Wörter, derer sie sich auch sonst bediente. Candidas Ohren sollten sie einfangen.

Candida betrachtete die Kindergesichter, weiße und schwarze.

Das ist eine Schule auf Kuba. Kuba ist eine Insel. Sieh her, sagte Maria.

Und an anderen Tagen lagen andere Bilder herum.

Candida betrachtete sie, ahnte die Verschiedenheit der Welt.

Zu Candidas sechstem Geburtstag bedeckte Spiegeleis die Seen.

Das Eis hinterm Stacheldraht wurde Tag und Nacht aufgebrochen. Sie hörten das Krachen, wenn sich der Stahlleib des Bootes darauf schob, und das ungleichmäßige, angestrengte Motorengeräusch.

Sie brachten heißen Tee zur Brücke.

Auf dem See im Park standen Angler vor den Eislöchern, und Candida sah ihnen zu. Das Eis war so durchsichtig, dass sie die Fische unter ihren Füßen erblickte und wie sie nach dem Köder schnappten und damit fortzogen, bis die Schnur sich straffte. Der Mann am Wasserloch legte die Angel neben sich und holte die Sehne mit den Händen aus dem Wasser, brachte einen zappelnden

Fisch heraus, silbern glänzend, mit hellroten Flossen. Er löste den Haken behutsam aus dem Maul des Fisches und warf ihn aufs Eis zu den anderen, die dort zappelten und sprangen, bis sie still wurden.

Candida schaute sie an.

Die Fische waren stumm und ihre Augen wie aufgerissen.

Candida begriff, dass sie starben.

Warum sagen sie nichts? Tut es ihnen nicht weh? fragte sie ihre Mutter.

Wir hören sie nicht, sagte Maria.

Candida zeigte auf das schnappende Fischmaul: Es tut ihm weh! sagte sie zu dem Mann am Eisloch. Er schreit!

Der Mann lächelte.

Es war schön, sich auf Schlittschuhen mit ausgebreiteten Armen in den Wind zu stellen, übers Eis zu segeln, schneller und schneller. Den Weg zurück, nahm sie in Marias Windschatten. Sie hörte, wie die Fische ihr Maul gegen das Eis stupsten, kehrtmachten und wie ein Blitz in der Tiefe verschwanden.

Manchmal packte Candida Angst vor dieser Tiefe. Es war ihr, als müsse die Fläche zerspringen wie Glas, und sie wartete auf das Klirren. Ihr Blick suchte die Mutter und hielt sich an ihr fest. Dabei blieb es. Kein Ruf, keine Geste, keine Bitte um Hilfe. Das Eis war fest, und Candida spürte, wie es sie trug. Sie sah die Leichtigkeit, mit der die Mutter sich bewegte, sah die Ruhe der Angler und die Ausgelassenheit der Kinder.

Außerhalb des Kinderheims traf Candida keinen ihrer Gefährten wieder. Glücklicher Zufall, dass sie so nahe beim Heim wohnte. Die anderen Kinder kamen aus allen Teilen der Stadt und aus den Siedlungen. Dorthin kehrten sie an den Wochenenden zurück.

Candidas Spielgefährten waren dann die Kinder der Nachbarschaft und Kinder, die von weiter her kamen, um Schlittschuh zu laufen, im Sommer, um zu baden.

Sie befand sich fast ausschließlich in der Gesellschaft von Jungen. Sie glich ihnen mit ihrem verschnittenen Haar, ihren rauen und aufgerissenen Händen. Sie wusste einen Haken sicher an der Angelschnur zu befestigen, über jeden Zaun, auf jeden Baum zu klettern. Sie prügelte sich, wo es sich ergab, kam klaglos mit blutender Nase nach Hause und war bereit, sich in Gefahr zu begeben, wenn sie Mut beweisen sollte.

Maria sah, dass die Puppen unnütz blieben, dass einzig der Roller ein geglücktes Geschenk war, von Angelzeug und Schlittschuhen abgesehen.

Candidas wilde Spiele fanden im Freien statt, brachten Beulen und machten Kleidungsstücke unbrauchbar. Im Haus hielten nur Märchen - von Platten, aus dem Fernsehapparat, manchmal auch von der Mutter - Candidas Aufmerksamkeit wach. Alle Spiele, die sie sonst begann, brachte sie nicht zu Ende. Sie zerstörte sie, wenn sie schwierig wurden. Dann saß sie verbockt inmitten der Trümmer.

Maria bestand darauf, dass sie aufräumte. Das wurden harte Kraftproben, Maria zeigte Konsequenz in ihren Forderungen und Candida Konsequenz im Widerstand.

Sie liebten einander, schmerzlich manchmal. Sie missverstanden sich.

Candida konnte sich längst selbst waschen. Sie konnte längst eine Schleife binden und bat doch die Mutter darum. Candida wollte ihr einen Ausdruck der Zärtlichkeit ablisten, wollte von ihr gewaschen und angezogen werden. Maria bestand auf Candidas Selbstständigkeit. Es kam bis zu den von Maria gefürchteten Zusammenbrüchen. So erschrocken sie war, dachte sie doch: Wenn ich jetzt nachgebe, wird Candida die Erfahrung haben, dass sie sich damit durchgesetzt hat. Dann wird es die Hölle werden.

Candida erfüllte die Wünsche der Mutter, aber Maria entging es nicht, dass das Resignation war, dass Candida etwas Wichtiges aufgegeben hatte. Das beunruhigte Maria. Manchmal wünschte sie, lieber auf Trotz zu treffen, als auf dieses freudlose Sich fügen.

Es geschah noch, dass unvermutet das Kind leidenschaftlich seine Arme um sie schlang und Maria, überrascht von solcher Zuwendung, nicht wusste, was sie tun sollte.

Sie hatten noch einen glücklichen Sommer.

Ihr Zelt stand wieder am Meer.

Hier müssten wir immer bleiben, sagte Candida.

Auf dem Südzipfel des Sees sammelten sich unzählige Blesshühner, alle schwarz, mit einem weißen Oval auf der Stirn.

Nur an den schimmernden Kreisen, die auf dem Wasser unter verhangenem Herbsthimmel blieben, sah Candida, dass ein Vogel getaucht war. Atemlos wartete sie auf sein Auftauchen. Aber das im Gewimmel der Vögel zu entdecken, blieb ein Glücksfall. Ihre Bahnen unterm Wasser zogen sie unsichtbar.

In Ufernähe gründelten Stockenten, gaben keine Rätsel auf, sahen alle aus wie im Bilderbuch. Candida beachtete sie kaum.

Später klang die Luft. Schwäne! Candida sah die gestreckten Hälse, die mächtigen Leiber, den Gleichschlag der Flügel, hörte das Sirren. Sah, wie sie die Füße vorstreckten, die Bremsfurchen auf dem Wasser und das Daraufsinken, ihre Hälse richteten sich auf, wurden zu den sanften Bögen, die in ihr das Verlangen weckten, sie zu streicheln. Sie falteten ihre Flügel ein und schwammen ruhig durch das wimmelnde Blesshühnervolk, das ihnen eilig aus der Bahn strebte. Candida zählte sechs. Drei hatten noch braune Federn, das waren Jungschwäne. Sie verfütterte ihr Frühstücksbrot.

Im Gezweig überm Wasser hing ein Stück Angelsehne mit Pose und Haken. Candida legte ihre Schulmappe neben den schiefen Stamm und kletterte hinauf. Die Sehne hing weit außen. Sie balancierte auf einem der stärkeren Äste. Er bog sich ein wenig. Sie richtete sich hoch auf, stellte sich auf die Zehen, ergriff die Sehne, zog sie behutsam zu sich und legte sie in Schlingen. Dann balancierte sie zurück, nahm den Ring, der aus den Schlingen entstanden war, zwischen die Zähne und rutschte den Baum hinab. In der feuchten Erde unter dem Falllaub grub sie nach Würmern. Geschickt fädelte sie einen auf den Haken, steckte die anderen in die Hosentasche und kletterte wieder auf den Baum. Sie robbte auf seiner Schräge so weit nach vorn, dass sie in genügender Entfernung vom Ufer den Haken hinablassen konnte. Das Wasser war an dieser Stelle schon tief. Sie konnte den Grund nicht erkennen, sah ihr Spiegelbild und das des Baumes. Durch ihre Bewegungen lösten sich die Blätter und schwebten hinunter, legten sich aufs Wasser. Kaum sichtbar die Pose, zuweilen leicht tanzend im Schwimmschlag einer Ente.

Die Fische fraßen die Würmer vom Haken. Candida sah es an der Art, wie sich die Pose bewegte. Sie wartete gespannt. Einer musste am Ende des Wurms auf den Haken beißen. Als die Pose untertauchte, holte sie die Sehne ein. Eine kleine Plötze zappelte überm Wasser. Sie zog sie hinauf, packte sie sicher um den glatten Leib, löste den Haken aus ihrem Maul und warf sie hinunter in das Laub, das raschelte, wenn sie darin emporschnellte. Kein Gedanke mehr, dass der Fisch schrie.

Candida zog einen neuen Wurm auf den Haken.

Als sie die dritte Plötze hatte, kletterte sie hinab, sammelte ihre Beute in die Tüte, in der zuvor ihr Frühstück gewesen war, und rannte los.

Ihre Augen hatten einen tiefen Glanz.

In der Schule lockte sie des Hausmeisters Katze: Mampusel, Mampusel ... und schwenkte verheißend die glitzernde Tüte. Mampusel sprang aus dem Kohlenkeller und nahm gnädig die Fische. Im Haus klingelte es. Augenblicke drauf schwirrte es von Kindern. Mampusel verschwand mit den Fischen, und Candida tobte mit den anderen über den Hof.

Wo warst du?

Na angeln!

Du bist zu spät!

Candida lachte glücklich: Drei Fische!

Nach der Pause ging sie mit den anderen hinauf.

Frau Peters blickte sie ernst an: Warum kommst du erst jetzt?

Candida wusste darauf keine Antwort.

Wo warst du?

Am See.

Sie sah, dass Frau Peters erschrak.

Ich hab nur geangelt, sagte sie, vom Baum, drei Fische.

Kind! sagte die Lehrerin, was machst du bloß? Wo ist deine Mappe?

Candida erschrak. Die lag am Baum. Sie rannte ohne Erklärung aus dem Zimmer.

Jeden Abend wurde es zeitiger dunkel, und wenn Maria nach Hause kam, hätte Candida da sein müssen.

Seit sie wusste, dass Candida sich auf dem Weg zur Schule verspätete, machte Maria den Umweg und brachte sie hin, doch am Nachmittag gelang es ihr selten, Candida vom Hort abzuholen. Dann suchte sie das Kind, ging den Weg entlang, den Candida kommen musste, Candida freute sich, wenn die Mutter sie fand und ging willig mit.

Maria sah in Candidas Heften die Misserfolge ihrer Lehrerinnen: wenig Buchstaben, eine Menge Kritzeleien und darunter mit rotem Kugelschreiber die Aufforderung, aufmerksamer zu sein, sauberer zu arbeiten, aufzupassen.

Die Hausaufgaben waren von der Hortnerin regelmäßig mit der Bemerkung versehen, dass Candida wenig Lust zeige, sie anzufertigen.

Maria versuchte im Guten und im Bösen, die missratenen Hausaufgaben mit Candida zu wiederholen. Candida saß mit vorgeschobener Unterlippe finster über ihrem Heft, bis Tränen herabtropften und es vollends unbrauchbar machten.

Candida verwunderte sich über die Heftigkeit, mit der die Erwachsenen stritten. Es ging um sie. Seit Tagen. Sie kam nicht dahinter, was vorging. Sie schien nichts falsch gemacht zu haben, denn niemand schimpfte mit ihr. Die Großen zeterten miteinander.

Der Doktor wollte von ihr erklärt haben, was auf dem Bild ist. Da fuhren Kinder Karussell. Wunderbar! Sie war ganz bei der Sache.

Ja, sagte Frau Peters, ich kann ihr doch keine Privatstunden geben, sie muss sich in der Klasse auf den Unterricht einstellen. Ich habe fünfunddreißig Schüler.

Und wenn da einer schwierig ist, wird kapituliert. Maria wurde heftig.

Sie ist nicht schulreif, sagte Frau Peters ruhig.

Sie haben sie eingeschult, warf Maria dem Doktor vor.

Das kann vorkommen, wehrte er sich. Physisch ist sie reif.

Und nun? Marias Stimme klang wie Glas.

Nehmen Sie sie raus, riet der Doktor. Nächstes Jahr ist sie weiter.

Und wo soll sie hin?

Das Beste wäre, Sie würden sich um sie kümmern.

Maria lachte böse. Dann schrie sie: Das Erziehungssystem ist in Ordnung in diesem Staat, was? nahm Candida bei der Hand und verließ das Zimmer, warf heftig die Tür zu.

Draußen ging sie stumm und eilig. Candida konnte kaum Schritt halten. Sie fasste die Mutter am Ärmel. Maria blickte sie an und Candida erschrak, krümmte sich, als fröre sie. Aber da war Marias Blick schon weich.

Du kannst nichts dafür, sagte sie.

Hier arbeite ich, sagte Maria zu Candida. Das ist ein Atelier. Siehst du, dort ist eine Kamera, damit werden die Bilder gemacht, aus denen ein Film besteht.

Aus dunkler Höhe hingen schwarzsamtene Tücher herab. Bewegungslos und glänzend schwebte ein Sputnik im Raum.

Pelikan, ich suche dich, sagte die Mutter zu einem Mann, der unter der Kamera auf dem Rücken lag und hineinguckte.

Er kam hervor.

Es ist soweit, sagte Maria, es geht nicht. Sie strich Candida über den Kopf und schubste sie sacht.

Sag Guten Tag!

Sie sahen einander neugierig an.

Sie wird ausgeschult. Einen Kindergartenplatz habe ich nicht und kriege ich nicht, und ins Heim gebe ich sie nicht mehr, sagte die Mutter.

Licht fertig! rief jemand.

Pelikan legte sich wieder unter die Kamera. Irgendwas schnarrte, eine rote Lampe blinkte, und die Mutter hielt ihre Hand auf Candidas Mund. Unter dem Sputnik stand jetzt ein Mann mit einem Zeigestöckchen und erklärte etwas. Dann ging das Licht aus. Das machten sie noch dreimal, und Candida wurde ungeduldig.

Pelikan kam wieder zu ihnen, sie gingen vor die Tür, und er bot der Mutter eine Zigarette an. Candida sah zu, wie sie rauchten.

Lass die Ohren nicht hängen, sagte Pelikan. Irgendwas wird uns schon einfallen. - Candida!

Er sprach ihren Namen weich und singend aus. Bist du ein schönes kleines Mädchen, Candida. Schade, dass die Welt noch nicht so ist, wie sie für dich sein müsste.

Ich selbst muss mit ihr leben. Ich selbst. Sie hat ein Recht darauf, sagte Maria. Ich werde mich durchschlagen das Jahr, lass mich beurlauben.

Nach dem einen Jahr wirst du auch nicht mehr Freiheit haben, sagte Pelikan. Denke nicht, dass es leichter wird.

Danke, Pelikan, ich denke nach - hab ja Zeit.

Candida war nachts im Zöllnerhaus allein. Die Mutter brachte sie am Abend zu Bett und ging hinüber ins Kinderheim zur Nachtwache. Anfangs bestand Candida darauf, mitgenommen zu werden, dort zu schlafen. Maria zeigte ihr, dass in ihrem Bett jetzt ein anderes Kind schlief, dass es dort für sie kein Bett mehr gab.

Candida wusste, was die Mutter zu tun hatte. Nachts standen die Türen der Schlafräume offen, und wenn ein Kind rief oder weinte, kam sie mit der Taschenlampe und sah, was es brauchte. In der Nacht putzte sie die vielen Schuhe und nähte abgerissene Knöpfe an. In ihrem Zimmer spielte leise das Radio, schönes Licht fiel auf die rote Couch, da lag auch eine karierte Decke, in die sie sich wickeln konnte, wenn es gegen Morgen kühl wurde.

Candida konnte von ihrem Bett aus das Licht im Wachzimmer sehen. Es brannte die ganze Nacht.

Am Morgen fand Maria manchmal Candida in ihrem, Marias, Bett fest schlafend. Dann legte sie sich in Candidas Bett. Meistens spielte das Radio, oder der Fernsehapparat flimmerte vor sich hin. Candida hatte den Daumen im Mund und den Zeigefinger im Nabel. Ihre Kiefer begannen sich nagetierähnlich zu verformen.

Das Bett sah aus, als sei eine Schlacht darin geschlagen worden, und die Kissen trugen zuweilen deutliche Tränenspuren.

In der Wand ist eine Hexe. Sie kommt und sticht mich, wenn ich schlafe. Hier sticht sie mich!

Maria gab ihr einen Knüppel mit ins Bett. Nun kam die Hexe lange nicht.

In Eis und Schnee gehüllte Tage. An den Fischlöchern lauerte sie nun mit eigener Rute. Ihre Augen hatten den Glanz der Unschuld. Auf Schlittschuhen nahm sie es im Wettlauf mit jedem auf. Es gab keine Tränen bei Stürzen.

Ihr siebentes Jahr begann.

In einer Nacht klingelte es an der Tür des Kinderheims. Davor stand ein Grenzsoldat, das zitternde und schluchzende Kind in seinen Mantel gewickelt.

Candida war wie außer sich.

Ich habe sie im Fenster stehen sehen, sagte der Soldat. Sie schrie. Ich habe gesagt, sie soll reingehen. Sie wird sich erkälten, ich würde Ihnen Bescheid sagen, und Sie würden zu ihr kommen. Da sprang sie zu mir herunter. Es war ja nicht tief. Sicher fürchtet sie sich, so allein.

Der Soldat hatte ein junges Gesicht mit schüchternen, zärtlichen Augen.

Es taute. Sie trieben durch die Leipziger Innenstadt. Es war Messe. Candida blieb mit Rufen des Entzückens vor jedem Schaufenster stehen. Zwar leistete die Mutter keinen Widerstand, aber sie nahm an Candidas Entdeckungen kaum teil. Sie *dachte*. Candida kannte das.

Am Ring fuhr ein schönes Auto neben ihnen, feuerrot und blitzend und groß. Es begleitete sie lange. Die Mutter sah es nicht. Dann hielt es ein Stück vor ihnen. Ein Mann stieg aus. Er wollte der Mutter etwas sagen. Candida sah es genau. Sie gingen vorbei, und Candida drehte sich ihm zu, denn er blickte sie aufmerksam an.

Bambula! Candida!

Sie spürte das Erschrecken der Mutter, spürte, wie ihre Hand fester gefasst wurde, ehe die Mutter sich umwandte.

Bist also Ausbeuter geworden? sagte Maria.

Ausbeuter! Mit sechzig Ausgebeuteten. Ich arbeite zwölf Stunden am Tag und will nächstes Jahr promovieren. Und du? Hast du alles, was du brauchst, mich zu besiegen?

Maria schloss die Augen. Lange. Candida sah den Blick des Mannes, spürte, wie Spott zu Zärtlichkeit wurde. Sie blickte ahnungsvoll in das Gesicht, sekundenlang, dann glitt ihr Gefühl ganz zu Maria, wurde zu Ratlosigkeit, denn die Mutter regte sich nicht.

Sie hatte mit Candidas Vater eine gute Zeit gehabt, die beste in ihrem Leben, wie es ihr vorkam. Er war bei ihr in Tagen und Nächten. Sie hatten ein einziges Bett; einen Schreibtisch, von dem sie aßen, an dem sie arbeiteten, der den Platz zwischen Bett und Wand gänzlich füllte. Kein Stuhl passte mehr in das Zimmer hinein. Jahre hatte es gedauert, bis sie ertrug, dass ein anderer Mann sie berührte. In Momenten bitteren Alleinseins war er ihr nahe gerückt, weil die Entfernung unüberbrückbar war. Als sie die Augen öffnete, waren sie ruhig.

Im Herbst war ich in Ohio zur Elektronikmesse.

Komisch, an solche Orte zu fahren, Alle Knabenträume werden wach. Aber alles ist dann ganz anders ...

Seine Stimme war weich.

Die Mutter hatte die Ellenbogen aufgestützt, neben der Kaffeetasse, wie sie es Candida niemals erlaubte.

Ich werde ein zweites Studium machen, war heute an der Uni. Journalistik.

Ihr Lachen kam von tief innen.

Candida kennt mich nicht mehr, sagte er.

Candida sah den bittenden Blick zur Mutter, spürte ihr eigenes Herz rasch und laut schlagen.

Du warst noch sehr klein, sagte die Mutter. Das ist dein Vati.

In wilden Wirbeln floss die Zeit rückwärts, ganz am Ende tauchte als blasse Erinnerung das Gefühl auf, in die Luft geworfen zu werden, aufgefangen mit sicheren Händen am Ende einer langen Brücke, über die sie unter hellem Himmel eilig gelaufen war.

Nach dieser Begegnung gewann die Welt für Candida eine andere Gestalt. Ahnungsvoll betrachtete sie die weiten Stahlbögen der verschlossenen Brücke, das andere Ufer. Die Menschen dort kamen nicht her. Ihre Boote befuhren den See bis zur Mitte. Die Seite, auf der ihr Haus stand, wurde von einem schnellen Polizeiboot durchpflügt.

Sie verlangte Auskünfte.

Gut und Böse - wie wandte man das an auf hier und dort? Diese einfachen Worte! Jedem Kind war klar, was sie bedeuten. Aber der Mutter schienen sie Schwierigkeiten zu machen. Auf Candidas kurze Fragen gab sie lange und umständliche Antworten.

Sie fragte nach ihrem Vater.

Am Abend des Tages in Leipzig hatte sie dringend verlangt, er solle mitkommen. Da waren die Großen sich plötzlich einig gewesen: das geht nicht.

Sie erinnerte sich nicht mehr an alles. Sie wusste, wie sehr sie wollte, dass der Vater mitkam und wie hilflos sie war. Dass sie nichts gegen die Angst tun konnte, er würde einfach fortgehen. Ihre Ohren sausten, und Arme und Beine waren so schwer, als zöge eine Kraft aus der Erde daran. Und im Kopf tönte es leicht und grau.

Als sie erwachte, fuhren sie im Omnibus auf der Autobahn. Es dunkelte, und die Menschen schliefen. Der Motor brummte tief und schön. Sie spann sich ein in sein Summen. Niemand sah, wie blicklos ihre Augen waren.

Dass er nicht mit ins Zöllnerhaus kam, fühlte sie, hatte zu tun mit dem Drahtzaun.

Er wohnte jenseits.

Maria hatte ihren Nachtwächterposten im Kinderheim aufgegeben, trug Zeitungen aus. Dass sie nun vor Morgengrauen aufstand und von ihrer ersten Tour zurückkam, wenn Zeit war zu frühstücken, beunruhigte Candida nicht. Die Mutter blieb am Abend da. In der Nacht stand die Tür zwischen ihren Zimmern offen, und am Morgen kamen keine Gespenster mehr.

Die zweite Tour machten sie zusammen. Mittags waren sie fertig. Die Leute hatten ihre Zeitungen und ihre Post. Candida kannte sämtliche Häuser des Viertels und sämtliche Namen und auch die Gesichter, die zu ihnen gehörten. Und sie wusste Pfade und Durchschlüpfe von einem Grundstück ins andere und verblüffte Maria im Haseund-Igel-Spiel mit lausbübischem: Ich bin schon da!

Am Nachmittag erbat sich die Mutter strengste Ruhe. Dann saß sie über Büchern, behauptete, sie arbeite, und wurde böse, wenn man etwas von ihr wollte.

Aber nachmittags gab es keinen Mangel an Gespielen.

Der April war schon warm. Die Kinder, die zum Hasengraben kamen, zogen bald nicht nur Schuhe und Strümpfe aus. Angeführt von Candida, wagten sie ihr erstes Bad, und da sie es nackt taten, hatte es keine schlimmeren Folgen als ein paar Beschwerden entrüsteter Eltern. Die Mutter lachte.

Sie ging mit zum See. Spannte die Hängematte zwischen zwei Uferbäume, hatte ein Auge im Buch, eins auf dem Gewimmel im Uferwasser, das rasch tief wurde. Candida machte erste Schwimmversuche.

Maria brachte sie auf der Luftmatratze zur Seemitte. Da gab es keinen erreichbaren Grund mehr. Es blieb nur, nach der Matratze zu greifen, die die Mutter dort hielt, wo sie gerade noch zu fassen war. Candida glitt herab, tauchte unter ihr durch, wandte sich um und ergriff sie.

Komm! Jetzt zwei Züge nebenher!

Dann drei, dann vier, dann mehr, so viel sie schaffte.

Bereitwillig tat Candida, was Maria von ihr verlangte, wurde gelobt, gewann mit zunehmender Sicherheit im Wasser das Gefühl, zu können, was die Mutter konnte, fertigzubringen, was sie von ihr forderte.

Wer von ihren Freunden, die nun schon lesen konnten und schreiben, wagte es, mit ihr über den See zu schwimmen?

In manchen Augenblicken war Maria ergriffen von einem Ausdruck in Candidas Gesicht, der sie ihrem Vater überaus ähnlich werden ließ. Dann bildeten sich an den Unterlidern und in den Augenwinkeln jene Spottfältchen, noch gutmütig, die ausdrückten: Ich weiß es besser, ich weiß es anders, aber sei nicht traurig, ich will dich nicht ärgern.

Und sie umarmte in unbestimmter Furcht das Kind.

Candida wies sie ab: Lass mich!

Candidas neue Klasse war toll.

Die Mutter, nachdem sie sie gesehen hatte, schien weniger begeistert. Frau Horlitzka wirkte hilflos vor dieser Konzentration ausgeprägter Persönlichkeiten.

Alexander war ein schwarzlockiger schöner Bengel. Er saß das zweite Mal hier. Langweilte sich, wusste wirklich alles. Seine Arbeiten wurden mit Eins zensiert, seine Mitarbeit mit Fünf. Krank gewesen, wiederholte er die erste Klasse. Er prügelte sich gern. Machte keinen Unterschied zwischen Mädchen und Jungen, und Candida nahm seine Herausforderung an. War es Spiel, wenn sie sich im Ringkampf auf dem Boden wälzten, so wirkte die Niederlage wie Dynamit, das den Funken der Erbitterung, geschürt vom erwartungsvollen Gezischel der Klasse während der Stunde, zur Explosion brachte, Candida aufsprang, sich mit Tränen der Wut auf die schwarzen Locken stürzte und gleichfalls Haare ließ.

Das endete nur scheinbar vor dem Direktor, der ihnen das Schändliche ihres Tuns erläuterte und an die Eltern Mitteilungen schrieb. Es wiederholte sich. Doch an den Nachmittagen kniffen beide aus dem Hort aus, gingen angeln und lebten auf Bäumen.

Maria blätterte abends in Candidas Heften, die sich wenig von den vorjährigen unterschieden. Sie verlangte Mühe, Fleiß, Ordnung und etwas weniger Wildheit. War Maria aufgebracht, sah sie, wie das Kind steif wurde, wie es, den Kopf zwischen die Schultern gezogen, mit heftiger Röte auf Stirn und Wangen sie anstarrte aus aufgerissenen Augen, die nervös zuckten.

Hör auf! Hör doch bloß auf! schrie Maria sich innerlich an.

Wenn sie sich endlich beruhigt hatte, sagte Candida fast tonlos: Musst du immer gleich schimpfen?

Candida, begreif doch! Man kann nicht immer und überall machen, was man will!

Lass mich!

Gut! Mach, was du willst. Aber ich lass dich nicht, ich bin die Mutter und du bist das Kind. Daraus folgt, dass ich dich nicht lassen kann. Ich muss dir helfen, groß zu werden, klug zu werden, leben zu können mit anderen Menschen.

Kann ich doch!

In das andere Land gehen. Sehen was dort ist. Wenn man's wusste, wusste man mehr als Alexander, als Frau Horlitzka, als der Direktor, als die Mutter.

Candida saß auf dem Fußboden und biss in die kleine grüne Schote. Das Brennen auf der Zunge trieb ihr Wasser in die Augen.

Wie die alle geheult hatten! Sie musste lachen. Die ganze Klasse hatte geheult, als Frau Horlitzka hereinkam und das Diktat anfangen sollte. Alle hatten von den Peperoni gekostet.

Wer war's?

Candida!

Und Candida fand es zum Totlachen.

Komm mit!

Candida sträubte sich. Sie hatte es satt, zum Direktor zu müssen. Alle hatten von allein gekostet.

Frau Horlitzka hätte sehen müssen, wie steif sie ging, wie sie mit eingezogenem Kopf vor dem Direktor stand, wie ein geduckter Vogel. Und ihre Augen.

Stumm gingen sie nebeneinander die Treppe wieder hinauf. Im Klassenzimmer drückte sich Candida in ihre Bank.

Ihr Zorn wuchs unter dem Funkeln neugieriger Augen.

Candida sprang auf. Warf, was sie auf der Bank hatte, nach ihrer Lehrerin, zerrte die Mappe vom Haken und stieß sie mit den Füßen fort. Lief nach vorn zum Rechengitter und hieb mit beiden Fäusten auf die bunten Kugeln, bis eine Strebe zerbrach und die Kugeln auf den Boden hopsten.

Die Klasse saß wie erstarrt. Candidas Hand blutete. Sie leckte sich das Blut ab und setzte sich, als wäre nichts geschehen.

Sie waren beide blass, das Kind und die Lehrerin. Es wurde kein Diktat geschrieben in dieser Stunde.

Frau Horlitzka setzte sich ans Pult und las eine Geschichte vor. Noch nie herrschte solche Stille in der Klasse. Nach der Stunde sah sie sich Candidas Hand an. Es war nicht schlimm. Als Candida die Kugeln aufhob, bückten sich auch andere.

Candida ging nicht in den Hort. Sie kam nach Hause, nahm den Schlüssel aus dem Versteck, todmüde.

Sie ließ sich auf den Teppich fallen und hatte geschlafen bis jetzt.

Sie holte die Luftmatratze, blies Luft nach, schleppte sie zur Veranda.

Draußen war es nicht sehr kalt. Das Wasser schimmerte wie mattes Metall. Sie schob die Matratze durch den Draht, schlüpfte nach und dann noch einmal durch den zweiten Draht, legte die Matratze aufs Wasser.

Es war der Augenblick des Übergangs vom Tag zum Abend mit dem ungewissen Licht, das die Konturen verwischt und eine Stockente, wenn sie still auf dem Wasser liegt, unerkennbar macht.

Hinter Candida flammten die Lampen auf. Der Uferstreifen lag in gleißender Helle.

Sie sah das Zöllnerhaus zum ersten Mal aus solchem Abstand. Seine Fenster glänzten hinter den Lampen.

Das gegenüberliegende Ufer verfloss mit dem Wasser.

Dann hörte sie Rufe. Eine Leuchtkugel stieg auf, goss grünes Licht übers Wasser. Am Ufer sah sie Soldaten laufen und winken, hörte rufen.

Sie erschrak.

Das Wort ‚Verboten' bekam schwere Bedeutung.

Sie hatte nicht mehr sehr daran gedacht. Vieles war verboten. Nicht erwischen lassen - hieß das.

Sie bekam Angst. Strengte sich an, wegzukommen. Ein Scheinwerfer packte sie. Sie tauchte. Als sie hochkam, war es so hell wie zuvor. Jemand schwamm mit mächtigen Stößen auf sie zu. Sie versuchte, aus dem Licht zu kommen, aber die Grenze des Lichtkreises schwamm vor ihr her, der Soldat erreichte den Kreis.

Komm sofort her! Er war außer Atem. Sie kannte ihn. Er war vor zwei Tagen zur Brücke gekommen.

Komm her! Sonst passiert noch ein Unglück. Er war schon bei ihr, schnitt ihr den Weg ab und schrie sie an: Los! Zurück! Schwimmst ja gut! - Los mach! Ich nehm die Matratze, oder willst du drauf?

Sie wollte nicht.

Sie schwamm neben ihm.

Er schnitt Grimassen, als würde er heulen.

Was alles muss uns geschehen, dachte Maria, als sie wach lag, bis wir begriffen haben, worauf es ankommt? Wirklich begriffen.

Wen beunruhigt, dass du zu oft nicht glücklich bist?

Candida - dein Name bedeutet: Glänzende, Fleckenlose.

Wie wirst du sein, wenn du so alt bist wie ich?

Candida durfte wieder aufstehen. Sie lief zur Brücke.

Der Wind blies vom Wasser und war schon kalt. Oktoberwind.

Wie alt bist du? fragte sie ein Soldat.

Sieben. Bald acht.

(Erstmals veröffentlicht in „Vertreibung aus dem Paradies", Aufbauverlag, Berlin und Weimar, 1979)

MS Fritz Heckert, Wismar 1961

Intershop Berlin Friedrichstraße, um 1986

Berlin Rettungsamt, 1988

PETER GOSSE: Sechs Briefe an den Enkel

Erster Brief

Ich weiß nicht wirklich, was mich in diesen unbändigen Frohsinn versetzte, als ich den Schießplatz vorzeitig verlassen durfte. Man wurde befohlen oder, was auf mich eher zutraf als Reserve-Offizier, man befahl. Schnauzte uniforme Menschen an (ich mir selbst peinlich): „Vergatterung!"

Erwachsene Männer klebten Bänder in die Stiefelschäfte, dass die beim Hineinfahren diese Schäfte zu Ziehharmonikas falteten – diese Art Schönheit galt. Freilich, ich hatte nichts auszustehen. Aller vier Jahre sechs Wochen als Reservist (die Söhne – Dein Vater und Dein Onkel – hingegen, die Ärmsten, drei Jahre, um Medizin studieren zu können), und nun gar auf dem Endzipfel des Darß.

Die sommerlich milde Ostsee, auf ihr zart aufsitzend der Höcker Hiddensees. Das Übungs-Schießen der 10-cm-Kanonen ohrbetäubend, aber ich hatte lediglich ins Elektrische zu blicken. (Gezielt wurde – interessiert es dich? – entweder seewärts nach einem Luftsack, den ein Flugzeug in gehöriger Distanz hinter sich herzog, oder spiegelbildlich Richtung Bodden, wozu die sogenannten Drehmelder umgepolt wurden – genug davon.) Woher also dieses mein innerliches Juchzen, da verkündet wurde, ich werde vorzeitig „abkommandiert": zwecks Dolmetschens (Rat für Gegenseitige Wirtschaftshilfe, RGW, der kremlzentrierten Ostländer).

Ich also stante pede Richtung Zingst, zum Öffentlichen Verkehr, und singe in die Dünen hinein wie nie zuvor und nie wieder, töricht ausgelassen und vermutlich schauerlich, singe etwas Unbekanntes, das plötzlich bekannt wird:

„Im Frühtau zu Berge ich zieh - wallera,
Es grünen die Wälder, die Höhn – wallera,
Ich wandre ohne Sorgen, singe in den Morgen,
Noch eh in den Tälern die Hähne krähn!"

Weiter fiel mir nur so etwas ein wie
„bin losgegangen, den Sonnenschein zu fangen,
rumms rummmms – wallera, walleraaaa."

Warum eigentlich erzähle ich es Dir, Freund, (oder mir, indem ich es schreibend in Erinnerung rufe)? Weil ich noch das loswerden will: Mich plagten keine Gewissensbisse, als ich den Fahneneid, der die staatshörige Bereitschaft zum Selbstopfern fordert, leistete: in wissentlicher Verlogenheit. Ich wünschte – als Aussätziger (der ich bei Verweigerung des Eids unweigerlich geworden wäre) eine Unmöglichkeit – eine Familie zu nähren und mein Werk voranzutreiben. Wird es Werk, wird es Werg?

Zweiter Brief

Wozu denn eigentlich Literatur, fragst Du, nicht ohne Ironie.

Nun, ein bisschen Literatur-Nießbrauch (was immer das ist) kann einem schon zugute kommen, stell Dir vor!

Eine Story Conan Doyles handelt vom Diebstahl einer Geige, genauer: Wo die wohl zu verstecken sei. Nun, der Schwerenöter, als der Durchsuchungs-Beamte eintrifft, steht in seinem völlig leeren, dazu spiegellosen(!) Zimmerchen und beteuert, dem Suchenden stets das Gesicht zuwendend, erfolgreich seine Unschuld. Das Instrument, an schmalem Halsband unterm hochgeschlossenen Hemdkragen, hängt auf seinem Rücken.

Sherlock Holms, der Pfiffikus, weiß sofort Bescheid, aber die Bahn-Polizei ist dumm und jedenfalls unbelesen, hoffe ich inständig. Denn ich transportiere – auf die angelesene Weise – das DDR-verbotenste Buch, Bahros „Alternative" (gemeint ist die eurokommunistische, die demokratisch-sozialistische Alternative zur kremlzentrierten Staats-Stagnation) – ich schmuggle es in der Eisenbahn nach Wroclav, zu Freund Lacynski, dem Solidarnost-Jerzy.

Demnächst Görlitz/Zgorgelez, ich allein im Abteil, es wird nur ein Uniformierter hereinpassen zu mir bucklicht Männchen. Der Druck des Riemchens unterm Kehlkopf aushaltbar, aber mein Muffensausen. Die Landschaften draußen scheinen ihre Farbe einzubüßen. Was tun?

Nochmal ist Literatur zuträglich: Ich lese Rilken, die Sonette an Orpheus. Hinreichend in Beschlag nehmend, guter Trost aus Innen.

Dann Jerzys frohe Umarmung, Bigos und so weiter. „Was? Diesen Wälzer von Buch? Den lesen? Du, wir haben hier, Freund, Taten zu tun."

Allenfalls verbotener war Marx' „Geschichte der russischen Geheimdiplomatie": Es findet sich der Begriff der Asiatischen Despotie geprägt – keineswegs garantiere Gemeineigentum Gemein-Herrschaft. (Das Eigentum gehöre wohl dem Volk, doch wem gehört das Volk?!) Das Buch gelangte gleichwohl aus dem Westen postalisch an mich: Man wollte sich wohl am Säulenheiligen nicht vergreifen. Und Solschenizyns „Archipel Gulag", im selben Paket, hielt die Grenzbehörde wahrscheinlich für Südsee-Literatur.

Dritter Brief

Frühere Schmuggelei: aus den Ferien in Leipzig im wohligen Schlafwagen zum Studium nach Moskau zurückkehrend, 1958, oder 1959? Jedenfalls, die schier atemberaubende sowjetische Tauwetter-Periode war vorüber. Aus und vorbei. Ausgestellt in der MOCX, dem zentralen Bildkunst-Ausstellungs-Gebäude (ehemals Zaren-Reithalle) wieder der obrigkeitswillfahrende Pinsel-Mist. (Das treffliche Kürzel in vieler Munde: krowoislianje v MOCX (klingt wie Mosg, deutsch: Gehirn, Blutung in dieses – also Schlaganfall.)

Flugblätter mussten her, auf einem Papier nicht rückverfolgbarer Herkunft mittels eines ebensolchen Kopiergeräts, wider Chruschtschow und dessen Kulturministerin Furzewa! Ich also los mit einem Koffer voll Dünndruckpapier und einem Wachsmatrizen-Vervielfältiger (ein mittlerweile vorsintflutliches Gerät; ich bezahlte es im Laden nahe Barfußgasse, floh aber mit ihm, als ich Name und Adresse selbstverständlich anzugeben hatte). Die ausgestandenen Ängste, gewiss auch um die Fortführung des mir lieben Studiums – ich weiß sie nicht mehr.

Gerschmans trautes und Lenas über die Maßen schönes Gesicht, als ich in den Weißrussischen Bahnhof einrolle.

Vierter Brief

Wie wir, Loest und ich, auf den Balkon hinaustreten in der Annahme, die Stasi könne uns so nicht abhören. Der frühlingsduftende Dämmer; unten die Kugeln der in strotzender Blüte stehenden Apfelbäume. Welch wolllüstiges Aufgeschäumtsein, obwohl doch aus den deutsch ordentlichen Rechtwinkeleien der Kleingärten heraus; welch inbrünstige Lebensverheißung! Welch unbekümmerte Zuversicht fort und fort kettelnden Lebens! Das überschwängliche Empfinden, die Leipziger Tiefebene lasse sich herbei, uns im dunstigen Nichts des angebrochen Abends, vor meiner Wohnung oben im 15-Geschosser Typ „Erfurt" – sie lasse sich herbei, uns Furchtsamen die Erdkrümmung zu zeigen, das schöne Gewölbtsein des Planeten: Gewölbtsein in der Art einer verächtlich hochgezogenen Braue angesichts unseres Bissls Löken wider den Staats-Stachel.

Ich mache wohl, das Kleingefügte unserer Bemühungen betreffend, eine Andeutung. Erich, die Renitenz in Person, blickt mich an wie vor einigem in seiner Wohnung Oststraße, da ich seine an den Saale-Hängen mühselig gesammelten und mit Akribie zubereiteten Weinbergschnecken widerständig probiere, mäkelig.

Fünfter Brief

Einmal hatte ich ein Grün gesehen, das mich unüber-
trefflich deuchte. Der Ort hieß Maalula, im Libanon-
Gebirge; man spricht dort noch, hieß es, Aramäisch, die
Sprache Jesu. Das Dorf hineingearbeitet in eine ziemlich
senkrechte Felswand, und tief unten erstreckte sich un-
absehbar die Sandwüste. In ihr standen, wie Fabrik-
Schlote, zu Dutzenden die lohgelben Windhosen, bedenk-
liche Ausrufezeichen. Aber in dieses tödliche Fahle hinein
erstreckte sich die Mandel eben jener Oase. Sie weitete
sich, vom handspanne-breiten Bach zu meinen Füßen
ermöglicht, zu einem Daumensprung, um sich alsbald –
da das Wasser aufgebraucht war – ins trostlose Nichts
hineinzuverjüngen. Zivilisation endigte, aber zuvor welch
ermutigender Rhombus gärtnerischen Wucherns, welch
Verheißung eines wie unlöschlichen Hierseins – von einem Grün bestimmt, anheimelnder nicht zu denken.

Oder doch?

Jenes Grün in Gertis Vorgärtchen in der Leipziger Las-
salle-Straße, in das – wie eigens um unsere Abhörsicher-
heit besorgt – ein ungeheurer Regen blatterte. Draußen
sehr dicht hinter meinem Trabi, in dem ich Jendern aus
Halle herübergeholt hatte, der Stasi-Wartburg geparkt,
deutlich auf Unübersehbarkeit bedacht. Unsere klammen
Mägen freilich, doch der Brief gegen Biermanns Ausbür-
gerung – er war verfasst, und wir traten hinaus, triefen-
der Antlitze. Ein Grün umgab, das die Verumständung,
deretwegen wir vereint waren, ins Ephemere wegstufte,
ins Vergessbare. Fassten wir einander bei den Händen
oder wie?

Was weiß ich. Der unmäßige Regen – er prasselte in
seiner wohlig sintfluthaften Fülle wie unaufhörlich, wie
nie endend in das Grün und in uns, in unsere sich inei-

nander auflösenden inneren Konturen – wir waren einander geschwisterlich gewonnen für den spärlichen Rest Ewigkeit, den zu weilen uns noch vergönnt bliebe.

Sechster Brief

Kurz nach dem Mauerfall ich in die Leipziger Runde Ecke (schön verhohnepiepelnder Volksmund; das Rund- sowie Eckige als Allmacht sowie deren Lächerlich-Machung) – ich also in die ehemalige Leipziger Stasi-Zentrale, meine Observierten-Akte einzusehen. Reichlich eintausend Seiten, my God – über einen ja doch nicht überausen Dissidentler.

Das Zimmer kahl Sprelacarten und Neon; der Neu-Beamte legt mir den Ordner vor. Die Blätter mit Transparentpapier überklebt, die Spitzel-Namen mit Tusche überstrichen und doch ungetilgt: wenn man die Folie anhöbe. Aber da ist der Beamte vor: nein, nein! Als ihn das Telefon abruft, packt er das Konvolut untern Arm und verlässt das Zimmer, welches – sehe ich jetzt – innen keine Türklinke hat. Ich will nicht raus, könnte aber auch nicht. Frösteln machend. Wie, ahne ich, ehedem.

Hernach: Ob ich den einen oder anderen Klarnamen kennte? Oder mutmaßte? Nun? „Tragen Sie zur Aufklärung bei!" Ich wundre mich über mich: Niemanden nenne ich, um den ich weiß oder von dem ich ahne.

Einer, S., hatte mir in der Kneipe zugeflüstert: „Red in meiner Anwesenheit nix, ich müsste es weitermelden."

(Wie leicht hätte ich, statt sogenannten Opfers, sogenannter Täter sein können. Verwunderlich, dass ich, treuherziger sozialistischer Jungstudent am Moskauer Energie-Institut, von der Sicherheitsbehörde nicht angesprochen worden bin – ich hätte gewiss zugesagt: Das kümmerliche, doch hoffnungsvolle Pflänzchen DDR bedurfte doch wohl der Hege und Hütung.)

(Erstveröffentlichung)

Bereitschaftspolizei, Berlin 1961

URSULA REINHOLD: Neue Horizonte

Natürlich blieben die kulturellen Ereignisse unseres Vereinslebens nicht die einzigen Bildungseindrücke meiner Kinderzeit. Zu Beginn der zweiten Hälfte unseres Jahrhunderts gab es vieles, was uns versuchte und heimsuchte, lockte oder drohte. Zunächst nun griff das neue Leben ganz kräftig nach mir, das sich östlich und nördlich unserer Kanalgrenze entwickelte. Es begann damit, dass für uns eine neue Schule in der Nähe der Späthschen Baumschule gebaut wurde. Es war eine Barackenschule. Sie bestand aus vier Klassenräumen, rechts und links eines Korridors gelegen. Vorn am Eingang befand sich auf der einen Seite das Lehrer- und das Direktorenzimmer, jeweils von der Größe eines halben Klassenzimmers und auf der anderen Seite die Toiletten, getrennt für Jungen und Mädchen. Die Zimmer lagen zu ebener Erde, was uns den Ein- und Ausstieg durch die Fenster ermöglichte. Die Schule war auf Betreiben der Eltern gebaut worden, die unseren langen Schulweg für untragbar hielten. In die Schule kamen nicht nur Kinder aus unseren Anlagen, sondern auch Kinder aus den Laubenkolonien an der Johannisthaler Chaussee und aus der Späthsfelder Siedlung am Königsheideweg, die bisher in Johannisthal zur Schule gingen. Aus der Siedlung kamen Kinder besserer Leute, die erkennbar etwas von sich und ihren Sprösslingen hielten. Sie wohnten in Einfamilienhäusern, die mir damals als Inbegriff schönen Wohnens galten. Von uns Laubenpiepern hielten sie nicht viel, das bemerkte ich aber erst nach einiger Zeit gemeinsamen Schulbesuchs in der Barackenschule. Ich war in der sechsten Klasse, als ich in die neue Schule kam. Über die Umschulung war ich froh, ich hatte mir in der roten

Schule in der Kiefholzstraße einen schlechten Abgang verschafft.

Seit einiger Zeit hatten wir dort auf dem verwinkelten, unübersehbaren Dachboden des alten Backsteinhauses herumgespukt. Wir verbrachten dort Vor- oder Nachmittage, je nachdem, wann der Unterricht begann, drangen bei unseren Streifzügen bis aufs Dach vor und in den Gebäudeteil, in dem ein Krankenhaus untergebracht war. Natürlich blieb das nicht lange unentdeckt. Eines Tages fanden wir die Bodentür verschlossen. Nun lagen wir ständig auf der Lauer, hofften, sie irgendwann wieder geöffnet vorzufinden. Als wir eines Tages den Schornsteinfeger die Treppe hochsteigen sahen, folgten wir ihm und zogen das große Schlüsselbund ab, das er im Türschloss stecken gelassen hatte. Ich nahm das schwere Schlüsselbund an mich, wurde so eine wichtige Person bei den Streifzügen, die wir nun wieder aufnahmen. Bald schon fahndete man nach dem Schlüsselbund, das ich bei mir trug, und eines Tages stöberte uns der Direktor der Jungenschule auf, die in dieser Woche die Nachmittagsschicht hatte.

Wir entwischten ihm, rannten die Treppe hinunter, und es wurde ein regelrechter Wettlauf mit ihm, der uns verfolgte. Ich rannte bis zum Bahndamm, der fast einen Kilometer vom Schulhof entfernt liegt. Aus dieser Energie muss er wohl auf meine Schuld geschlossen haben. Jedenfalls packte er mich beim Arm, nachdem er mich endlich eingeholt hatte, und führte mich zurück auf den Schulhof, wo schon ein Häuflein reumütiger Sünder mit gesenkten Köpfen stand. Es begannen Verhöre, und ich wurde mit Name, Klasse und Adresse als Rädelsführerin dingfest gemacht. Man benachrichtigte meine Eltern, die 300 Mark für die Neuanfertigung der Schlüssel zahlen sollten. In der folgenden Zeit hatte ich in meiner Klasse nichts Gutes zu gewärtigen. Jeder Lehrer gab seinen

Kommentar über die Unverschämtheit meines Diebstahls ab. Die anderen Mädchen, die beteiligt waren, blieben ungeschoren. Sie konnten die Situation mit gesenkten Köpfen überstehen. Aber ich musste aufstehen, antworten, man erwartete Erklärungen darüber, was ich mir gedacht hatte. Ich hatte keine Antwort. Meine Lehrer bekundeten tiefe Enttäuschung über mich, die ich ihnen als ruhige, gute Schülerin bekannt war. Sie hatten mich gemocht und jetzt das! Ich befand, dass sie mir, in ihrer Enttäuschung über mich, zu viel Schuld gaben. Das erschien mir ungerecht. Aber es war mir auch peinlich, und es machte mich traurig, dass ich sie so enttäuscht haben sollte.

Besonders um eine Lehrerin tat es mir leid, weil ich sie sehr mochte. Sie hieß Frau Dr. Guskow, und wir verdankten den Deutschunterricht bei ihr wohl der Tatsache, dass sie vom Gymnasium zurückversetzt worden war in die vierte und fünfte Klasse der Volksschule. Warum weiß ich nicht. Aus politischen Gründen meinten meine Eltern. Sie war nicht so hektisch und aufgeregt wie viele der jungen Lehrer, die zu uns kamen, und nicht so streng und knöchern wie Fräulein Monig, der man es niemals hatte recht machen können. Diese Lehrerin erzählte viele Geschichten, las Gedichte vor und ermunterte uns mit Aufsatzthemen, eigene Erlebnisse, auch Träume aufzuschreiben. Sicherlich lehrte sie uns auch Grammatik, aber daran kann ich mich nicht erinnern. Mit meinen Aufsätzen hatte ich bei ihr Glück. Sie las meine Tiergeschichten vor, glaubte mir meine erzählten Träume, obwohl sie in den meisten Fällen erfunden waren. Wenn sie vorlas, forderte sie uns auf, Wichtiges von dem Gehörten wiederzuerzählen. Sie schickte uns auf Sinnsuche, würde ich heute sagen, und ich entsprach ihren Erwartungen. Von einem aufdringlich gackernden Huhn las sie uns vor, das auf dem Hof einer Meierei jeden Tag ein gelegtes Ei ankündigt. Das Zwiegespräch, das sich daraufhin mit einem Karpfen in einem nahe gelegenen Teich anbahnt, geht dahin, dass sich der Fisch über das Geschrei lustig macht und sich selbst als Vorbild hinstellt, weil er täglich viele Eier ablegt, ohne ein einziges rühmendes Wort darüber zu verlieren. Ich tippte sofort richtig mit meiner Vermutung, dass sie auf unsere eigene Bescheidenheit hinauswollte. Solche Beispiele kannte ich schon von meiner Mutter. Die Lehrerin lobte mich, dass ich den Sinn der Belehrung in ihrem Sinne erfasst hatte. Ich merkte, der Verzicht auf Selbstlob brachte mir das Lob meiner Lehrerin ein. Sie spornte mich an damit. Die Suche nach einer für mich verwertbaren Lehre, nach einem Sinn, der mir etwas über mich und die anderen mitteilt, hat wohl auch meine spätere Erwartung an Literatur geprägt. Immer suche ich unter den vielen bunten Federn nach dem Huhn und dem Ei, das es legt. Denn ich erwarte von der Anstrengung des Lesens irgendetwas, sonst scheue ich die Mühe.

Mit Frau Dr. Guskow habe ich später noch einige Briefe gewechselt, denn ich vermisste sie. Ansonsten war ich froh, den Unannehmlichkeiten der alten Schule entronnen zu sein. Die neue Schule bot einige Überraschungen. Die wichtigste war die, dass wir jetzt mit Jungen in einer Klasse saßen. Das brachte uns ziemlich durcheinander, weil weder sie noch wir das bisher gekannt hatten. Nach einer kurzen Phase des Staunens suchten wir einander an Blödsinn zu übertreffen. Besonders zielten wir dabei auf einen Lehrer, der uns in der russischen Sprache unterrichten sollte. Er war vor noch nicht langer Zeit aus der sowjetischen Kriegsgefangenschaft zurückgekehrt und hatte sich dort die Sprache angeeignet. Die Lehrerin, die nach ihm kam, erklärte vieles, was er uns beigebracht hatte, für falsch. Aber das wussten wir zu der Zeit, in der er bei uns unterrichtete, noch nicht, und wenn wir es gewusst hätten, hätte es uns nicht gestört. Uns amüsierte die Tatsache, dass er sich so schwer ins zivile Leben schicken konnte. Er lebte mit seiner Mutter zusammen und trug hohe Schnürstiefel auch im Sommer. Auch die Knickerbockerhosen, an denen er manchmal den Hosenschlitz zu schließen vergaß, amüsierten uns. Wenn er sich mit dem Fahrrad näherte, liefen wir ihm entgegen, setzten uns auf alle freien Flächen, sodass er nicht fahren konnte, oder wir entführten es ihm überhaupt und fuhren einfach davon. Er war unendlich gutmütig und unfähig, uns Kinder zur Räson zu bringen. Es wurde mit der Zeit immer schlimmer. Wir hatten seine Schwächen entdeckt, seine unpraktische, aber gutmütige und ängstliche Art, und bestimmten, wie wir die Stunde verbringen wollten. Er bettelte regelrecht um eine halbe Stunde, in der er uns unterrichten konnte, dann setzte er sich ans Klavier, das in unserem Klassenzimmer stand. Auf diese Bedingung gingen wir dann gnädig ein. An einem Tag sah er keine andere Möglichkeit, uns am Gehen zu hindern, als die Tür des Klassenzimmers zuzuschließen. Daraufhin stiegen wir aus den Fenstern. Das gab Ärger mit der Direktorin. Er stand ständig im Kreuzfeuer zwischen uns und ihr, weil er sich für seine pädagogische Unfähigkeit rechtfertigen musste. Er bat uns mit Tränen in den Augen, ihm die Scham vor den anderen Lehrern zu ersparen. Manchmal dämmerte mir, dass er Mitleid verdiente, aber ich habe ihn auch ein bisschen verachtet und verlacht, wie die anderen. Seine Lehrerkarriere ging zu Ende, als er die Fragen für die Abschlussprüfung der 8. Klasse entsiegelte und sie jedem von uns mit den dazugehörenden Antworten nach Hause brachte.

Eine Besonderheit in dieser Schule war die, dass die Kinder der 6. und 7. Klasse in einem Raum zusammensaßen und gemeinsam unterrichtet wurden. Im Unterschied zu meinen Eltern freute ich mich darüber, weil ich nun mit meiner Freundin Doris in einer Klasse saß. Das ging zwei Schuljahre hindurch so. Zu meinem Kummer begann sich Doris in dieser Zeit schon von mir zu entfernen. Sie suchte die Freundschaft eines Mädchens aus der Späthsfelder Siedlung. Sie durfte dort auch bald zu Hause verkehren, man schien ihr das Herkommen von den Laubenpiepern nicht übel zu nehmen. Darauf war Doris stolz und ließ mich nicht im Ungewissen darüber, dass sie fand, die neue Bekanntschaft passe besser zu ihr als ich. Mit meinen Zöpfen war ich noch sehr kindlich. Sie trug längst Dauerwellen im Haar und konnte mich nur bedauern, wie ich aussah. Zuvor hatten wir ein Erlebnis, das mir ein gewisses Triumphgefühl gab, das ich aber für mich behielt. Eines Tages erneuerten zwei Maler den viersprachigen Text auf dem Sektorenschild an unserer Brücke. Sie schwatzten mit uns, hatten Langeweile in der wenig belebten Gegend. Der eine nahm ein Blatt Papier und begann mich zu zeichnen. Mein Gesicht gefiel ihm, und er gab mir das Blatt, als wir gingen. Doris, die unbeachtet geblieben war, reagierte beleidigt, fand die Bleistiftzeichnung doof, sehr sogar, und wenig ähnlich. Ich behielt das Blatt lange, betrachtete es oft, obwohl ich mir nicht sonderlich gefiel darauf. Aber immerhin tröstete mich, dass andere das anders sehen konnten. Es gab mir ein gewisses Gleichgewicht bis zu der Zeit, als ich entdeckte, dass ich grüne Augen hatte. Das entsetzte mich. In Schlagern wurden blaue Augen besungen, auch braune Augen, wie die meiner Mutter, fand ich annehmbar. Aber grüne Augen, das war das Letzte, was man haben konnte.

Auch die Anwesenheit der Jungen in der neuen Klasse führte zur Entfernung von der Freundin. Die Jungen schienen eine geschlossene Front zu bilden, vor der sie uns Mädchen einzeln auf den Prüfstand setzten. Sie beäugten und kommentierten unsere sich entwickelnde

Weiblichkeit, was ein ständiges Unbehagen in mir erzeugte. Registriert und gegeneinander abgewogen wurden unsere Haarfarben und Frisuren, unsere Augenfarbe und Augenbrauen, unsere Beine und die mehr oder weniger entwickelten Brustansätze. Dieses Interesse löste Spannung und Unbehagen aus, aber auch Erleichterung, wenn das Ergebnis positiv ausfiel. Wir Mädchen begannen, uns selbst mit anderen Augen zu sehen, stellten Vergleiche an, wurden unbewusst zu Konkurrentinnen. Unter den Jungen begann sich, zaghaft erst, ein individuell gerichtetes Interesse an bestimmten Mädchen zu entwickeln. So jedenfalls stellte es sich aus meiner Perspektive dar. Die heranwachsenden Männer bewältigten ihr neu erwachtes Erstaunen, ihre sicherlich auch vorhandene Schüchternheit auf ihre besondere Weise. Sie drangsalierten uns mit Püffen und Armverdrehungen, mit Gefangennahme im Schwitzkasten. Als ob sie sich der zärtlichen Annäherung, die sie suchten, schämten und deshalb lieber zuschlugen. Wir Mädchen provozierten dieses Spiel, unter dem wir zu leiden hatten, mit blauen Flecken auf dem Arm. Wir fürchteten und ersehnten den Kontakt, zeigten die geschundenen Körperteile wie Trophäen einander vor. Langsam ergaben sich Vorlieben zwischen bestimmten Partnern. So bekundete mir ein Junge sein rabiates Interesse, der mir auch gefiel.

Nicht nur meine Mutter erschrak, als sie die blauen Flecke auf meinem Oberarm entdeckte. Die Mädcheneltern brachten die Sache als ein ernstes Problem der neuen Schule in der Elternversammlung zur Sprache. Die Jungeneltern gingen in Verteidigungsstellung und wehrten die Vorwürfe zumindest von ihren eigenen Sprösslingen ab. Einige der Mädcheneltern forderten eine erneute Separierung der Geschlechter. Frau Neumann, eine junge Lehrerin, die bei uns Sport und Deutsch unterrichtete, rief uns alle zusammen und machte uns klar, dass wir

gar keine andere Chance hatten, als miteinander auszukommen. Sie kam dann fortwährend darauf zurück, ermunterte uns, uns der neuen Empfindungen, die wir
plötzlich hatten, nicht zu schämen, sondern neugierig auf
sie zu sein. Ich empfand ihre Interventionen als beruhi-
gend. Das muss bei den Jungen nicht unbedingt so gewesen sein. Denn ich erinnere mich, dass die entwickelten Jungen auch mit ihr in den Clinch gingen. Sie meinten, dass sie als Lehrerin zu jung sei, um von ihnen akzeptiert zu werden. Aber sie lachte, fragte, ob sie sich einen Bart wachsen lassen sollte. Sie führte diese Gespräche mit viel Humor, zwang uns so, auch unangenehme
Wahrheiten zu schlucken, und schaffte es schließlich, die
Front der Jungen aufzubrechen und auch von den
Schwierigen akzeptiert zu werden.

Obwohl die Schule jetzt soviel näher gerückt war, entdeckte ich doch in dieser Zeit, dass ich in Berlin und
nicht nur auf „Gemütlichkeit" zu Hause war. Bisher
kannte ich vor allem Neukölln, Baumschulenweg und
Johannisthal. Jetzt fuhren wir mit der Klasse einmal in
der Woche ins Schwimmbad in die Gartenstraße. Das
war eine lange Tour, wir hatten hin und zurück einen
Weg von drei Stunden zu bewältigen. Mitunter dehnten
wir den Ausflug noch weiter aus, frequentierten ausgiebig
die wieder in Gang gesetzte Rolltreppe auf dem Bahnhof
Alexanderplatz, beäugten das Backwarenangebot im HO-
Geschäft dort, das etwas reichhaltiger war als bei uns an
der Sonnenallee. In dieser Zeit bekam ich ein monatliches
Taschengeld von 5 Mark, was meine Bewegungsfreiheit
etwas erweiterte. Groß war der Spielraum allerdings
nicht, wenn man daran denkt, dass ein von mir in dieser
Zeit heiß begehrtes Schweineohr 1,80 Mark kostete. Immerhin hatte ich etwas Geld in der Tasche, wenn es auch
kaum je über den Monat reichte, wie es meine Mutter
verlangte. Wenn ich kein Geld mehr hatte, lieh sie mir 1

Mark, auf deren Rückzahlung sie peinlich genau sah. Zu genau, erschien mir damals. Aber die Familie verfügte nur über wenig Geld, und die Mark, die meine Mutter mir gab, musste sie von ihrem Wirtschaftsgeld abknapsen. Solange gebaut wurde, bekam ich kein Geld. Auch dringende Wünsche blieben in dieser Zeit unerfüllt. Schlittschuhe, heiß ersehnt, denn wir hatten gerade den Teich in der Späthschen Baumschule als Wintersporteldorado für uns entdeckt, bekam ich erst Jahre später. Da war mein Wunsch schon nicht mehr so dringlich, obwohl ich die Schlittschuhe noch lange gebrauchte. An dem Weihnachtsabend, an dem mein Wunsch unerfüllt blieb, fühlte ich mich gekränkt, ungerecht behandelt, ja beinahe vom Schicksal gemaßregelt. Ich erlebte es das erste Mal, dass mir die Eltern einen Wunsch nicht erfüllten. Obwohl ich zu verstehen vorgab, nahm ich es ihnen übel. Dieses Gefühl der Kränkung verging erst langsam, hinterließ einen nachhaltigen Eindruck. Später habe ich immer die Gründe eingesehen, aus denen mir etwas vorenthalten blieb.

Die Einsicht, dass wirklich gar kein Geld da sein sollte, hatte ich damals nicht. Denn ich fand hin und wieder einige Groschen, Sechser oder Pfennige in den Mantel- oder Jackentaschen meiner Eltern. Besonders bei meinem Vater steckten die Münzen lose in den Taschen. Bei der Mutter war das nur selten, bei ihr war meist alles ordentlich im Portemonnaie. Ich gewöhnte mir an, die Taschen systematisch durchzusuchen. Von dem gefundenen Geld kaufte ich mir eine Eiswaffel. Die gab es damals schon für zehn Pfennige. Sie schmeckte wässrig, aber ein bisschen auch nach dem Namen, den das Eis bekommen hatte. Schließlich machte ich auch vor der Geldbörse meiner Mutter nicht halt, entnahm ihr allerdings nur ganz kleine Beträge. Sicherlich würde dieses Eingeständnis meine Eltern noch heute erschüttern, oder aber es kann auch sein, dass ich sie in dieser Hinsicht unterschätze, und die 5 Mark Taschengeld eine Folge ihrer Einsicht in meine Dieberei war. Auch das Geld, das ich zum Einkaufen bekam, musste peinlich genau abgerechnet werden. Da meine Mutter die Preise kannte, erforderte die kleinste Manipulation größten Scharfsinn. Ich versuchte es selten. Aber wenn ich für andere Leute einkaufen ging, versuchte ich, etwas für mich abzuzweigen. Eine besondere Schandtat habe ich gegenüber der alten Frau Reichel begangen. Sie hat mir lange Zeit ein schlechtes Gewissen bereitet, weshalb ich sie auch immer bestritten habe. Ich hab sie um 10 Pfennige betrogen, als ich den Quark kaufte, der damals 90 Pfennige kostete. Sie hatte mir 1 Mark dafür gegeben, und ich stellte ihr den Quark in die Veranda und ging nach Hause. Kurze Zeit später kam sie zu uns, um den Rest des Geldes einzufordern. Sie hatte sich extra auf den Weg gemacht dafür. Ich behauptete keck, dass sie mir nur 90 Pfennige gegeben habe. Meine Mutter schaute mich an, sie glaubte mir. Die alte Frau ging unverrichteter Dinge. Um keinen Preis hätte ich zugegeben, dass ich mir in Baumschulenweg für das Geld eine Eiswaffel gekauft hatte. Das blieb einige Zeit so. Ich bestritt Verfehlungen, bei denen ich längst überführt war. Meinen Vater brachte das aus der Fassung. Er war ratlos.

Mir blieb ein permanent schlechtes Gewissen. Es wirkte in mir so, dass Verlegenheit sich auch da breitmachte, wo ich unschuldig war. War in der Klasse etwas verschwunden, wonach mit Mappenkontrolle gefahndet wurde, bekam ich einen roten Kopf, fühlte mein Herz schlagen. Deshalb geriet ich einmal in einen Verdacht. An den Sachen anderer Kinder habe ich mich niemals vergriffen. Aber die Sache mit der Frau Reichel beschäftigte mich lange. Ich versuchte, mir Ausflüchte zurechtzulegen. Sagte mir, dass die Frau kleinlich sei. Außerdem machte ich sie zu einer Lügnerin. Wenn sie wirklich nicht gehen konnte, nur unter großen Schmerzen, wie sie behauptete, weshalb lief sie dann wegen eines lumpigen Groschens bis zu uns? Obwohl ich eifrig an solchen Ausflüchten arbeitete, gelang es mir nicht, mein Gewissen zu beruhigen. Ich glaubte sie mir immer weniger und schämte mich.

Solche Untugenden musste ich mitnehmen ins neue Leben, das mich nun bald in seinen Bann schlug. Es kam auf mich zu, als Wally Ladé bei uns in der Barackenschule herumlief, um eine Pioniergruppe zu organisieren. Sie war die Witwe des Widerstandskämpfers Karl Ladé, der nach dem Attentat auf Hitler verhaftet und im Januar 1945 hingerichtet worden war. Zu DDR-Zeiten ist eine Straße nach ihm benannt worden, die heute noch seinen Namen trägt, obwohl viele Namen von Kommunisten nach der Wende aus dem Straßenbild verschwunden sind. Der Name erscheint auf dem Straßenschild allerdings ohne é, aber die Lebensdaten stimmen mit unserem Karl überein. Mein Vater hat sich in seinen letzten Lebensjahren darüber noch sehr erregt, aber es war schließlich so geblieben. Offensichtlich kümmerten sich die, die es hätten wissen müssen, nicht um die Sache. Die Witwe lebte schon lange nicht mehr. Mein Vater hat sich die erste Zeit nach der Hinrichtung um sie und die vier Kinder gekümmert. Denn der Wally schien alles über den Kopf zu wachsen. Sie wohnte in einer unserer Nachbarkolonien in einer dürftigen Laube, es fehlte an Brennmaterial und Nahrung. Das älteste Mädchen starb dort kurz nach dem Krieg an Typhus. Auch die anderen Kinder waren ziemlich unterernährt. Die Großeltern sahen nun nach den Kindern, sie hatten in der Nähe unserer Schule ein kleines Häuschen bezogen. Die Wally bekam, kurz nachdem sie bei uns die Pioniergruppe gründen wollte, noch ein Baby. Das verriet sie niemandem, ließ es zu, dass ihre Mutter überall herumerzählte, dass der dicke Bauch ein Wasserbauch sei. Das verwunderte so recht niemanden, weil sich die Wally gern in Kneipen herumtrieb. Nachdem das Kind geboren war, wurde sie von allen Wasserminna genannt. Die Wally starb, als das jüngste Kind noch nicht fünf Jahre alt war, und die alten Leute zogen nicht nur die drei Kinder, sondern auch das kleinste auf. Aber sie waren sichtlich überfordert damit, erlebten nicht mehr, wie das kleinste groß wurde. Die größeren Kinder verwahrlosten und kamen schließlich in Heime, wir alle haben sie gänzlich aus den Augen verloren. Auch mein Vater wusste nichts mehr von ihnen, auch er hat späterhin nicht mehr nach der Familie gefragt.

Obwohl es die Jungen Pioniere schon seit 1948 gab, hatte ich an unserer Barackenschule 1950, als die Wally dort redselig und schielend für die Gründung einer Pioniergruppe warb, von ihnen noch nichts gehört. Sie sprach mit mir, ich sprach mit meinen Eltern, die es mir überließen, ob ich wollte oder nicht. Sehr erfolgreich kann sie mit ihren Bemühungen nicht gewesen sein, denn es kam keine Pioniergruppe zustande an unserer Schule. Bald haben wir sie nicht mehr gesehen. Aber mich hatten ihre Erzählungen über das Haus der Kinder in der Parkaue in Lichtenberg neugierig gemacht, ich ließ mich zu einem Besuch dort anregen. Wir wurden durch das Haus geführt, es hatte gerade einen neuen Namen bekommen, hieß jetzt Zentralhaus der Jungen Pioniere. Man zeigte uns die Turnhalle, für die Turngruppe wurden noch Kinder gesucht. Bald ging ich regelmäßig in die Sportgruppe dort. Hier übte ich am Barren, an den Ringen, sprang über den Bock und turnte am Reck und wurde als nicht untalentiert erkannt. Was heute dreizehnjährige Turnerinnen vorzeigen, brachten wir damals nicht zustande. Aber es machte Spaß, und ich setzte das Geräteturnen bis zum Abschluss meiner Oberschulzeit fort. Einmal durfte ich bei einer Berliner Schülermeisterschaft turnen, ohne Siegesaussichten allerdings. Der große Ehrgeiz dafür fehlte mir.

Bald besuchte ich auch den eben gebildeten Literaturzirkel im Haus an der Parkaue, der uns mit der damals neuen Kinderliteratur vertraut machen wollte.

An dieser Stelle will ich etwas zu meinen damaligen literarischen Interessen sagen. Es wird eine längere Abschweifung. Insgesamt stand es mit den literarischen Verhältnissen bei uns zu Hause besser als mit dem musikalischen Niveau. Das war durch die schon erwähnten Arbeiterlieder von Ernst Busch und durch vier Opernplatten bestimmt. Ich saß manchmal vor dem hölzernen Schrank, in den mein Vater den Plattenspieler eingebaut hatte. An der Seite war eine Kurbel, die man drehen musste, bis das Laufwerk aufgezogen war, das für zwei Seiten einer Platte ausreichte. Hier hörte ich aus Puccinis „La Bohème" die Arie „Wie eiskalt ist dies Händchen, gönn mir, dass ich es wärme" und auf der anderen Seite die der Mimi, in der sie sich mit ihrem Namen vorstellt. Außerdem gab es noch Chöre und Solopartien aus „La Traviata", aus „Cavalleria rusticana" und aus Verdis „Rigoletto" die Arie des Herzogs, des Frauenhelds. Diese Platten hörte ich wieder und wieder, der Gesang ergriff mich, und ich wurde traurig, weil meine Stimme nicht ausreichte, um solch ungeheure Empfindungen ausdrücken zu können. Deutsches Gegengewicht zu diesen italienischen Opern gab es mit einer Schallplatte, auf der Balladen von Karl Löwe gesungen wurden. „Tom der Reimer" hieß die eine und die andere „Die Uhr". „Ich trage, wo ich gehe, stets eine Uhr bei mir", lautete die erste Zeile. Im Unterschied zur Leidenschaftlichkeit der italienischen Oper erschienen mir diese Balladen fad. Der Text hat mich, je älter ich wurde, nur noch belustigt. Ich fand es komisch, wenn Tom der Reimer einer Frau begegnet und vor ihr auf die Knie fällt und spricht: „Du bist die Himmelskönigin, du bist von dieser Erde nicht!" Es erschien mir übertrieben.

Gegenüber diesem spärlichen musikalischen Repertoire gab es im Bücherschrank meiner Eltern Weltliteratur. Neben Leo Tolstoi, Dostojewski, Zola, Balzac, Stendhal, Heine, Goethes „Faust. Teil I" standen moderne russische und sowjetische Autoren wie Gorki, Scholochow, Gladkow, Pilnjak. Außerdem sozialkritische englische und amerikanische Autoren wie Theodore Dreiser, Jack London, Upton Sinclair, das Antikriegsbuch „Das Feuer" von Henri Barbusse. Bücher aus dem Malik-Verlag und dem Wiener Arbeiterverlag waren darunter, wie solche von Adam Scharrer, von Panait Istrati, von Kurt Kläber und Martin Andersen Nexö. Mein Vater hatte diese Bücher während des Krieges vergraben, um sie vor Bomben und möglicher Beschlagnahme zu schützen. Sie waren jetzt voller Stockflecke, obwohl er sie in Ölpapier eingeschlagen hatte. Nun hütete er sie sorgsam, gab sie ungern in fremde Hände. Meine Mutter fand das übertrieben, weil er selbst es war, der sie nicht genügend sorgfältig verpackt hatte, woran jetzt aber auch nichts mehr zu ändern war. Vielleicht war darin der Grund zu sehen, dass ich diese Bücher noch nicht berührt hatte. Meine literarische Bildung war bis zu diesem Zeitpunkt noch mager. Denn erst seit meinem zwölften Lebensjahr las ich regelmäßig. Bis dahin war ich lieber auf Entdeckungsreisen, liebte es nicht, drinnen zu bleiben. Es gab auch keinen Platz, an den ich mich hätte zurückziehen können. Meine Schularbeiten machte ich am großen Tisch in der Wohnküche, der abgeräumt werden musste, wenn die Familie sich zur Mahlzeit setzte. So ließ ich mir auch bei den Schularbeiten wenig Zeit, packte die Hefte und Bücher so schnell wie möglich wieder zusammen. Mein Bruder hatte mich als Erster mit Balladen aus seinem Lesebuch vertraut gemacht. Aber das war lange her. Von ihm hatte ich auch eine „Sonnen- und Regenkassette" mit Tiergeschichten, die aber keinen großen Eindruck bei mir hinterließen. Da waren die wirklichen Erlebnisse mit den Hühnern nachhaltiger. Auch die Jungmädchenbücher, die mir Doris manchmal lieh, „Nesthäkchen" und „Goldköpfchen" waren darunter, haben mein Interesse nicht tiefer gefesselt. Erst als ich mit Mark Twains „Tom Sawyer" und „Huckleberry Finns Abenteuern und Streichen" in Berührung kam, änderte sich das und ich entwickelte ein bis dahin nicht gekanntes Lesefieber. Auch Stevensons „Schatzinsel" verschlang ich und lauerte auf die RIAS-Schulfunksendung, in der Pelz von Fedinau mit seinem unvergleichlichen böhmischen Akzent das Buch in Fortsetzungen las. Wir besaßen diese Bücher selbst, aber ich hatte sie bis dahin nicht beachtet. Auch eine Kurzfassung von „Robinson Crusoe" gehörte zu diesen tieferen Leseeindrücken.

Das waren meine Voraussetzungen, als ich im Haus an der Parkaue mit neuer Literatur in Berührung kam. Leider muss ich gestehen, dass sie keinen besonderen Eindruck bei mir hinterließ. Es sind nur wenige Dinge, von denen ich berichten kann. Allerdings war ich auch nicht lange Zeit in dem Literaturzirkel. Nach den Weltfestspielen im August 1951 wollte man mich dort nicht mehr sehen, weil ich mich nicht gut benommen hatte.

Ich las die Bücher, die man mir gab. „Sally Bleistift in Amerika" und „Timur und sein Trupp" waren darunter. Sie gefielen mir, weil sie in abenteuerlichen Handlungen fremde Länder näherbrachten. Unser Zirkelleiter, ein junger Mann im Blauhemd, versuchte uns für ein Buch mit dem Titel „Und Heiner ist auch dabei" zu begeistern. Es erzählte von einem Jungen, der auch gerne das blaue

Halstuch tragen wollte. Er verbündet sich mit seinem jungen Lehrer und gemeinsam überzeugen sie die Eltern, dass er zu einer Fahrt mit darf. Dort bekommt er dann das blaue Halstuch, auf das er so scharf war, und am Ende finden es auch die Eltern gar nicht mehr so schlimm. Der Zirkelleiter hielt uns an, der Autorin zu schreiben, ihr unsere Eindrücke vom Lesen des Buches mitzuteilen. Er selbst war immer im Zustand der Begeisterung, wenn er über Bücher erzählte, und erwartete das auch von uns. Als auch ich einen Brief an die Verfasserin des Buches schrieb und ihr mitteilte, dass ich das Buch ziemlich langweilig fand und auch nicht recht begriff, warum dem Heiner so viel an dem blauen Tuch lag, war unser junger Freund enttäuscht. Er schüttelte den Kopf, fragte, ob ich das tatsächlich so schreiben wolle, und riet mir, es noch einmal zu überlegen. Aber ich hatte es schon überlegt und sagte ihm das. Da war er traurig.

Nach einiger Zeit bekamen wir auf alle unsere Briefe einen Antwortbrief von der Buchschreiberin. Sie ging auf unsere Eindrücke nicht im Einzelnen ein, sondern bedankte sich und versprach uns, noch mehr solcher Bücher zu schreiben. Das fand ich irgendwie komisch.

Eines Tages war eine andere Schriftstellerin bei uns zu Gast. Sie hatte ein Stück für das „Theater der Freundschaft" geschrieben, das in der unmittelbaren Nachbarschaft lag. Es existiert in einem etwas derangierten Zustand dort heute noch und heißt jetzt „Carousel Theater". Das Stück hieß „Spiel ins Leben" und erinnerte mich an das, was auch in dem Buch vom Heiner erzählt wurde. Auch hier wurden Eltern, in diesem Fall mehr der Vater, von ihren Sprösslingen und deren jungen Lehrern davon überzeugt, dass es gut und schön und richtig war, mitzumachen und das blaue Halstuch zu tragen. Schon als sie die ersten Szenen las, konnte man ahnen, wo das hinwollte. Nicht übermäßig durch den Vortrag gefesselt, sah ich mir in Ruhe die Frau an. Sie war ungefähr so alt wie meine Mutter, schien mir, aber ein gänzlich anderer Typ. Vor allem fielen ihre herausstehenden Augen auf, die von gewaltigen Augendeckeln beklappt waren. Die Lippen waren stark geschminkt, überhaupt machte sie durch Farbe auf ihr Gesicht aufmerksam. Das hätte sie unterlassen sollen, fand ich damals. Ich verstand nicht, wie man auf ein so hässliches Gesicht so viel Aufmerksamkeit ziehen konnte. Sie trug viel Schmuck an den Armen, er klirrte und klapperte bei jeder Bewegung. „Aufgetakelt", ein Wort meines Vaters für derlei Erscheinungen kam mir in den Sinn, während ich zu ihr hinschaute. An die Aufführung ihres Stückes kann ich mich nicht erinnern. Wahrscheinlich habe ich es nicht gesehen. Aber andere Theatereindrücke sind mir unverlierbar in der Erinnerung geblieben. Märchenstücke, die mich bezauberten wie „Die Schneekönigin", „Die feuerrote Blume" oder „Die zwölf Monate", ein musikalisches Märchenballett. Die Karten für solche Aufführungen bekam ich unentgeltlich, was mir damals gar nicht besonders auffiel. Ich fand es eher selbstverständlich, weil meine Eltern mir dafür kein Geld geben konnten, zerbrach mir nicht den Kopf darüber, wer das wohl bezahlte. Es mag wohl dem damaligen Verständnis von Kulturbringertum für das Volk geschuldet gewesen sein. Man wollte dem Volk kulturelle Bildung vermitteln, versprach sich wohl auch Dankbarkeit vonseiten der geistig Missionierten. Vielleicht war das denen, die sich das ausgedacht hatten, gar nicht so bewusst. Auf jeden Fall erhofften sie, dass die Menschen durch die Begegnung mit Kunst besser würden. Sie hatten sicherlich solche Veränderung auch an sich selbst erfahren. Wobei das Mehrwissen und die Einsicht in manches sie nicht unbedingt besser gemacht haben musste. Aber auch das kam vor.

In der Sportgruppe bereiteten wir seit Frühjahr 1951 ein gymnastisches Programm vor, das im August zu den Weltfestspielen öffentlich aufgeführt werden sollte. Um uns dabei zu vervollkommnen, fuhren wir in ein Zeltlager am Üdersee. Es war das erste Mal, dass ich für längere Zeit allein von zu Hause weg war. In der Sportgruppe hatte ich ein Mädchen kennengelernt, mit dem ich diese Zeit und noch einige Jahre danach verbunden blieb. Wir hatten entdeckt, dass nicht nur wir zwei, sondern auch unsere Eltern die gleichen Vornamen trugen. Das amüsierte uns, wir kamen uns näher und halfen einander, das Zeltlager zu überstehen.

Wir freuten uns auf den Üdersee, in dem man uns Badevergnügen versprochen hatte. Nachdem wir die Zelte bezogen hatten, wurde uns klar, dass sich der See nicht in Sichtweite befand. Eine Wanderung, gleich am nächsten Tag, machte deutlich, dass eine Dreiviertelstunde zurückzulegen war, um dorthin zu gelangen. Wir waren enttäuscht, dass wir nicht nach Lust und Laune ins Wasser springen konnten, sondern auf die Organisierung von Badefreuden durch die Lagerleitung angewiesen waren. Es folgte die Enttäuschung über den täglichen Dienstplan für unser Programm, den ich mir zumindest nicht so streng geregelt vorgestellt hatte. Ehrlich gesagt hatte ich mir gar nichts Genaues vorgestellt, sondern war einfach nur neugierig auf das erste Fernsein von zu Hause. Wir übten täglich vormittags die Gymnastik, an der mehrere hundert Kinder beteiligt waren. Es waren Bodenübungen, z. T. partnerschaftliche Schritt-Schwung- und andere Bewegungsübungen, die aus einer höheren Perspektive gesehen Blumen und ornamentale Symbole darstellten. Es ist schwierig, die Bewegung von so vielen Kindern zu synchronisieren, und wir mussten Teile oder das Ganze ständig wiederholen. Und das an heißen Sommertagen bei Temperaturen von 30 Grad. Damit war unser tägli-

ches Programm aber noch nicht beendet. Nach Mittagessen und Pause probten wir ab 14 Uhr ein Gesangspro-
gramm. Wir Sportler hatten den Chor zu verstärken, von
dem auch einige unsere gymnastischen Übungen mit-
machten. Es war sozusagen unsere Gegengabe dafür. Wir
stöhnten und wurden zunehmend renitenter. Vor allem
die Hitze machte uns zu schaffen. Meine Freundin und
ich, wir dachten sehnsüchtig ans Baden, wenn wir uns
nach der Mittagsruhe wiederum zum Üben einfinden
mussten. Langsam ließen wir uns aus der Kinderschar,
die dem Chorplatz zustrebte, zurückfallen und schlugen
uns seitwärts in die Büsche, wie man ein solches Beisei-
tetreten nennt. Wir lagerten uns auf einen schattigen
Platz und zogen nach einer dösigen Nachmittagsstunde
in Richtung See. Dazu mussten wir allerdings noch einmal in unser Zelt, um Badesachen zu holen. Wir wussten, dass es eine Zeltwache gab, hofften aber, wir würden
unbemerkt bleiben. Das war auch so, die Wachsamkeit
litt unter der Hitze. Unbemerkt erreichten wir die Badestelle. Es war eine wunderbar kühle Nässe an diesem
Nachmittag. Auf dem Rückweg beschlossen wir, uns das
jetzt öfter zu gönnen. Wir waren zwar etwas unruhig,
aber die Befriedigung über den Spaß, den wir hatten,
überwog das Unbehagen bei Weitem. Wir blieben einige
Zeit bei dieser Tagesgestaltung, verzichteten nicht ungern
auf das tägliche Singen. Als wir dazu übergingen, auch
das Sportprogramm aus unserem Tagesablauf auszulas-
sen, fiel es auf. Wir hatten nicht daran gedacht, dass wir
im Chor und beim Turnen unsere festen Plätze hatten
und unsere Nachbarn uns sicherlich schon vermissen
mussten. Das waren allerdings andere als unsere Schlaf-
nachbarn im Achtpersonenzelt, und so dauerte es schon
eine Weile, bis unser Fehlen langsam durchsickerte.
Dann wurden wir gestellt. Was dann folgte, war ziemlich
unangenehm. Vor allem auch deshalb, weil es nun mit

dem täglichen Baden unwiderruflich vorbei war. Wir wurden vor die Lagerleitung gerufen, wo auch unsere Übungsleiter vom Sport und vom Singen anwesend waren. Dazu kam noch eine Gruppenleiterin, die uns in dem Rondell von Zelten zu beaufsichtigen hatte, zu dem wir gehörten. Es waren immer drei Zelte, die auf diese Weise noch eine besondere Aufsicht hatten. Sie alle standen nun dort und verhörten uns über unsere Verfehlung. Sie äußerten ihre Empörung über unsere Pflichtvergessenheit, weil es doch um die Weltfestspiele ging. Überall in der Welt bereiteten die Kinder sich jetzt darauf vor, waren stolz, wenn sie mittun konnten und wir kniffen einfach. Wie niederträchtig und abscheulich wir uns benommen hatten! Merkten wir denn gar nicht, dass wir das Ganze infrage stellten? Wir erschraken. Das hatten wir nicht gewollt. Sie fragten dringlich, was wir uns bei unserer Pflichtvergessenheit gedacht hätten. Ich wunderte mich, dass sie sich eine so naheliegende Frage nicht selbst beantworten konnten. Aber sie waren wirklich nicht darauf gekommen. Denn als wir ihnen sagten, dass wir schwimmen wollten, schüttelten sie nur die Köpfe und verstanden uns nicht. Auch brachten sie ihre Enttäuschung über uns beide zum Ausdruck, die wir ihnen als gute Sportlerinnen im Gedächtnis waren. Hier mit diesen Gruppenleitern erlebte ich wiederum, dass sich Leute enttäuscht von mir erklärten, wenn ich tat, was mir Spaß machte. Das erstaunte mich und erregte in mir den Verdacht, dass es nicht nur mit mir, sondern auch irgendwie mit ihnen selbst zusammenhängen musste. Aber dabei konnte ich ihnen nicht helfen.

Besonders fiel mir das bei unserer Helga auf, einem vielleicht zwanzigjährigen Mädchen. Sie brachte zunächst freundlich, anders als die männlichen Jugendfreunde, ein gewisses Verständnis für unsere Verfehlungen zum Ausdruck. Dafür erwartete sie kräftige Reue, die dringliche Versicherung, dass es keine Wiederholung geben würde. Natürlich gaben wir das Versprechen ab, uns nicht mehr auf eigene Faust davonzumachen. Diese Versicherung fiel uns umso leichter, als uns klar war, dass sie jetzt aufpassen würden. Etwas anderes hätten wir uns gar nicht getraut. Aber unsere Reue erschien ihr zu matt. Darüber war sie enttäuschter als über unsere Verfehlung selbst. Sie war so erschüttert über uns, dass sie dafür Mitleid von uns erheischte. Aber wir konnten ihr nicht helfen, wir begriffen nicht, was eigentlich sie von uns erwartete. In Zukunft riefen sie uns nun immer beim Namen auf, bevor die Sport- und Chorübung begann. Man hatte bemerkt, dass nicht nur wir beide fehlten. Aber für uns hatte es damit noch nicht sein Ende. Wir mussten noch vor den Appell treten, wie es hieß. Es war uns sehr unangenehm, als wir mit hochroten Köpfen vor den anderen standen.

Die Einrichtung Appell hatte mir von Beginn an nicht gefallen. Sie erschien mir überflüssig. Jeden Morgen tummelten wir uns und bedrängten einander, um nach Möglichkeit zuerst an einen der wenigen Wasserhähne zu kommen. Und das alles, um einige Zeit später, vollkommen unsinnig, die Zeit durch Stehen hinter einem Fahnenmast zu vergeuden. Ich machte dieses morgendliche Wettrennen nur anfangs mit und war dann in meinen gewöhnlichen Morgentrott verfallen. Das machten meine Freundin und einige andere auch, weshalb wir manchmal zu spät zum Appell gekommen waren. In solchen Fällen wurden wir aufgerufen, mussten vor die Front treten, wie es hieß. Dann wurden wir darüber belehrt, dass wir pünktlich zu sein hätten, dass Disziplin überhaupt die Voraussetzung für vieles sei, wenn nicht alles. Das müssten wir lernen, wurde uns gesagt. Für unsere Wasserhähne interessierte sich niemand, und auch wir dachten nicht daran, das vorzubringen. Ich hatte das sichere Gefühl, dass das niemand wissen wollte. Es gab auch keinen Zusammenhang. Dass etwas alltäglich Notwendiges, sehr schnell zu geschehen hatte, um etwas absolut Überflüssiges pünktlich absolvieren zu können, erschien mir unsinnig.

Natürlich war mir unwohl, wenn ich meinen Namen aufrufen hörte. Aber ich nahm es hin, überstand es, fand es schließlich nicht so schlimm, dass ich nun wiederum, diesmal zusammen mit der Freundin, vortreten musste. Zu zweit war es immerhin leichter als allein. Dieses Mal mussten wir ziemlich lange stehen. Die Predigt fiel umfangreicher aus, als es sonst üblich war. Unsere konkrete Verfehlung, das Baden kam nicht mehr zur Sprache. Dafür kamen in dem Vortrag viele, uns fremde Wörter vor. Die meisten Kinder wussten, glaube ich, gar nicht, worum es ging. Nur die Mädchen aus unserem Zelt wussten Bescheid, auch sie wären lieber baden gegangen, das haben sie uns gestanden. Sie verstanden uns gut. Wir waren beide einigermaßen beliebt bei ihnen. Ich konnte ihnen den damals modischen französischen Zopf flechten, bei dem das Haar rund um den Kopf gelegt wurde. Mit dieser Fertigkeit fand ich ihren Beifall, was mich auf den zweiten Berufswunsch meiner jungen Tage brachte: Ich wollte Friseuse werden. Der neue Berufswunsch war nicht das einzige Ergebnis dieses Zeltlagers. Ich bekam dort auch das blaue Dreiecktuch, trotz meiner Verfehlungen. Ich brauchte es, weil wir bei unserem Chorauftritt gleichmäßig aussehen sollten.

Obwohl meine eigene Vorbereitung auf die Internationalen Weltfestspiele eher nachlässig war, wurden sie doch zu einem großen Erfolg. Jedenfalls stand das in der Zeitung. Aber auch ich kann das bestätigen, weil ich in diesen Tagen ständig auf den Beinen war und mich viel umgesehen habe. Unser Programm haben wir zweimal aufgeführt. Einmal auf der Bühne der Pionierrepublik in der Wuhlheide und dann im Stadion der Weltjugend, das später Walter-Ulbricht-Stadion hieß und heute gar nicht mehr existiert. Er war damals neu gebaut worden. Dort führten wir auch unsere Gymnastik vor, legten am Ende symbolisch das Abzeichen der Freien Deutschen Jugend mit unseren Leibern in verschiedenen Trikots auf den Rasen. Auch das Areal in der Wuhlheide war neu gebaut, nicht so zerfallen wie später. Dort gab es ein Zeltlager für Kinder aus vielen Ländern. Sie vor allem waren unsere Zuschauer und hatten selbst auch Programme mit Liedern und Tänzen mitgebracht. Einige der Kinder aus dem Zeltlager verbrachten mit diesen Kindern noch einige Wochen in den damals schon stark ramponierten Fichtenanpflanzungen dort. Dafür wurden natürlich nur die Besten ausgewählt. Ich kam dafür nicht infrage. Darüber war ich nicht unfroh, weil ich mir dachte, dass das in dem Zeltlager ebenso lief wie bei uns am Üdersee.

Mit unserem Liederprogramm hatten wir Erfolg. Die Kinder klatschten und sangen schließlich beim Refrain der Lieder mit. Obwohl ich keine übermäßig begeisterte Chorsängerin war, die Proben ziemlich lästig fand, machte es mir nun großen Spaß, wie alle mit uns sangen. Einen Teil der Lieder habe ich unverlierbar im Ohr behalten, obwohl mir heute Strophen fehlen, um sie wirklich vollständig zu singen. Aber selbst wenn ich sie wüsste, würde ich sie nicht singen, weil sie heute keiner mehr hören will. Das liegt wohl daran, dass ein alter Mann noch bis zum Ende der DDR dieses „Bau auf, bau auf" gesungen hat, was von den Jungen schon niemand mehr hören wollte. Ich hätte gegen feste Vorurteile anzusingen und dazu fehlt mir die Stimme. Deshalb hatte ich längst aufgehört, meine Kinder mit solchen Liedern zu traktieren. Aber heute, bei meinen Enkeln, lass ich schon mal diese oder jene Strophe einfließen. Sie nehmen es ohne Aversionen hin, obwohl sie ganz andere Musik mögen.

Aber ich will meine frühen Eindrücke nicht leugnen, wozu auch? Es war überwältigend, wenn alle das gleiche Lied sangen, wenn auch in verschiedenen Sprachen. Ob wirklich alle das Gleiche meinten, wusste ich nicht, aber die Melodie vereinte alle zu einem Gesang. Wir sangen das „Weltjugendlied", „Das Friedenslied" und ein Lied, das eigens für die Weltfestspiele komponiert worden war. Es hieß „Im August, im August blühn die Rosen". Man kann die Texte in den Liederbüchern der FDJ nachschlagen. Frieden und Freundschaft kamen häufig in den Liedtexten vor. Das Lied, das die tiefsten Spuren in meinem Gedächtnis hinterlassen hat, vermittelte mir damals eine Erkenntnis, an der ich bis heute festhalte, und ich scheue mich nicht, sie hier zu überliefern. Das wird natürlich nur im günstigsten Fall geschehen, denn, dass ich sie hier aufschreibe, bedeutet nicht, dass auch jemand sie lesen will. Aber ich riskiere es trotzdem, schreibe die Zeilen aus dem Gedächtnis auf:

Der Blitz schlägt ein und der Regen fällt
und der Wind hat die Wolke gebracht.
Doch den Krieg trägt nicht der Wind in die Welt,
den Krieg haben Menschen gemacht.

Es kann natürlich sein, dass das Desinteresse an solchen Zeilen von anderem herrührt, als ich vermute. Da auch die Staatsmänner von Abrüstung reden, scheint solche Einsicht so selbstverständlich, dass man sich geniert, sie zu wiederholen. Aber Skepsis ist angebracht. Denn die Erinnerung an den letzten Krieg hier ist schon so fern gerückt, dass junge Leute den Soldatenberuf wieder attraktiv finden. Es gibt auch Kriege, in die die Völker wegen der Fahrlässigkeit der Politiker hineingeraten. Das Ganze nennt sich dann Friedensmission. Es kann durchaus sein, dass die großen Vernichtungswaffen aus menschlichem Selbsterhaltungstrieb heraus verschrottet werden. Aber auch dafür spricht nicht allzu viel, weil immer neue und differenziertere Tötungsmittel entwickelt werden. Es kann aber auch sein, dass die Menschen mit Fäusten aufeinander einschlagen oder sich das Messer in den Rücken stoßen. Daher scheint es mir doch nicht ganz überflüssig, an die Zeilen eines solchen Liedes zu erinnern.

Außer der Lehre, die das Lied im Marschtakt vermittelt, enthält es lyrische Partien und einen regelrechten Appell. Er lautet:

Völker, ihr selbst seid das Schicksal der Welt!
Eurer Kraft werdet eingedenk!
Der Krieg ist kein Gesetz der Natur
und der Frieden ist kein Geschenk.

Dieser Appell an die Völker klingt sehr gut, wenn man bedenkt, wie das Volk das Ende einer politischen Ära herbeigeführt hat. Sicherlich hatte jeder dabei anderes im Sinn, und es kam nicht unbedingt das heraus, was gewollt worden war, sodass es mir ziemlich rätselhaft bleibt, was das Volk will und ist, zu dem ich gehöre.

Diese Abschweifung kann man beim Lesen überschlagen und hier jetzt fortfahren, wo ich noch über weitere Eindrücke von den Weltfestspielen berichte.

Für mich wurde das bunte Völkergemisch dieser Tage zu einem unauslöschlichen Erlebnis. Ich sah zum ersten Mal Menschen aus fremden Ländern, die keine Uniform trugen. Immerfort war ich unterwegs, sah mir auf provisorischen Bühnen, die überall standen, im Plänterwald und auf dem Opernplatz, im Kastanienwäldchen hinter der Neuen Wache und auf dem Alexanderplatz, im Friedrichshain und am Märchenbrunnen, die Programme ganz unterschiedlicher Gruppen an. Vieles erstaunte und entzückte mich.

Besonders haben mich damals die afrikanischen Tänzer begeistert, die aus Kamerun und aus dem Kongo kamen. Ich bewunderte ihre elastischen Körper, die glänzende schwarze Haut, die Fähigkeit, bis in den letzten Zeh hinein rhythmische Bewegungen auszuführen und das mit einer Grazie und einer Wildheit, die mir den Atem raubte. Dazu begleiteten sie sich mit ihren den Rhythmus angebenden Instrumenten. Ihr mitreißendes Temperament entzündete etwas in mir selbst, von dem ich freilich damals schon ahnte, dass ich immer Schwierigkeiten haben würde, es herauszulassen. Wahrscheinlich ist damals bei mir eine gewisse Liebe für den Jazz entstanden, den ich aber erst später kennenlernte. Dann half allerdings die Erinnerung an die afrikanischen Eindrücke wenig, beides hatte nichts miteinander zu tun, hieß es. Ich war in meinem Geschmack ganz offen. Mir gefiel eigentlich fast alles, bis auf das Volksliedersingen einer westdeutschen Jugendgruppe. Diese Volkslieder kannte ich schon von zu Hause und wollte sie deshalb jetzt hier nicht hören. Die mongolischen Reitertänze, die von einer Musikgruppe auf ungewöhnlichen Instrumenten begleitet wurden, gefielen mir wie südamerikanische Tangoklänge und spanischer Bolero. Die indischen Tänzerinnen mit ihrem Gleichmaß und der nur angedeuteten fließenden Bewegung faszinierten mich ebenso wie die ausgelassenen, hohe Sprünge vollführenden Kaukasier. Dieser ganze bunte Reigen gab mir eine Ahnung von der Vielfalt und Eigenart der Völker. Auf wie viele Arten konnte man tanzen, singen, musizieren, lachen und sicherlich auch weinen. Ich lief in diesen Tagen aufgeregt umher, hatte ein Heft bei mir, in das ich mir Namen und Adressen einschreiben ließ. Natürlich habe ich niemals mehr von irgendjemandem gehört, hab es auch gar nicht versucht, einen Kontakt aufzubauen. Nachdem die Tribünen abgebaut waren, war alles schnell vergessen. Kurze Zeit danach erinnerte nichts mehr an die ausgelassene Freude und Geselligkeit, die die Fremden in unsere Stadt gebracht hatten. Das Leben ging seinen gewöhnlichen Gang.

(Auszug aus: „Gemütlichkeit", erstmals veröffentlicht im trafo verlag, Berlin, 2003)

Fernsehlieblinge, Gera 1987

Kombinat Fernmeldewerk, Arnstadt

Hohe Schule oder wohin mit mir

Mein Vater sprach mit Stolz darüber, dass seine Tochter zur Oberschule ging. Immer wies er mich an, soviel wie möglich zu lernen. Seine Ermunterungen regten eine ohnehin vorhandene Neugierde an, führten aber beileibe nicht zu einem systematischen Lerneifer. Ich lernte nur das, was mich interessierte oder mir zufiel. Mathematik und Physik zählten nicht zu den Fächern, die mich fesselten. Die Schularbeiten machte ich nebenbei, oftmals vor oder nach den Unterrichtsstunden. Meine Mutter fragte zwar nach den Schularbeiten, aber auch sie gab sich mit meinen Auskünften zufrieden. Meines Vaters Ermahnungen hatten mehr theoretischen Charakter für mich. Obwohl sie mein praktisches Verhalten nicht unbedingt bestimmten, setzten sie mir doch einen Maßstab für mein Leben, sodass ich froh war, in die nähere Wahl für die Delegierung zur Oberschule gezogen zu werden. Ich fand wieder einmal, dass ich Glück hatte, denn ich war keineswegs eine hervorragende Schülerin. Aber ich schloss die 8. Klasse sehr gut ab. In der Späthfelder Barackenschule saßen wir Kinder der siebten und achten Klassenstufe in einem Raum und so hatte ich schon den Stoff der höheren Semester mitbekommen. Eigentlich wollte ich von dort gleich auf die Oberschule, dann wäre ich mit meiner Freundin Doris zusammen in eine Klasse gekommen. Aber ich galt als zu jung, musste die letzte Klasse der Grundschule noch einmal in der roten Schule in der Kiefholzstraße absolvieren. Die Klasse, aus der ich zwei Jahre zuvor mit einem schlechten Leumund ausgeschieden war, existierte nicht mehr. Auch die Lehrer waren andere. So hatte ich dort einen guten Start, wurde am Ende des Schuljahres für den Besuch der Oberschule ausgewählt.

Sehr zielgerichtet habe ich in diesem Jahr allerdings nicht gelernt. Im Gegenteil, die erneuerte Freundschaft zu früheren Klassenkameradinnen brachte die ersten pubertären Geselligkeiten. So gingen wir eine Zeit lang zu Christel in die Wohlgemuthstraße, wo wir unsere erwachenden Sehnsüchte auslebten. Zu dritt gingen wir in die leere Wohnung, probierten die Kleider und Schuhe von Frau Eisenach, schminkten uns und versuchten zu rauchen. Ein Mädchen hatte den Mut, in solcher Verkleidung zur nächsten Eckkneipe zu gehen, Zigaretten wollte sie kaufen. Der Wirt musterte sie, lächelte und sagte: „Schick man deine Mutter!" Als sie unverrichteter Dinge zurückkam, war sie immer noch ganz erstaunt, dass man sie nicht als Dame akzeptiert hatte. Ich wunderte mich darüber nicht, glaubte mir die Rolle nicht, die ich hier spielte. Das lag in meiner Unsicherheit begründet. Mager, wie ich war, sah ich mich als unfertig an. Hatte zwar mein Vergnügen an der Vermummung, aber ich hätte nicht erwartet, dass man mich ernst damit nahm. Meinen Eltern gegenüber muss ich mich geschämt haben, als sie hinter unsere Unternehmungen kamen. Wenn ich viele Stunden nach Schulschluss endlich zu Hause eintraf, erwarteten mich Vorhaltungen, auch Verhöre. Man bemerkte die Reströte auf meinen Lippen, roch den Rauch und forderte von mir Rechenschaft. Ich leugnete, unbegreiflich störrisch bestritt ich alles. Meine Eltern waren ziemlich ratlos in dieser Zeit. Mein Vater schüttelte mich, um aus mir eine Antwort herauszubekommen. Aber ich schwieg, gab nichts zu, obwohl ich überführt war und mir auch gar nichts passiert wäre. Mein Verhalten begriff ich selbst nicht. „Jetzt hat sie wieder dieses blöde Grinsen!" beschloss mein Vater seine Versuche, etwas von mir zu erfahren. Ich weiß nicht, was er damit meinte, denn mir war dabei durchaus nicht zum Lachen zumute.

So sah meine geistige und seelische Verfassung aus, als man mir die Möglichkeit gab, die Oberschule zu besuchen und das Abitur zu erlangen. Von den schulischen Ereignissen dieses letzten Grundschuljahres ist mir wenig im Gedächtnis geblieben. Meine Leistungen waren gut, man lobte meine Kenntnisse in Deutsch, Geschichte, Heimatkunde und Biologie, bei Denkaufgaben fiel ich positiv auf. Mindestens ein Dutzend Mädchen traf ich in den verschiedenen Klassen der Oberschule wieder, ich hatte gar nicht gewusst, dass es so viele waren, die sich dafür beworben hatten. Natürlich habe ich damals nicht bemerkt, dass ich mich als privilegiert betrachten musste, als Kind von Arbeitern, die sich das meiste, was sie wussten, selber beigebracht hatten. Ich fand es eher selbstverständlich hier zu sitzen, freute mich, dass ich Glück gehabt hatte. Allerdings war dieses Gefühl nicht ungetrübt. Man hatte mich für den mathematisch-naturwissenschaftlichen Zweig zugelassen. Das bemerkte ich aber erst, als ich schon in der Klasse der roten Backsteinschule in der Hasselwerder Straße saß. Die Gewissheit, dass ich hier nicht am richtigen Platz saß, verdrängte ich schnell. Was blieb mir auch anderes übrig, als einstweilen zu vergessen, dass ich hierfür nur geringe Voraussetzungen mitbrachte.

Für meine Eltern bedeutete mein Oberschulbesuch ein finanzielles Opfer. Mein Vater, der inzwischen in seinen Klempnerberuf zurückgegangen war und in der Yachtwerft in Köpenick arbeitete, verdiente dort nur wenig. Seit Kurzem gehörte er dort einer neu gegründeten Abteilung an, in der technisch begründete Arbeitsnormen ausgearbeitet werden sollten. Er erzählte oft davon, wie schwierig das war. Mein Oberschulbesuch bedeutete, dass sie noch einige Jahre auf Kostgeld von meiner Seite verzichten mussten, mich weiter mit durchzufüttern hatten. Auch mit dem Abitur würde ich noch kein eigenes Einkommen haben, konstatierte meine Mutter, als die Sache besprochen wurde. Aber sie wollten es auf sich nehmen, wollten mir die Möglichkeit geben, zu lernen, was sie nicht gekonnt hatten.

Von der zehnten Klasse an bekam ich 30 Mark Wirtschaftsbeihilfe. Diese Summe war nicht gerade kostendeckend für meine Bedürfnisse, aber immerhin reichte es für die Straßenbahnmonatskarte im Winter, für ein Theateranrecht, für Schulhefte, Bleistifte und Lineal. Ich freute mich über das eigene Geld, mit dem ich selber wirtschaften konnte. Bald merkte ich, dass der neue Reichtum nicht weit reichte, und ich musste wieder bei meiner Mutter borgen. Nach Rückzahlung, auf der sie immer bestand, war es dann für den nächsten Monat noch weniger. In den Ferien ging ich arbeiten, konnte mir dann diesen oder jenen Wunsch erfüllen.

In der neuen Schule saßen wir nun wieder in einer gemischten Klasse. Die Mädchen kamen aus Baumschulenweg, die Jungen aus Johannisthal. Ob hier eine Regelmäßigkeit waltete, die es mit sich brachte, dass bei den Mädchen die Arbeiterkinder dominierten, während die Jungen Kinder von Ingenieuren, Apothekern, Ärzten waren, weiß ich nicht. Das bekamen wir natürlich erst später voneinander mit, nachdem wir uns genauer kennengelernt hatten. Da war dann auch schon bekannt, dass ich von den Laubenpiepern kam, als Einzige. Wo ich genau herkam, verriet ich in dieser Zeit niemandem. Niemals gab ich an, dass wir auf „Gemütlichkeit" wohnten. Ich fürchtete bei solcher Adresse das Gelächter, die Hänseleien und das Gespött der anderen. Auch die Fragen, die folgen würden. Als Wohnadresse gab ich die Britzer Allee an, an der unsere Anlage lag. Wenn allerdings jemand vor der Nummer 23 gestanden hätte, hätte er nicht gewusst, wo wir zu finden waren. Die vier Jahre Oberschule hindurch habe ich vermieden, mich genauer über unseren Wohnort zu erklären. Selbst gutwilligen Mädchen gegenüber, die mich freundschaftlich akzeptiert hatten, behielt ich diese Geheimnistuerei bei. Ich schämte mich, fühlte mich minderwertig. Verhielt mich so, dass niemand auf den Gedanken kam, mich zu besuchen. Nur ein einziges Mal ist ein Junge, dem es sehr ernst mit mir war, bis in unsere Wohnlaube vorgedrungen. Es überraschte mich, dass er keinen Anstoß daran nahm. Das hatte eine gewisse Erleichterung zur Folge, die sich allerdings erst im letzten Schuljahr einstellte. Bis dahin blieb ich einsam, ließ niemanden an mich heran. Die alten Freundschaften von „Gemütlichkeit", auch die aus der alten Schule, bestanden nicht mehr. Aus der Ferne sah ich manchmal meinen kleinen Freund aus der Späthsfelder Schule, der sich anfangs so rabiat aufgeführt hatte. Lange her waren unsere Spaziergänge am Kanal, bei denen er ganz still und versonnen geworden war. Er war jetzt schon in der Lehre, und immer, wenn ich ihn sah, mit einer größeren Horde von Jungen unterwegs. Anfangs sehnte ich mich nach ihm, hätte sogar die laute Gruppe in Kauf genommen, um ihm nahe zu sein. Aber seine Veränderung bestürzte mich. Er war vorlaut, rief mir lästerliche Worte hinterher und ich begriff, dass ich von ihm nichts mehr zu erwarten hatte. Schließlich sah ich ihn gleichgültiger, dann sah ich ihn gar nicht mehr und erfuhr, dass er nach dem Westen gegangen war, wegen einer Einbruchsgeschichte. Auch seine Mutter geriet mir aus den Augen.

Rundum verloren fühlte ich mich in der neuen Klasse, war unsicher, lief wie ein einziges Fragezeichen herum. Ich erlebte eine soziale Desintegration, wie man heute vielleicht sagen würde. Aber solche Worte waren mir damals nicht geläufig.

Auch meine noch wenig entwickelte Figur verursachte mir Minderwertigkeitsgefühle. Bei allen Mädchen in meiner Klasse rundeten sich die Brüste, jede konnte sich einmal im Monat beim Sportunterricht entschuldigen. Nur ich, ich konnte immer. Erst mit siebzehn Jahren bekam ich meine Regel, und erst dann verloren die sperrigen Glieder ihr Ungeschick, gewann ich körperliche Sicherheit. Bis dahin litt ich unter meiner Dürre, fand mich hässlich und zurückgeblieben. Erst das Gespräch eines wohl recht erfahrenen Schularztes zu Beginn des 10. Schuljahres hat mir geholfen, zu mir selbst ein neues Verhältnis zu finden. Bei einer Reihenuntersuchung führte er ein längeres Gespräch mit mir, er muss wohl geahnt haben, was in einem so mageren Wesen vor sich geht. Jedenfalls erklärte er mir, dass auch ich nicht mehr lange auf meine Rundungen zu warten hätte. „Wenn die anderen längst alt aussehen, bist du immer noch jung", sagte er, was mich damals nur wenig tröstete, weil ich so lange nicht warten wollte.

Zum ersten Mal erlebte ich jetzt einen systematischen Unterricht, bei dem mir konsequent etwas abverlangt wurde. Das Lernen konnte ich nicht mehr so beiläufig nehmen wie bisher, sondern musste täglich mein Pensum arbeiten. Schwierigkeiten bereiteten mir die naturwissenschaftlich-mathematischen Fächer, besonders Mathematik und Physik. Das ging vielen Mädchen so. Nur eine hatte einen Vater, der mit ihr arbeitete. Meine Eltern konnten mir nicht nur in diesen Fächern nicht helfen. Das nahm ich ihnen übel in dieser Zeit. Ich rümpfte über ihre Unkenntnis die Nase. Meine Mutter verwechselte sogar die Fälle. Innerlich schüttelte ich den Kopf über sie. Ich hätte bessere Eltern verdient, fand ich. Dann wieder sah ich sie rührend um mich besorgt, schämte mich meiner schlechten Gedanken und bat sie insgeheim um Verzeihung. So gut ich konnte, hielt ich alles vor ihnen verborgen, sie erlebten in dieser Zeit eine verstockte, meist schweigsame oder auch schnippische Tochter.

Besonderen Schrecken bereitete mir vier Jahre hindurch unser Mathematik- und Physiklehrer Dr. Schönfisch. Er war ein großer, kräftiger, glatzköpfiger Mann mit einem Schmiss über der linken Wange. Er muss kurz vor dem Rentenalter gestanden haben, hatte früher an Gymnasien unterrichtet. Er ließ durchblicken, dass er der neuen Schule gegenüber seine Vorbehalte hatte. Man ahnte, worin sie bestanden.

Er beschäftigte sich vorrangig mit den Jungen, unter denen es einige richtige Mathematik-Asse gab. Aber in gewissen Abständen rief er auch die Mädchen einzeln an die Tafel, ließ sie dort vorrechnen. Häufig traf er dort auf mathematische Fehlleistung, quittierte solche Unfähigkeit mit ausführlichen Kommentaren. Mädchen gehörten überhaupt nicht auf diesen Zweig der Schule und dann noch zusammen mit den Jungen, das sei unmöglich, ließ er verlauten. Seine Reden schüchterten nicht nur mich ein. Er schien uns lediglich zur Tafel zu rufen, um sich erneut von unserer Unfähigkeit zu überzeugen. Seine festen Vorurteile wollte er sich fortlaufend bestätigen. Ich habe ihn gefürchtet und gehasst. Er hat meine damaligen Albträume bevölkert.

Dabei hatte ich mir im ersten Jahr große Mühe gegeben, seinen Anforderungen zu entsprechen. Es gab eine kurze Zeit, in der mir dämmerte, dass die Mathematik erlernbar und gar nicht so uninteressant war, wie ich angenommen hatte. Dabei hatte mir unser Klassenprimus auf die Sprünge geholfen, dem das alles zuzufallen schien. Er erklärte mir bereitwillig Formeln, löste mit mir zusammen Aufgaben, bis die Sache mich zu fesseln begann. In dieser Zeit schrieb ich in einer Mathematikarbeit eine Eins. Dr. Schönfisch legte den Kopf schief, als er mir das Heft zurückgab und fragte, bei wem ich abgeschrieben hätte. Ich war fassungslos darüber, dass er ganz selbstverständlich von einem Betrug bei mir ausging. Eine Rechtfertigung verlangte und erwartete er nicht, räumte mir keine Gelegenheit zur Verteidigung ein. Er äußerte ganz einfach seinen Verdacht, und der hing nun im Raum. Eine Eins gab er mir nicht, er zog mir einen Punkt ab, weil ihm an einer Stelle der Rechenweg nicht ausführlich genug auf dem Blatt stand. Das empfand ich als Infamie, die nur in seinem Misstrauen begründet war. Ich konnte sie ihm niemals vergessen und begriff, dass ich hier keine Chance hatte. Schnell ließ ich mich in Desinteresse zurückfallen, mit dem ich es gerade auf eine Drei brachte. Aber selbst die gab mir Dr. Schönfisch ungern.

Am Ende des Schuljahres rief er uns Mädchen einzeln auf, fragte, was wir meinten in Mathematik verdient zu haben. Das Wort, auf das es ankam, sprach er dabei in einer forschen Kurzform aus, sparte das e in der Mitte aus. Das fand ich bei allem Schrecken, den mir seine Stunden bereiteten, auch komisch. Ich ahmte es ihm nach und fand damit den lachenden Beifall der Klasse. Diejenige, die er aufrief, musste sich selbst zensieren. Das fiel uns nicht schwer, denn die damals gebräuchlichen Schülertagebücher ließen es zu, den genauen Zensurendurchschnitt zu berechnen. Den hatte jeder längst im Kopf. Als er mich aufrief, schlug ich schüchtern die Drei vor, weil sie meinem Durchschnitt entsprach. Den Kopf etwas schief auf den Schultern, stand er dann und verlautete mit durchdringender Stimme: „Das müssen Sie uns erst einmal beweisen." Ich musste zur Tafel und ein Glied einer längeren Rechenaufgabe lösen. Ging es stockend, fragte er nach einem anderen Lösungsweg. Nach qualvoller Übung gab er die Zensur, die ohnehin feststand. „Aber knapp", fügte er in meinem Fall meistens noch hinzu. Er schien uns Mädchen immer aufs Neue bestätigen zu müssen, dass wir schreiend unbegabt waren. Mir vermittelte er das Gefühl völliger Chancenlosigkeit in seinen Fächern. Deshalb habe ich einen so energischen Anlauf wie zu Beginn der Oberschulzeit nicht mehr unternommen. Es kam auch das Unbehagen hinzu, mir von Karl-Heinz, unserem Klassenprimus helfen zu lassen, obwohl er bereitwillig war, sich sogar dazu drängte. Seine Art, mir nah und näher zu rücken, war mir unangenehm und lästig, und so blieb ich ihm lieber fern und mit meinem mathematischen Unvermögen allein.

Er hatte übrigens mit Dr. Schönfisch seine eigenen Kämpfe. So hat er unserem Lehrer nach einer längeren Rechenoperation an der Tafel manchmal Fehler nachweisen können. Das war für die ganze Klasse ein Gaudi. Dr. Schönfisch war irritiert, ungehalten, bis er es schließlich einsah. Eines Tages quittierte er ein solches Versagen seinerseits damit, dass er, hochrot und zornig, die Kreide auf die Erde warf und laut schrie: „Mit solcher Kreide kann ja auch niemand rechnen!" Alle lachten, was er schweigend ignorierte. Später habe ich von einigen Jungen erfahren, dass er nicht so zu fürchten war, wie mir damals schien. Sie waren ihm längst auf die Schliche gekommen, hatten bemerkt, dass er im Fach Physik der Klasse jeweils nur um eine Stunde voraus war. Auch, dass er uns dabei viel Falsches und Halbfalsches erzählt haben soll, wollten sie späterhin wissen. Aber damals waren die Ansätze zum Streit mit ihm doch eher die Ausnahme, sonst hätte ich es gewiss in der Erinnerung behalten.

Nicht alle Lehrer fürchtete ich so wie Dr. Schönfisch. Auf freundlichem Fuß stand ich mit Herrn Sieber, unserem Geschichtslehrer, dem ich durch Interesse an der Historie aufgefallen war, und mit Herrn Spohr, der bei uns Deutsch und Musik unterrichtete. Er war die vier Jahre unser Klassenlehrer. Auch unseren Lateinlehrer mochte ich. Er war ein alter, freundlicher Herr, der sich darauf verstand, uns die lateinischen Deklinationen mit Humor und vielen Geschichten zu würzen. Besonders aber liebten wir die Aushilfestunden bei ihm, in denen er uns oft etwas vorlas. Er bevorzugte geheimnisvolle Geschichten von Poe und Maupassant. Eines Tages las er eine Geschichte, die hieß „Das Horlar". Sie handelte von einem Mann, der vom Garten seines dem Ozean nahe gelegenen Hauses ein Schiff vorüberziehen sieht. Plötzlich beschleicht ihn das deutliche Gefühl, dass sich von diesem Schiff das Horlar gelöst hat und ihn nun verfolgt. Während der Lesestunde lag über der Klasse eine atemlose Spannung. Wir lauschten, ohne uns zu rühren. Jeder wollte wissen, was oder wer das Horlar war, wie real oder eingebildet es denn sei. Während er las, legte plötzlich ein Junge den Kopf auf die Bank, schnaufte auf erschreckende Weise und rutschte langsam nach unten. Wir drehten uns blitzschnell zu ihm hin, weil die Störung unwillkommen war, dachten, er triebe Blödsinn. Der Lehrer begriff wohl als Erster, dass es ernst war. Er stürzte zu dem Jungen, zog ihn hervor, schickte uns ins Lehrerzimmer, um eine Bahre und Hilfe zu holen. Als sie ihn auf die herbeigeschaffte Trage legten, hatte er Schaum vor dem Mund. Wir erschraken. Man brachte ihn fort und sagte uns später, dass er einen epileptischen Anfall gehabt habe. Man erklärte uns die Krankheit und wie wir ihm helfen konnten dabei. An diesem Tag sahen wir ihn nicht wieder, aber es blieb das einzige Mal, dass ihn so etwas in der Schule überraschte.

Unser Lateinlehrer las die Geschichte nicht bis zu Ende. Obwohl wir ihn bettelten, kam er auch späterhin nicht mehr darauf zurück. Ich bedauerte das und besorgte mir den ganzen Maupassant, um die Geschichte mit dem Horlar zu Ende lesen zu können. Ich hab sie nicht aufstöbern können. Mit der Zeit bezweifelte ich, dass der französische Geschichtenerzähler sie geschrieben hat. Auf jeden Fall gehört ihr Ausgang zu den ungelösten Rätseln meines Daseins. Inzwischen habe ich die Sache abgelegt unter die Dinge, die offenbleiben in meinem Leben.

Damals entwickelte ich eine wahre Sucht auf unheimliche, sonderbare Geschichten. Aber dabei blieb es nicht. Nun griff ich auch systematischer nach den Büchern meines Vaters, las Dostojewski, Tolstoi, Balzac. Zolas „Nana" fand mein Vater für mich nicht zuträglich. Er verbot mir die Lektüre, was mich natürlich erst recht neugierig machte, denn er verbot mir selten etwas direkt. Ich las das Buch trotzdem, und er nahm es mir weg. Übrigens versteckte er es so gut, dass es niemals mehr aufgefunden wurde. In dieser Zeit kam ich auch an ein Buch, von dem ich damals nicht ahnte, dass es vor etwa hundert Jahren einen berühmten Mann zu später häufig benutzten Worten angeregt hatte. Dessen Worte sollte ich später als maßgeblich für alle Bücher kennenlernen. Das Buch war von Eugène Sue und hieß „Die Geheimnisse von Paris". Ich hatte es von Erika Sonnenschmidt geborgt, es stand dort unter den wenigen Büchern, die die Leute besaßen. Mich lockte der Titel, er versprach Geheimnisse, die ich aber nicht in der erwarteten Weise vorfand. Es blieb alles ziemlich verwirrend, wie sich die Leute von einem geheimnisvoll aufregenden Leben zur Frömmigkeit wandelten, konnte ich nicht nachvollziehen. Auch meine Eltern konnten mit dem Buch nichts anfangen. Meine Mutter, die es in meiner Mappe gefunden hatte, zeigte es dem Vater, der den Kopf schüttelte und es mir zurückgab. Ich war erleichtert, denn ich hatte durchaus schon anderes erlebt. In der achten Klasse hatte meine Mutter einmal zwei Hefte mit buntem Umschlag einfach ins Feuer geworfen, die ich von einem Mädchen geborgt hatte. Glücklicherweise nahm es das Mädchen nicht so schwer, wie ich befürchtet hatte. Sie hätten noch viele solcher Hefte zu Hause, erzählte sie, aber ich wollte es nicht mehr riskieren. Es lohnte nicht, weil die Geschichten sich glichen. Immer fand sich am Ende ein glückliches Paar, nach - wie mir schien - vermeidbaren Verwicklungen. Ich vermisste hier das Geheimnisvoll-Besondere, das Überraschende, die Spannung.

Die Mischung von Geheimnis und Schrecken blieb auch für unseren Schulalltag die Ausnahme. Er bestand eher aus lästigen Leistungskontrollen, Klassenarbeiten, mehr oder weniger interessanten Unterrichtsstunden. Das neue Leben kam nun mit kräftigen Schritten auf uns zu. In der Zeitung muss in dieser Zeit schon vom Aufbau des Sozialismus die Rede gewesen sein. Aber das bekam ich damals nicht mit, weil ich die Zeitung nur gelegentlich las. Von uns erwartete dieses neue Leben die Mitgliedschaft in der Freien Deutschen Jugend, zu der sich etwa die Hälfte der Klasse bereitfand. Unser Klassenlehrer fragte nach wenigen Wochen in der neuen Schule, wer in die FDJ eintreten wolle. Es meldete sich niemand. Auch ich hatte darüber noch nicht nachgedacht und konnte keine Antwort geben. Als ich das zu Hause erzählte, führten meine Eltern ein ernstes Gespräch mit mir, so wie es nur selten vorkam. Mein Vater gab mir zu verstehen, dass ich jetzt nicht mehr nur ans Spielen denken könne, sondern das Leben Anforderungen an mich stellen würde. Das hieße für mich, eine Position zu finden, Stellung zu beziehen in verwickelten Lagen, kurz, zu wissen, was ich wolle. Ich begriff nicht recht, was das alles mit der FDJ zu tun hatte, akzeptierte aber seine Aufforderung, mich zu dieser neuen Jugend zu bekennen. Denn auch meine Mutter stimmte zu, unterstützte seine ernste Rede mit Kopfnicken. Als der Lehrer das nächste Mal auf eine Mitgliedschaft zurückkam, meldete ich mich. Nachdem ich meinen Finger gehoben hatte, schnellten auch andere

Hände hoch. Unser Klassenlehrer schien erleichtert, er sagte: „Na, seht ihr, ich hab's doch gewusst!" Er verteilte kleine vorgedruckte Zettel, auf die wir unsere Personalien einzutragen hatten. Es stellte sich heraus, dass die meisten Mädchen, aber nur ein kleiner Teil der Jungen in die FDJ eintreten wollten. Das schaffte zwischen uns, die wir aus verschiedenen Schulen kamen, zusätzliche Distanz. Sie erhielt sich über die ganze Schulzeit, wenn sie sich auch auf gemeinsamen Heim- und Tanzabenden verringerte. Zeitweilig spitzte sie sich zu gefährlichen Konfrontationen zu, aber auch jähe Frontwechsel erlebten wir mit nicht geringem Erstaunen.

Zwei Mädchen in unserer Klasse, Annemarie und Renate, trugen das blaue Hemd, das auch ich bald besaß, häufiger als die anderen. Annemarie war freundlich und zurückhaltend, Renate war etwas vorlaut, stand gern im Mittelpunkt. Sie gehörten beide in die zentrale Leitung der FDJ, wurden deshalb von einigen Johannisthaler Jungen gehänselt, ja attackiert. Dabei tat sich besonders Manfred hervor, der seine Weigerung, der FDJ beizutreten, mit lauten Reden begleitete. Er sei doch nicht verrückt, meinte er, tippte sich an die Stirn, denn es käme ohnehin bald wieder anders, und dann würden wir alle uns sehr wundern. Er wurde von einigen Jungen als King akzeptiert, wie man heute sagen würde. Er hatte eine tiefe männliche Stimme, erheblichen Bartwuchs und eine breite männliche Figur. Von den eher jünglingshaften Gestalten der anderen hob er sich ab, und auch uns Mädchen machte er durch intensives Betrachten ziemlich verlegen. Ein Kreis Jungen stand um ihn herum, hörte seinem etwas großsprecherischen Gerede zu, zollte ihm Beifall, wenn er unser Aussehen kritisch kommentierte. Man hörte auf ihn in diesen Kreisen. Später war ich sehr überrascht, als ich mitbekam, dass er sonntags mit seiner Familie in die Kirche ging. Frömmigkeit schien mir für ihn nicht zu passen.

Anders bei einem Mädchen, das auch in die katholische Kirche ging. Sie war sehr nett und zurückhaltend, in ihrer Haltung lag etwas Demütiges. Ihr Vater unterrichtete auch an unserer Schule, er war Mathematik- und Physiklehrer. Allerdings nicht in unserer Klasse. Seine Tochter gehörte auch der FDJ an. „Ich muss doch", gab sie achselzuckend zu verstehen. Warum sie musste, verstand ich nicht. Denn Herr Spohr hatte sie keineswegs genötigt, auch andere nicht, soweit ich sehen konnte. Da war der Manfred ein ganz anderer Kerl, der ließ sich nicht zwingen, von niemandem. Eher das Gegenteil war von ihm zu sagen. Der zwang andere, schlug als erster zu, wenn es sein musste. Ob und wann es sein musste, entschied er selbst. Warum er nun der Annemarie, damals am 17. Juni 1953, die Ohrfeige gegeben hat, weiß ich nicht. Und auch sie wusste keinen Grund. Denn ein ausgesprochener Schläger war er ja nun auch wieder nicht. Noch dazu einem Mädchen gegenüber.

An diesem 17. Juni kamen die meisten von uns zu spät in die Schule. Denn die Straßenbahn der Linie 95, die an der Sektorengrenze unterbrochen war und in der Sonnenallee einsetzte, um nach Köpenick zu fahren, kam an diesem Tag nicht. Deshalb machten wir uns zu Fuß auf den langen Weg und trudelten nacheinander in der Schule ein. Dort ging es an diesem Tag ziemlich durcheinander, die Lehrer schienen aufgeregt und noch immer waren nicht alle Schüler anwesend. Eine Gruppe Jungen, Manfred im Zentrum, standen an der Tür, als wir in die Klasse kamen. Wir Mädchen wollten durch die Tür, die von den Jungen blockiert wurde. Als die Annemarie an Manfred vorbeiging, versetzte er ihr die später viel besprochene Backpfeife. Er schlug nicht nachdrücklich, aber doch unübersehbar. Wir sahen es und waren erschrocken, wir wunderten uns. „Warum schlug er sie?" Dicht vor ihr stehend, soll er dabei gesagt haben: „Jetzt geht es anders rum!" So hat es jedenfalls die Annemarie berichtet, ganz erschrocken. Ich habe nichts gehört, nur gesehen. Annemarie besprach die Sache mit ihren Freunden in der FDJ-Leitung. Auch der Direktor erfuhr davon und zitierte den Jungen zu einer Befragung. Der bestritt es, solche Worte gesagt zu haben, die nun auch nur Annemarie bezeugen konnte. Auch die Schelle wollte er ihr nicht gegeben haben, sondern er sei ihr lediglich bei dem Gedränge an der Tür auf eine unzarte Weise nahe gekommen. Dass er sich nicht bekannte, überraschte mich bei ihm. Aber er überzeugte schließlich auch einen Teil der Jungen von seiner Version, die nun das Mädchen als Lügnerin ansahen und scheel anguckten.

Der Schüler Manfred war damit unwiderruflich aufgefallen, wenn das nicht schon vorher der Fall war. Deshalb wohl wurde er für eine Sache verantwortlich gemacht, für die er nichts konnte. Und zwar für die Weigerung von uns allen, eine Russischarbeit zu schreiben. Dieser Satz ist nun schon zu gewichtig für den Vorgang. Denn die Sache kam ganz spontan zustande, wir folgten keinem vorgefassten Plan. Vorgenommen hatten wir uns lediglich, den Lehrer zu bitten, uns das mit den reflexiven Verben noch einmal zu erklären. Viele sahen wirklich noch nicht durch, alle hofften auf diese Weise der Leistungskontrolle zu entgehen. Herr Pauli war dem Russischlehrer von der Späthfelder Schule nicht unähnlich. Auch er hatte sich das Russische in der sowjetischen Kriegsgefangenschaft angeeignet, aus der er spät zurückgekehrt war. Auch ihm fiel es schwer, sich ins zivile Leben zurückzufinden. Man sah und spürte es an seiner ungeschickten Art, sich zu kleiden, an seiner Verlegenheit den Mädchen gegenüber. Auch er war nachgiebig, aber nicht so grenzenlos wie der andere. Er kam unseren Wünschen entgegen, aber wir lernten doch einiges bei ihm von der russischen Sprache. In der Zeit, über die ich hier berichte, kam eine Pädagogikstudentin an unsere Schule, die bei ihm hospitierte. Sie war hübsch und aufgeweckt und nach kurzer Zeit mit unserem Lehrer ein Paar. Den verwandelte dieses neue Glück sichtbar, er kleidete sich jetzt flotter, wurde selbstbewusster. Seine neue Selbstgewissheit zeigte sich auch uns gegenüber, er setzte sich nun mit mehr Energie als bisher durch. So kam es wohl, dass er an diesem bewussten Tag unserer Bitte auf keinen Fall entsprechen wollte. Er rief: „Zettel raus!", und befahl: „Wir schreiben jetzt eine Arbeit." Solche kurz angebundene Befehlsart kannten wir von ihm bisher nicht. Wir waren überrascht, stutzten, weil er uns nicht einmal anhörte. Nach einer kurzen Verlegenheitspause legte einer nach dem anderen den Federhalter hin. Wir lehnten uns in den Bänken zurück, sahen ihm ins Gesicht, gespannt, was passieren würde. Er stutzte, nach kurzem Besinnen sagte er: „Ihr wollt nicht schreiben?" Wir saßen starr und stumm. Kurz darauf beantwortete er sich die Frage selbst und fuhr fort: „Gut, das wird Folgen haben." Mit diesen Worten verließ er den Raum. Ich weiß nicht einmal mehr, ob jemand von uns seine Frage bejaht hatte oder ob er einfach aus unserem reglosen Dasitzen geschlossen hat, dass wir nicht schreiben wollten. Jedenfalls waren wir sehr überrascht, als wir ohne ihn in der Klasse zurückblieben. Wir begriffen, dass wir gegen ihn einen Sieg errungen hatten und jubelten. Irgendeine Art von Überlegung gab es dabei kaum. Wir hatten unsere Kraft gespürt, noch dazu in gemeinsamem, nicht abgesprochenem Handeln. Ob wir uns damit nutzten, interessierte nicht, kaum auch mögliche Folgen. Wir waren einfach stolz. Den ersten Dämpfer bekam ich darin durch die Reaktion meiner Mutter, die nun gar nicht meine Begeisterung über die Sache teilte.

Sie meinte, dass wir mit dem Lehrer hätten reden müssen, glaubte mir auch dessen brüske Reaktion nicht. Wenige Tage später kam der Direktor mit dem Russischlehrer in die Klasse. Wir ahnten, dass es nichts Gutes zu bedeuten hatte.

Herr Sieber, der Direktor, unterrichtete bei uns Geschichte und Gegenwartskunde. Ich liebte die Stunden bei ihm, weil er uns zu eigenem Urteil über das Gehörte und Gelesene anspornte. Aus seinen Geschichtsstunden lernte ich etwas über das Land Preußen, über seine Kurfürsten und Könige und über sein Ende. Auch über die Ursachen und die Vorgeschichte des 1. und des 2. Weltkrieges erfuhr ich Plausibles, das ich bis heute keinen Grund hatte zu korrigieren. Er erklärte mir die Weimarer Verfassung, ihre wichtigen, guten Paragrafen, und sprach über die Gründe des Untergangs dieser ersten deutschen Republik. Sein Unterricht war immer mit Denkaufgaben verbunden, er erwartete in den Antworten nicht nur das, was er berichtet hatte. Er regte uns zur Diskussion an, ermunterte, Fragen zu stellen. Er berichtete von eigener Kriegserfahrung, sprach darüber, mit welchen Vorstellungen er freiwillig in den Krieg gegangen war, woran er geglaubt hatte und wie er das heute sah. Sein freundliches, noch jugendliches Gesicht war auf eine charakteristische Weise zerfurcht. War ihm etwas unangenehm, vertieften sich die Falten. Er sah dann aus, als ob er sich quäle, auch seine Körperhaltung veränderte sich deutlich. Er rutschte gleichsam in sich zusammen, schien die lange, schlanke Gestalt absichtlich verkleinern zu wollen, indem er die Schultern vorschob.

In solcher Haltung stand er mit Herrn Pauli vor der Klasse. Außerhalb der eigenen Stunden kam er selten zu uns. Das bedeutete dann immer etwas Außergewöhnliches. Meist hatte er zu verkünden, dass ein Lehrer nicht mehr bei uns war. „Er hat es vorgezogen in den

Westen zu gehen, uns im Stich zu lassen", sagte er dann. Er schien persönlich unter der Sache und vor allem unter der ihm abverlangten Mitteilung zu leiden. So auch an diesem Tag. Es war ihm äußerst unangenehm, die Sache mit uns zu besprechen. Zunächst erinnerte er uns daran, dass wir in der Schule waren, um etwas zu lernen. Warum wir gerade im Russischunterricht nicht gewollt hatten, wollte er wissen. Wie das mit dem Lehrer zusammenhing, konnte ihm niemand erklären, weil der daneben stand. Nun wollte er wissen, ob wir die Angelegenheit vorher besprochen hatten. Er schien es nicht recht glauben zu können, dass der Einfall so aus dem Moment geboren war. Unsere Auskünfte blieben mager und wenig zufriedenstellend für ihn. Herr Pauli hatte die ganze Zeit über geschwiegen. Endlich verließen sie wieder den Raum, und wir atmeten erleichtert auf. Alles war uns jetzt unangenehm, wir konnten uns nicht erklären.

Das Vorkommnis war damit noch nicht ausgestanden. Einige Tage später kam unser Direktor erneut in die Klasse. Er hielt einen Zeitungsausschnitt in der Hand und las daraus vor. Hier wurde berichtet, dass sich Schüler der Klement-Gottwald-Oberschule, diesen Namen des tschechoslowakischen Präsidenten hatte unsere rote Backsteinschule seit Kurzem, geweigert hatten, eine Russischarbeit zu schreiben. Die Sache wurde wichtig genommen. Der Journalist sprach von Russisch-Streik und brachte die Sache mit den Ereignissen der erst kurz zurückliegenden Junitage in Zusammenhang. Herr Sieber fragte nun, ob wir eine Ahnung hätten, woher der „Tagesspiegel" von der Sache Kenntnis bekommen habe? Niemand antwortete, ob wirklich niemand etwas wusste, weiß ich natürlich nicht. Wenige Tage später wurde Manfred zu Verhören ins Direktorzimmer gerufen. Dort saß er einem größeren Kreis von Leuten aus der FDJ-Leitung gegenüber. Was sich dort abspielte, kann ich mir nur vorstellen, denn dabei war ich nicht. Wir erfuhren nur das Ergebnis der Beratungen. Manfred wurde von der Schule verwiesen. Er verschwand noch vor den Sommerferien aus unserer Klasse. Allerdings war er nach einem halben Jahr wieder da. Das war noch vor Weihnachten. Ob das so geplant war oder seine Eltern interveniert hatten und sich herausstellte, dass er mit der Sache nichts zu tun hatte, weiß ich nicht. Dazu hatte ich zu wenig Einblick, auch fehlte mir das Interesse damals. Wenn ich gewollt hätte, hätte ich sicherlich Genaueres erfahren können. Aber es drängte mich offensichtlich nicht. Ich war nicht traurig darüber, dass Manfred uns mit seiner herausfordernden Jungmännermentalität verlassen musste. Als er wiederkam, war er verwandelt. Er war zurückhaltender und interessierte sich bald für die ruhige Renate, ein kräftig gewachsenes Mädchen, das auch das FDJ-Hemd trug.

Dass der Manfred das ernst meinte mit ihr, wollten wir alle gar nicht recht glauben. Aber als wir nach dem 10. Schuljahr im August in Dierhagen unsere Zelte aufschlugen, waren die beiden schon ein richtiges Paar. Sie übernachteten in einem Zelt, und er nannte sie sein Weib. Während wir Blödsinn trieben, uns um die Erledigung des Abwaschens stritten und unser Zeltleben auf recht chaotische Weise organisierten, hatten die beiden einen geregelten Hausstand. Renate kochte pünktlich das Mittagessen, wusch ab, während er sich eine Pfeife stopfte und wartete, dass sich ihm andere Jungen zugesellten. Dann ging sie einkaufen, zusammen gingen sie an den Strand hinunter, aber nicht jeden Tag. Sie wusch und sortierte die Sachen, hatte ständig zu tun, sodass sie mit uns anderen kaum noch zusammen war. Nur manchmal kam sie, wenn sie irgendetwas brauchte für ihren Haushalt. Wir Mädchen verständigten uns dahingehend, dass wir eine andere Vorstellung von Liebe hatten, als wir sie hier sahen. Selten nur sah man sie zärtlich miteinander umgehen. Sie schien aber glücklich zu sein, so mit ihm zu leben. Auch nach den Ferien blieben sie zusammen. Allerdings gab es während dieser Zeit verschiedene Komplikationen mit den Eltern, mit seiner katholischen und mit ihrer kommunistischen Familie. Wer da mehr Vorbehalte gegen diese Verbindung hatte, entzieht sich meiner Kenntnis. Ich kannte die Verhältnisse nicht, forschte auch nicht nach. In dieser Zeit war ich schon mit eigenen empfindsamen Dingen beschäftigt, die mich fesselten.

Wir machten zusammen das Abitur. Manfred begann eine Ingenieurausbildung in Westberlin. Sie bekam kurz hintereinander mehrere Kinder. 1961 hatte sie bereits drei, als am Sonntag, dem 13. August, die Grenze dichtgemacht wurde. Er wurde davon beim Sonntagsdienst im Wasseramt überrascht und kam nicht mehr zurück nach Baumschulenweg, wo sie wohnten. Zwei Jahre lang lebten sie getrennt. Dann schaffte er es mithilfe kirchlicher Stellen, ihren Umzug zu organisieren. Sie bekam dann wohl noch ein viertes Kind. Jedenfalls zeigten sie dreißig Jahre später bei einem Klassentreffen unseres Abiturjahrgangs die Bilder von vier erwachsenen Nachkommen, über die sie stolz berichteten. Im Übrigen schienen sie ziemlich unverändert, jedenfalls das Aussehen betreffend. Es überraschte mich zu erfahren, dass sich Renate als Vorsitzende der katholischen Frauenorganisation Westberlins für die Anerkennung der Hausarbeit von nicht berufstätigen Frauen und Müttern einsetzt. Sie sprach davon engagiert, so wie sie uns damals in der neunten Klasse zu Demonstrationen oder zu Aufbaueinsätzen ermuntert hatte. Zaghafte Beschwerde führte sie über ihren Manfred, von dem sie berichtete, dass sie ihm bei jeder Reise die Sachen zurechtlegen müsse. Weder wisse er, wo seine Hemden zu finden sind, noch könne er einschätzen, was er mitzunehmen habe. Er saß daneben, schüttelte lachend den Kopf und sagte: „Hör auf, Weib." Es war komisch, dass sie sich noch nach dreißig Jahren über solche Dinge aufregen konnte. Ich dachte mir, dass sie wohl all die Jahre hindurch, mit Fürsorglichkeit und Selbstbehauptungswillen an der Seite ihres Manfred gelebt und gearbeitet hatte. Sie musste ihn wohl sehr lieben, denn warum sonst hatte sie dieses Los gewählt. Oder war es ihr zugefallen, und sie hatte einfach zugegriffen, noch bevor sie wusste, was sie in den Händen hielt? Wie wir anderen auch?

Aber zurück in unsere Oberschulklasse von damals, die sich in ihrer Zusammensetzung ständig veränderte. Am Beginn jedes neuen Schuljahres stellten wir fest, dass wieder einige von den Mitschülern fehlten. Das war besonders bis zum Ende der 10. Klasse so. Sie sind mit ihren Eltern in den Westen gezogen, hieß es dann. Manchmal kamen sie uns besuchen, vermissten wohl die alten Freunde. Solche Dinge sprachen sich wie von selbst herum. Deshalb kam nicht mal der Direktor in unsere Klasse. Wenn er kam, hatte er Wichtigeres mitzuteilen. So, als er uns sagen musste, dass Herr Göre es vorgezogen hatte, nach dem Westen zu gehen, und wie der Unterricht im Fach Biologie nun geregelt würde. Es musste einstweilen durch andere Fächer ersetzt werden, erst mit dem neuen Schuljahr würde ein neuer Lehrer von der Universität kommen. Ausdrücklich teilte der Direktor uns mit, dass der lange Fritz in den Westen gegangen war. Als Sekretär der FDJ-Leitung war der eine schulbekannte Persönlichkeit. Auch hatte er eine beachtenswerte Länge, er überragte einfach alle anderen. Er saß in der Abiturklasse, als ich in die zehnte ging. Vor allem kannte ich ihn von seinen flammenden Reden her, die er in der Aula hielt. Er sprach vor uns über die Verantwortung der Freien Deutschen Jugend für das Nationale Aufbauwerk und warb für Arbeitseinsätze. Er sprach laut, mit großer Gestik von der Vorbildlichkeit der sowjetischen Jugend für uns und von ihrem großen Führer. Ich fand, dass er mit seinen Reden die Schülervollversammlungen in die Länge zog, weil der Direktor schon Ähnliches gesagt hatte. Etwas wichtigtuerisch fand ich ihn, worin mir Annemarie und Helga zustimmten, die ihn aus den wöchentlichen FDJ-Leitungssitzungen genauer kannten. „Er hört sich gerne reden", meinten sie.

Seine Art, sich in Szene zu setzen, fand ich auch am 7. März 1953 bestätigt, als ich gegen 8 Uhr die Schule betrat. Gleich hinter dem Eingang, unten im Vestibül unserer Schule, war eine mit rotem Fahnentuch ausgeschmückte Wand, auf der das Bild von Josef Wissarionowitsch Stalin hing, des damals weithin bekannten und gepriesenen Sowjetführers. An diesem Tag war es mit einem schwarzen Trauerflor bekränzt. Vor dem Bild lagen Kränze und Blumen. Daneben stand der lange Fritz in versteinerter Haltung. Er hatte starre, auf die gegenüberliegende Wand gerichtete blicklose Augen. Ich hatte schon am Vortag aus dem Radio gehört, dass Stalin gestorben war. Die Trauermusik und die Verse, die der Deutschlandsender im Anschluss an die Meldung gebracht hatte, kommentierte mein Vater mit der Bemerkung: „Tja, wir sind eben alle sterblich." Meine Mutter fügte nach kurzem Besinnen hinzu: „Gott sei Dank, das wenigstens macht uns alle gleich." Meinen Eltern fiel auch an dem veröffentlichten ärztlichen Bulletin einiges auf, aber sie fanden es wiederum nicht so bemerkenswert, dass sie sich darüber lange verbreitet hätten. Als ich die Schule in dieser ungewohnten Szenerie erlebte, bekam ich erst mal einen Schreck. Die Beiläufigkeit, mit der meine Eltern das Ableben des bekannten Mannes aufgenommen hatten, bildete einen Widerspruch zu dem, was ich jetzt hier sah. Ich fühlte mich zur Ernsthaftigkeit,

Feierlichkeit, ja Trauer gemahnt, wozu nicht unwesent-
lich die Musik beitrug, die den Hintergrund bildete. „Un-
sterbliche Opfer, ihr sanket dahin!!!" Einen Moment lang
war ich ergriffen, löste mich aber schnell aus diesem
Bann. Jetzt überwog Verwunderung. Ich staunte, wie jemand so starr stehen konnte wie der lange Fritz und die
anderen drei, an deren Gesichter ich mich im Einzelnen
nicht erinnern kann. Sie sahen bleich aus und gaben
dem Vorübergehenden zu verstehen, welchen Schmerz
sie erlitten hatten. Für mich konnte ich nur konstatieren,
dass ich keinerlei Schmerz empfand. Der Herr, der da gestorben war, hatte mir einfach zu fern gestanden. Auch
konnte man einen alten Mann, der nun das Zeitliche ge-
segnet hatte, beim besten Willen nicht als Opfer ansehen.
Dass hier vielleicht auch andere gemeint sein könnten,
daran konnte ich nicht denken, weil ich darüber nichts
wusste. Ich war mir im höchsten Maße unsicher, ob ich
diesen Mangel an Schmerz bei mir zugeben konnte. Ein
bisschen hatte ich das Gefühl, dass ich mich dafür zu
schämen hätte und es deshalb besser verbergen sollte.
Es war das Beste, wenn ich mir nichts anmerken ließ.
Auch einige Stunden später, als wir in der Aula zu einer
Trauerfeier versammelt waren, staunte ich über das, was
alles um mich herum vor sich ging. Es wiederholte sich
das Schauspiel, das schon am Eingang zu erleben war.
Nur jetzt alles auf der Bühne. Es gab Reden, Gesänge,
Musik. Einige der aktiven FDJlerinnen, aber nicht nur
sie, lagen sich vor Beginn der Feier weinend in den Armen. Man konnte nur annehmen, dass sie einen nahen
Verwandten oder Freund verloren hatten, den sie über
alles liebten. Nach der Feier gingen sie allerdings ganz
normal nach Hause. Das beruhigte auch mich, weil ich
mir nun nicht ganz so unnormal vorkommen musste, wie
ich befürchtet hatte, weil ich bei solchen Gemütsbewe-
gungen nicht mithalten konnte. Meine Mutter reagierte

ähnlich, als ich ihr von der Trauerzeremonie erzählte. Sie sagte lakonisch, wie es ihre Art war: „Theater, nichts als Theater." Einen Auftritt erlebten wir mit dem langen Fritz auch ein Jahr später noch einmal, zu Pfingsten 1954, bevor er uns dann endgültig gen Westen verließ. Er wurde bei der schriftlichen Abiturprüfung beim Mogeln erwischt und geriet darüber in völlige Panik. Der Direktor meinte, dass er das gar nicht nötig gehabt hätte, denn ein schlechter Schüler war er nun bei Weitem nicht. Aber ich nehme an, dass er die Schmach seiner selbst verschuldeten Niederlage nicht tragen konnte, und deshalb hat er sich ganz plötzlich verflüchtigt. „Da sieht man's mal", war der Kommentar verbreiteter Schülermeinung. Was man sehen konnte, musste sich dabei schon jeder selbst denken.

(Auszug aus: „Gemütlichkeit", erstmals veröffentlicht im trafo verlag, Berlin, 2003)

Berlinerin mit Punktkarte, 1949

Kartoffelkäferbekämpfung, 1950

GUNTER PREUß: Ein Tag aus dem Leben des Ulli Ferch

„Was ist ein Tag?"
„Nicht viel. - Die Summe unserer selbst.
Darum alles."

Es ist fünf Uhr morgens oder auch nachts, und er liegt im Bett und schläft, der Ulli Ferch. Das Bett ist kein Bett, es ist mehr eine Liege, da spart er das Bettzeug, und auf dem rauen Bezug liegt er wie auf Erde, wenn er nur mit Badehose schläft.

Es ist Sommer, heiß und schwül auch die Nächte, und der Ulli Ferch schläft nur in Badehose. Das Fenster der Kammer unterm Dach steht weit offen, und alle zehn bis fünfzehn Minuten gewittert ein Zug über die nahe Brücke; dann der chronische Husten der Stadt: vom Moped bis zum Traktor. Neutagskonzert der erwachenden Sperlinge im Geäst der Pappel vor dem Haus - Ulli Ferch liegt auf seiner erdigen Liege, er schläft wie ein Kind, traumlos, wer weiß, aber lächelnd - nur der Daumen im Mund, der fehlt. Schließlich ist er achtzehn Jahre auf unserer Welt, der Ulli Ferch, und er hat schon dreimal geliebt, zwar dasselbe Mädchen, und er geht noch heute mit ihr - also nicht allein die Quantität, auch die Qualität macht's -, nun, er ist ein Mann, einer, der im Klub achtzig Kilo drückt und über hundert Kilo stößt, Feinmechaniker ist er und einer, der sein Fach versteht.

Liegt also auf seiner Liege, der Ulli Ferch, das Haar wie ein Schrubber, zottelig und etwas über die Ohren, die Sonne des Sommers auf seiner Haut, alles dunkel an ihm, aber das ist, weil er die Augen noch zu hat - hat er sie auf, wird auch an ihm alles heller.

Vier Wochen wohnt er hier in diesem Zwölfquadratmeterzimmer mit abgeschrägter Wand, der schmalen Liege, einem Schrank, alt und verschnörkelt, doch ohne Würmer, mit zwei Stühlen, einem Tischchen, Gitarre an der Wand, dazu ein Bild mit einer kupfernen Sonne überm Grau einer Stadt. Über der Liege ihre Fotografie: gelber Sand, grünes Wasser - sie, groß, blondzöpfig, so ein Husch von Lächeln um den Mund, halb Kind, halb Mutter. Nur im Bikini steht sie, da ist alles da, in richtiger Größenordnung am richtigen Fleck, mit einem Wort: I-RENE. Dann an der lila Wand noch ein Regal, ein paar Bücher darin, nicht, damit es besser aussieht, nein, die hat er gelesen, über die Liebe und so, über Autos und Elektrotechnik, und ein Band Gedichte, von denen er manche nicht richtig versteht und darum immer wieder liest.

Also, vor vier Wochen ist der Ulli Ferch weg vom weiß bezogenen Bett, vom geregelten Essen, von Großvaters Fluchen beim Frühstück über den zu kleinen Fuhrpark im Betrieb, von Vaters Sorgen mit der Kulturarbeit, den Menschen beizubringen, dass kulturelles Leben im kissengepolsterten Sessel beim Fernsehgeflimmer eher Ende als Anfang ist. Weg von Mutters Äther- und 4711-Duft und dem unbehaglichen Gefühl, eines Tages aus lauter Fürsorge unter ihrem Skalpell zu liegen.

Tschüssing, Leute, hatte er gesagt, als er den Koffer schon gepackt hatte, so von der Tür aus, die Klinke schon in der Hand. Also bis Sonntag dann zum gegrillten Hähnchen mit gedämpften Kartoffeln und Ananaskompott.

Willst du verreisen? So plötzlich?, hatte Mutter gefragt. Ja, hatte er geantwortet, verreisen, so ein bisschen. So um ein paar Ecken und länger als sonst.

Aber nun könnte der Wecker klingeln, dieses kohlkopfgroße Ungetüm auf dem Teller neben der Liege.

Großvater hat ihn schnell noch in Ulli Ferchs Koffer gesteckt, dabei gegrinst und gesagt: Ferch! Das ist ein bib-
lischer Wecker. Achte seiner. Er hat bisher jeden zur Auf-
erstehung gebracht.

Endlich - der Wecker schreit, zertanzt fast den Teller.
Der Ulli Ferch streckt sich, bis es knackt und knistert in
seinen Knochen und Sehnen, gähnt dreimal trompetend
und schlägt dem Wecker aufs Haupt. Stille.

Mitten hinein in den Tag springt der Ulli Ferch. „Guten
Tag, Taaag!", schreit er, singt er.

Da ist der Spiegel. „Morgen, Ferch!" Jetzt passiert, was
jeden Morgen passiert: Kampf der Fäuste - Ferch gegen
Ferch. Dann am Fenster zehnmal die Lungen vollge-
pumpt mit Luft, rußig, ölig, nicht gerade Waldesluft, eben
Luft einer Stadt, seiner Stadt. Waschen, Zähneputzen,
ein Rest Limo zum Gurgeln, dann hinein in Hose und
Pulli, eine Hand hilft den Füßen in die Sandalen, die andere schiebt etwas Essbares, was gerade da ist, in den
Mund.

„Ist das ein Tag! Ein Tag!", kaut, schreit, singt der Ulli
Ferch. Er denkt nicht nach darüber, warum er sich an
diesem Morgen für diesen Tag begeistert, das bricht so
aus bei ihm, weil er voll davon ist, was das Alter Jugend
nennt. Alles wird neu sein: er selbst, seine Arbeit, Großvater, der Himmel, Irene ... Er muss weg. Dammich! Er
ist knapp dran wie jeden Morgen. Klock sechs schaltet er
seine Maschine ein. Immer dieses Gejage, aber es macht
ihm Spaß, im Wettlauf mit irgendwas zu sein.

Auf der Treppe. Tür zu. „Psst, Ferch!" Das war wieder
zu laut. Da ist sie schon auf, spaltoffen, die Tür der
Nachbarn. Die alte Frau: „Herrejott, jungscher Mann!
Müsse Sie's Radio immer so laut stelle ... ?!"

Aber da ist er schon die Treppe hinunter, schon aus
dem Haus, der Ulli Ferch, diese Frage kennt er seit vier

Wochen, und er weiß, die alte Frau begreift es nicht mehr, dass er achtzehn ist und kein Radio hat.

Hundert Meter vom Haus bis zur Haltestelle. Die Fünf kreischt sich gerade fest. Da heißt es spurten, Ferch, hier steigen wenig aus und viel zu, und die Bahn ist schon voll, wenn sie ankommt, aber er schafft es, vorbei an dem feixenden Gesicht des Fahrers - zweimal ist er ihm schon auf und davon -, genau mit dem Klingelzeichen wirft er sich gegen die Menschenmauer, Protest und Widerstand zwecklos, der Ferch findet immer seinen Platz. Sie fährt in sicheren Gleisen, die Fünf, Tag für Tag die gleiche Strecke. Ulli Ferch steht, die Stirn gegen das Glas gepresst, und die Fahrt wäre ihm langweilig, wenn um ihn die Menschen nicht wären. Draußen der übermütige Schrei der Stadt. Er hört ihn nicht mehr; links die Häuser, graubraun, bröcklig der Schnörkelkram, rechts die glatte, zu glatte Neubautenfront. Er sieht sie nicht mehr. Er steht mitten unter Menschen, einer von ihnen, und er hört sie atmen, stöhnen, schimpfen, kichern. Ja, das ist das Leben, das ist Verwandtschaft, quatsch, nicht Onkel und Tante, eben so, es gehört zu dir und du zu ihm. So denkt der Ulli Ferch, und manchmal möchte er einem von ihnen, irgendeinem, auf die Schulter schlagen und sagen: Mensch, das ist wieder ein Tag, was!

Vielleicht die Oma mit dem Sombrero schief auf dem Grauhaar; sie schimpft, bis sie aussteigt, über den Fahrer, der die Fahrschule nachholen soll, über die Menschen, die wie Kneifzangen sind, über die Sonne, den Regen, über ihre Arbeit in einer Wäscherei, ohne die sie nicht sein will. Der Ulli Ferch mag sie so, wie auch die beiden Männer, die immer auf einen dritten einreden, der nur schweigt und höchstens „Hm, hm" antwortet. Oder die zwei über alles und nichts kichernden Mädchen, von der einen mag er die frechen Augen, von der anderen die zwitschernde Stimme.

Verrückt ist das. Verrückt ist dieser Tag. So wunderbar total verrückt. Oder er? Ist auch egal. Dammich! Aussteigen muss er.

Runter vom Kahn und weitergeschwommen. Straßen, Gassen, noch ohne Sonne, geöffnete Fenster, Weckergerassel, Musik, Stimmen - weiter durch ein paar Gärten mit Fünfzigzentimeterbeeten und zwei, drei Apfelbäumen. Bald kann er ernten, der Ulli Ferch, was im Vorbeigehen seine hochgestreckten Hände streift.

Da steht seine Bude: VEB Feinmechanik. Groß, massig das Gebäude, breite Fenster in der schmutzig grauen Mauer: neue Augen in einem alten Gesicht.

Der Kahlkopf des Pförtners im Glaskastenquadrat. Griff zum Ausweis.

„Morgen, Kuller! Tag ist das! Alles glänzt!"

Ein Lachen, alt, gutmütig. „Freche Schnauze, Ferch." Vorbei. Alles nur Sekunden. Lebendig. Alles vorbei, weil schon anderes da ist. Das Leben.

Das denkt der Ulli Ferch, als er die Treppen im Dreisprung nimmt.

„Morgen." – „Tag auch!" – „Grüß euch."

Der Umkleideraum. Fünf Minuten vor sechs. Niemand mehr hier. Schranktür auf. Arbeitskittel an. Ein Blick neben den Spiegel, ihr Bild: ein Lächeln, zwei helle Augen, jeden Tag neu: Irene. Raus aus dem Umkleideraum. Weg von der Liebe. Nein, die kann mit, muss mit, auch zur Arbeit. Die eine Liebe beißt die andere nicht. Den Gang hinunter. Die Tür knallt auf. „Morgen Leute!"

Da glänzt seine Werkstatt. Die Maschinen stehen in Reihen auf Hochglanz poliert: Dreh-, Fräs-, Bohrmaschinen, alles Präzisionsmaschinen der besten Güte.

Aufgepasst!, kommandiert wie jeden Morgen der Ulli Ferch, und er nimmt die Parade ab, General über eine

Armee Maschinen, Soldat der Technik, Facharbeiter schon ein halbes Jahr.

Da sind seine Leute, alle älter als er, sie stehen über Pauls Schreibtisch gebeugt. Paul, schon morgens hochrot im Gesicht und schwitzend, das Weißhaar über der derben Stirn, immer in Erregung über irgendwas. Paul: Brigadier und Kumpel. Er hat einen Plan, eine Zeichnung vor sich liegen. Ein neuer Auftrag, ein neues Projekt?

„Komm schon, Kleiner!" Das ist Wernickes Stimme, Wernicke, Schaf im Wolfspelz, wuchtig, grimmig, viel zu vorsichtig, tippt viermal vor, ehe er ein Bein setzt. Da wäre noch Musjö, immer schnieke in Weißhemd und Binder, raucht seine F6 mit silbernem Spitzchen, versteht sich auf Maschinen wie auf Frauen, nur hat er Schwierigkeiten, sie zu unterscheiden, vielleicht; er ist dreimal geschieden und momentan verlobt. Dann Vati, ein Wühler, braucht immer Bewegung im Betrieb und zu Hause. Vati: Dreifacher Aktivist und Vater von fünf Mädchen und noch keinen Jungen, aber den schafft er auch noch.

Nun stehen sie wie oft, der Ulli Ferch mittendrin, fünf Köpfe - fünf Welten, sich voneinander entfernend, sich wiederfindend, weil sie sich suchen und brauchen, hier bei ihrer Arbeit und bei manchem zu Hause.

Sie streiten, schimpfen - die Maschinen werden teurer von Minute zu Minute, wenn sie stehen -, etwas auf der Zeichnung ist unklar, Rechtsgewinde ist angegeben, aber Musjö behauptet: Linksgewinde. Sie können nicht mit der Arbeit beginnen, bevor das geklärt ist.

Musjö: „Die Projektierung - Idioten! Klauen uns das Geld mit ihrer Lotterei!"

Wernicke: „Aber - na – nur die Ruhe, Musjö ..."

Vati: „Mann! Deine Ruhe! Sind doch nicht zum Pennen hier!"

Der Ulli Ferch hört zu, besieht sich die Zeichnung, versucht einzuordnen, was Musjö erklärt.

Paul schwitzt, langt sich den Hörer vom Telefon, wählt, sagt: „Paul hier. Gib mal die Projektierung, Lisa!"

Paul wartet. Die Kollegen warten. Nichts mit der Projektierung. Grillenzirpen, Mäusepfeifen in der Leitung. Paul drückt den Hörer auf die Gabel, wählt neu, wischt sich mit dem Putzlappen den Schweiß von der Stirn.

„Verdammt, Lisa, die Projektierung will ich! Was ist denn los, Mädchen?!"

Die andren gucken nur. „Was?!", schreit Paul, knallt den Hörer auf den Schreibtisch. „Dort hört niemand! Die Projektierung hat Sitzung. Sitzen sich die Hosen durch! Jemand muss hin. Mit der Zeichnung. Sofort."

Ja, so ist das mit dem Tag. So oder ähnlich. Das meint der Ulli Ferch. Jeder Tag bringt etwas anderes, will etwas anderes. Ferch: „Wir müssen auch auf die Zehntel genau arbeiten. Was denken die sich."

„Nützt nun alles nichts, Jungens", entscheidet Paul, „Einer muss sich auf die Strümpfe machen und die Sitzriesen suchen. - Kleiner, zwitschere ab. Nimm dir einen Wagen. Wir können hier inzwischen Däumchen drehen. Können wir!"

Ulli Ferch steckt sich die Zeichnung unters Hemd, draußen ist er, den Gang vor, Treppen runter, über den Hof zum Fuhrpark. Die Sonne sticht zu wie ein Messer, und er denkt an Irene, an heute Nachmittag, tauchen werden sie, sich festhalten unter Wasser, bis ihnen die Luft ausgeht, dann auf der Decke liegen, sich in die Augen sehen - wie ihre Augen heute sein werden: lustig, ruhig, blau, grün?

Aber Nachmittag ist noch nicht. Jetzt muss er einen Wagen auftreiben. Dammich! Alles wegen dieser unklaren Zeichnung. Die Garagen. Rechts davon die Baracke der Fahrleitung. Davor steht der Kraftfahrer Männe mit freiem Oberkörper, behaart wie ein Affe. Er spritzt mit dem Wasserschlauch den Schmutz einer Woche von seinem

Lkw. Ein Schuss Wasser in Richtung Ferch, drei Sekunden Regen, und Männe ruft: „He, Weltkugelstemmer! Mal zu mir 'ne Sekunde!"

Ein paar Schritte kommt er, der Ulli Ferch, er wischt sich das Wasser in den Nacken. „Was ist, Männe? Keine Zeit. Bin noch nicht fertig, erst Seite fünfzig im Kapital. Verstehe auch manches nicht. Wir sprechen ein anderes Mal darüber. Ich suche Großvater, brauche dringend einen Wagen."

Männe dreht den Wasserhahn zu, er hat große Hände, ein paar Nummern zu groß für seinen Körper. Er nimmt eine zerrissene Schlosserhose, wischt mit kreisenden Bewegungen die Kühlerhaube ab. „Aber Weltrekordler", sagt er, „lies, von mir aus auf dem Lokus, in 'ner langweiligen Versammlung, in der Kneipe oder im Wald, aber lesen musst du. - Alt-Ferch ist in der Baracke."

Ab schwenkt der Ulli Ferch zur Baracke, da wieder ein Spritzer in den Rücken, Männes Lachen, als er schimpft, und seine Stimme: „He, Olympiasieger! Sonntag bei Union, drei zu eins mein Tipp."

Die Barackentür ist angelehnt. Ulli Ferch stößt sie mit dem Fuß auf. Tabaknebelig, heiß, stickig der Raum. Ferch ärgert sich. Das war eben wieder echt Männe. Der sitzt ihm mit der Ideologie im Nacken. Lies mal dies und lies mal das. Aber von Fußball versteht er was. Letztens, als Union eine Packung bekommen hatte und sie still nach Hause liefen, hat Männe ihm plötzlich seine Pratze auf die Schulter gelegt und gefragt, warum er im Betrieb nicht schimpfen würde über das, was er nicht in Ordnung fände? Da hatte der Ulli Ferch sich innerlich an den Kopf gefasst: Das hätten seine Ausbilder von damals hören müssen. Aber der Männe versteht was vom Fußball, und überhaupt. An dem, was er sagt, ist immer was dran.

Auf dem Schreibtisch sitzt Großvater, und natürlich, er schimpft, flucht, etwas gibt es immer, was seinen Blutdruck auf einhundertachtzig bringt. Der alte Fuhrpark muss ein neuer werden, eine größere Werkstatt, mehr Wagen brauchen sie. Aber Großvater schimpft nicht nur, da wäre er kein Ferch, und wenn die Betriebsleitung kein Geld für den Neubau hat oder keins dafür lockermachen will, da nimmt er das selbst in die Hand. Großvater ist siebenundsechzig, und jeder weiß, er denkt mehr an morgen als an gestern und heute. Zwei Monate schon telefoniert, streitet und befreundet er sich mit allen möglichen und unmöglichen Leuten, ein paar Tausender hat er bei der Betriebsleitung schon locker und schon wieder in Umlauf gebracht - dafür türmen sich hinter der Baracke Sand und Zement, Ziegelsteine und Dielenbretter.

Also, Großvater Ferch flucht in den Telefonhörer, sieht seinen Enkel nicht. Im Aschenbecher verqualmen zwei Zigarren, und der alte Ferch ist dabei, eine dritte anzuzünden. Ferch junior trampelt seine Unruhe auf die quietschenden Dielenbretter. Wenn der Alte in Fahrt ist, darf man ihn nicht stören, da ist er wie Dynamit und störrisch wie drei Esel.

Dammich! In der Werkhalle warten sie, er muss zur Projektierung - und er lächelt, innerlich nur noch, als er wieder die Zeichnung über Großvaters Schreibtisch sieht: Ein nackter, rosiger Säugling und ein Greis mit Bart bis zum Knie; darüber steht: *Revolutionär von heute?*

Als Schorsch zum ersten Mal die Zeichnung angeheftet hatte, war nur der Bartmann drauf gewesen. Dreimal hatte Großvater den Zettel abgerissen, viermal hatte Schorsch einen neuen angezweckt. Da hatte Großvater zu dem Bartmann den Säugling gemalt und hinter das *Revolutionär von heute* ein Fragezeichen gesetzt. Jeder, der in Großvaters Baracke kam, hatte gegrinst. Männe hatte von Dialektik gesprochen und wollte aus dem Fragezeichen ein Ausrufezeichen machen. Das wird sich beweisen, hatte Großvater gesagt, mal sehen, wer beim Bau der neuen Werkstatt die Nase vorn hat: die bärtigen Greise oder die rosigen Säuglinge.

Aber nun langt es dem Ulli Ferch. Das Papier brennt auf seiner Brust. „Jetzt lass mal Dampf ab, Alter. Ich brauche einen Wagen. Muss zur Projektierung!"

Der Hörer zerbricht fast die Gabel. „Diese Schreibtischhengste, diese unsterblichen Idioten! Sie denken, Ökonomie ist heute genug Geld in der Tasche, aber dass sie damit für die nächsten Jahre arbeiten müssen, daran denken sie nicht! Der Plan stimmt, die Prämie stimmt, alles stimmt. Nichts stimmt! Aber verlass dich drauf, ich werde ihnen so lange Feuer geben, bis sie ... !"

„Mach mal kurz Pause, Großvater. Ich brauche einen Wagen, und zwar schnell, ich brauche ihn für ..."

„Warum und wofür du ihn brauchst, ist im Moment völlig egal, Küken. Alle Wagen sind raus. Ich predige doch: Mehr Wagen brauchen wir."

Der alte Ferch rutscht vom Schreibtisch, langt sich eine Flasche ohne Etikett aus dem Regal, nimmt einen Hieb. Was in der Flasche ist, weiß niemand, da gibt es die tollsten Gerüchte - vom klaren Wasser bis zum klaren Sprit.

„Was ist mit Männe?", fragt Ulli Ferch. „Es ist wirklich dringend. Gib dir einen Ruck, Alter!"

Großvater nimmt noch einen Hieb, stellt die Flasche ins Regal zurück, hat den Hörer schon wieder in der Hand. „Männe muss nach Kösa, die bestellte Drehmaschine holen. Ist also nichts mit Auto."

„Aber versteh doch endlich: Es ist wichtig, ich *muss* zur Projektierung, die anderen warten, können nicht weiter. Ich *muss* dorthin, unbedingt."

„Wichtig? Ha!" Der alte Ferch klemmt den Hörer zwischen Kopf und Schulter, die eine Hand wählt eine

Nummer, die andere reibt den Magen. „Wichtig und wichtig ist nicht dasselbe, und das Wichtigste vom Wichtigen, Ferch, das steht ganz oben an."

Da ist nichts zu machen. Fluchen, schreien könnte er, der Ulli Ferch, aber er kennt Großvaters Sorgen und Mühen um den neuen Fuhrpark. So dreht er sich wortlos auf der Hacke in Richtung Tür, geht los, hört den Alten noch rufen: „Sonntag gibt's Schnitzel und Pilze. Bring doch die Kleine mal mit!"

Er verharrt einen Moment, dann ist er draußen, der Ulli Ferch. Woher nur weiß der Alte das mit Irene wieder? Fragen, Fragen, jeden Tag Fragen. Eine Welt voller Fragen. Wann wird er unter Wasser zelten und marinierte Algen essen? Quatsch! Seine Frage ist: Links- oder Rechtsgewinde? Und: Wie komme ich am schnellsten zur Projektierung?

Über den Hof rennt er. Wo Männes Wagen stand, trocknet die Wasserlache. Im Hauptgebäude ist es kühl. Soll er wieder hoch, Paul Bescheid geben? Wie soll er ohne Wagen zur Projektierung kommen? Das sind ein paar Kilometerchen. Dammich mit den Fragen.

Er geht vorbei an der Pförtnerloge, der Ulli Ferch, wo Kopf des Pförtners und Glas einander spiegeln, und er rennt durch die Gärten vor zur Straße und weiter zur Taxihaltestelle. Aber da ist nichts mit Taxi, nur ein kleines Zopfmädchen mit Holzauto und Lippenbrummmotor, mehr nicht.

Da steht er, an den Laternenpfahl gelehnt, Ruhe, sagt er sich, und ihm kribbelt es in Händen und Füßen, und Wut liegt ihm im Bauch, schwer, wie Großmutters Selbstgebackenes. Ist das Großstadtniveau? Kein Taxi, wenn er eins braucht. Jetzt heult auch noch das Zopfmädchen, Panne hat ihr Laster, ein Rad ist ab. Der Ulli Ferch klopft das Rad wieder an die Achse, an der Bordkante, er mag keine Tränen, und er flucht dabei über die Projektierung, die ihnen die Zeit klaut, über die Taxis, die nicht dort sind, wo sie gebraucht werden. Das Zopfmädchen lacht, vielleicht ist er ulkig, wenn er flucht, und er lacht auch, erst leise, dann immer lauter. Das Zopfmädchen wird ernst, sieht ihn misstrauisch an, denkt vielleicht, er ist nicht ganz richtig im Kopf. „Tschüs, Fräulein!", ruft der Ulli Ferch, und er rennt los, rennt durch die Stadt, durch Parkanlagen, durch kurze und lange Straßen. Die Sonne drückt wie ein heißer Stein auf seine Schultern, die Luft wird wie Leim und quillt in den Lungen, er kennt das Gefühl: Pause heißt das.

Ja, da steht er, japst und hechelt, der Ulli Ferch, ein Stück näher ist er der Projektierung, aber näher ist nicht dort, und noch einmal kann er nicht aufdrehen, da rennt er sich einen Kollaps an den Hals.

Er sieht auf seine Uhr. Eine Dreiviertelstunde ist auf und davon. Uneinholbar. Gestrichen vom Tag. Er setzt sich auf eine Bank ohne Lehne unter einen Strauch, sommergrün, und er lauscht dem Gesumme der Bienen im Blattwald ... Bist doch verrückt, denkt er, rennst dir die Sonne in den Schädel, und warum, weil die Projektierung pennt und Großvater nicht genug Wagen hat, weil ... Ach, was, weil! Er kann sich Zeit lassen, einen Spaziergang im Häuserschatten, einen Schaufensterbummel - kommt er nicht jetzt, kommt er später, der Tag gerät dadurch nicht aus den Fugen. So sitzt er und so denkt er nach, der Ulli Ferch, und um ihn bewegt sich die Stadt. Autos schießen vorbei, er schätzt, jeder Dritte fährt weit über fünfzig. Geschwindigkeitskontrolle müsste hier her, aber was geht das ihn an. Wer fragt ihn, wie er am schnellsten zur Projektierung kommt? Nun, er hat Zeit, hier auf der Bank im Schatten des Strauches - aber um ihn kreiselt die Stadt. Leute hasten vorbei. Fragende Blicke. Hinter der sonnengelben Häuserfront auf der anderen Straßenseite streckt sich ein Kranarm in den Himmel, bewegt massige Betonplatten von hier nach dort. Er wird unruhig, der Ulli Ferch, er denkt an Paul und Musjö, die warten, und hier, um ihn die Stadt so voller Leben, nichts, was stillsteht. Der Ulli Ferch beginnt zu singen, ohne Worte singt er, aus voller Kehle, wütend, alles übertönend wird es zum Schrei.

Dumpfer Ton von bremsenden Reifen - ein Streifenwagen hält. Heraus steigt ein Grüner, kommt zur Bank, grüßt, fragt: „Ist was? Ist Ihnen schlecht? Haben Sie getrunken?"

Der stellt Fragen, wundert sich der Ulli Ferch, und dann merkt er, er liegt auf der Bank, die Beine weit von sich gestreckt und den Kopf verdreht auf die Arme gestützt, und dann sein Folklore-Beat-Pop-Gesang - er setzt sich gerade mit einem Ruck. „Unsinn", sagt er und: „Mit vier hatte ich Masern, seitdem bin ich in Ordnung. Und wenn ich einen zur Brust genommen habe, singe ich nicht, da werde ich müde und schlafe ein."

Der Grüne reibt sich das Kinn, schüttelt den Kopf und geht. Zurück bleibt der Ulli Ferch und denkt: Einfach alles ist in Bewegung, alles hängt irgendwie aneinander, die Stadt ist ein Kreis aus hunderttausend Menschen, fällt einer aus, gibt es eine Kreislaufstörung! Ha - aber ihm ist nicht zum Lachen, er gehört auch in diesen Kreislauf, und er sitzt hier ... Der Ulli Ferch springt hoch, rennt zum Streifenwagen, die zwei Grünen sehen ihn fragend an, und er erzählt mit ein paar Sätzen seine Geschichte. Er schlägt auf seine Brust, dass die Zeichnung knistert.

„Es ist verrückt", sagt er, „aber vielleicht fahren Sie in die Richtung, ein Stück weiter würde mir helfen."

Die zwei Grünen sehen sich an, sie sehen sich ähnlich, oder ist es die Uniform? Sie nicken sich zu. „Na, los schon. Steig ein."

Der Ulli Ferch fährt im Streifenwagen durch die Stadt, zum zweiten Mal in seinem Leben, das erste Mal hatten sie ihn aus einem miesen Jazzkonzert weggeholt, weil er, Willi und andere Fachleute mit den Dilettantenfans eine nicht im Programm vorgesehene „Box dich gesund-Einlage" geboten hatten. Heute ist das eine andere Sache. Sie sprechen kaum ein Wort, die beiden Grünen vor ihm, der Wolga federt, die Sitze sind weich, der Fahrtwind bläst wie eine Heißluftdusche durchs Fenster. Das Verlangen ist bei dem Ulli Ferch da, seine Hand auf ihre Schultern zu schlagen, mit aller Kraft, und zu sagen: Dammich, Leute, ein verrückter Tag ist das wieder!

Ein Funkspruch - eine Weisung: Unfall Kreuzung Kügeligenstraße! Der Wagen bremst heftig. Tür auf. „Besten Dank auch!" – „Schon gut."

Ulli Ferch steht im Nebel der Auspuffgase. Blaulicht und die Sirenenlaute verlieren sich in der Ferne. Er muss rechts ab. Jetzt hat er es nicht mehr weit bis zur Projektierung, ein paar hundert Meter, die nimmt er im Endspurt. Dann die Straße, das Haus, das Schild: VEB Feinmechanik/Projektierung. Im Haus ist es Winter: kalt weißer Marmor die Stufen und Wände, kalt das Messinggeländer; vielleicht liebte er die Kälte, der Herr Fabrikant von gestern. Heute wird hier Zukunft projektiert, Feinmechanik - Sicht: Weltniveau. Und er ist hier wegen einer Unklarheit in der Zeichnung.

Rechts, messingeingerahmt ein Glaskasten. Dahinter eine Frau, alt, schwarz gefärbte Haare, moderne Brille. Sie hält eine Zeitung in den gepflegten Händen, wendet sich zu ihm und sagt zu sich: „Wann endlich hört auf dieser verrückten Welt der verrückte Krieg auf ...?" Sie sieht den Ulli Ferch an, dann seinen Betriebsausweis, und sie fragt: „Wohin?" – „Projektierung, Hansen." Schade, dass es ihm an Zeit fehlt, dem Ulli Ferch, er könnte es ihr erklären, wann der Krieg aufhören wird, beweisen, wissenschaftlich sozusagen, der Feinmechaniker Ulli Ferch.

„Gruppe Hansen", sagt die Frau, sieht wieder in die Zeitung, „die hat Besprechung. Die wollen nicht gestört werden."

Na, das will er doch mal sehen. Und schon ist er vorbei am Glashäuschen, der Ulli Ferch.

„Sie da!", gellt ihm die Stimme der Frau nach, da ist er schon durch die Pendeltür und weiter die schmale Treppe hinauf. Ein Gang, links und rechts Glastüren mit weißen Schildern. Namen und Titel. Diplom-Ingenieur Jürgens - Doktor Fast und so weiter. Kein Hansen nah und fern. Vielleicht eine Treppe höher? Da - Geräusch von Frauenschuhen, trippelnd, ein paar Beine, blumenbemusterte Strümpfe, hm, ein kurzer, kurzer Rock, enger Pulli, fragende Augen, silberner Mund. „Suchen Sie wen?"

„Erraten, schöne Frau", sagt der Ulli Ferch. „Den Hansen suche ich, und verdammt eilig habe ich es, ja."

Sie verdreht etwas das Köpfchen, zieht unter Ulli Ferchs Blicken den Pulli straff. „Doktor Hansen hat Gruppenleiterbesprechung in Einhundertdrei. Da müssen Sie es nach Mittag noch einmal versuchen."

Sie versetzt sich in Schwingungen - klapp, klapp, klapp - weg schaukelt sie.

Aha, Zimmer 103. Den Gang weiter, eine Treppe höher, ja hier. Ulli Ferch klopft hart, wartet das Herein nicht ab, öffnet und schließt die Tür hinter sich. Hellrosa Wände, zwei Bilder von See und Sonne, Blumen, Aktenschrank, ein Schreibtisch, dahinter eine Schöne - die von eben, die mit den blumenbemusterten Strümpfen.

„Da sind wir wieder", sagt der Ulli Ferch. „Wo ist nun der Hansen?"

„Doktor Hansen ist beschäftigt. Das sagte ich Ihnen bereits. Versuchen Sie es nach Mittag noch mal. Ich kann jetzt unmöglich stören!"

Da treibt es dem Ulli Ferch das Blut noch heißer in den Kopf, da vergisst er die blumenbemusterten Strümpfe und den kurzen Rock; er denkt an seinen Weg bis hierher, zieht die Zeichnung aus seinem verschwitzten Hemd, schlägt sie auf den Schreibtisch und sagt mit mühsam unterdrückter Stimme Großvaters Spruch von vorhin: „Wichtig und wichtig ist nicht dasselbe, und das Wichtigste vom Wichtigen, das steht ganz oben an!"

Ihre Silberlippen öffnen sich, durch die getuschten Wimpern verspritzen ihre Blicke Empörung.

Ulli Ferch zeigt ihr seinen Rücken. Da drehen vier Fachleute Däumchen, teure Maschinen stehen, er rennt durch die halbe Stadt - und die Puppe spricht von nicht stören und nach Mittag versuchen!

Ulli Ferch klopft an die Verbindungstür, es fällt ihm schwer, nicht die Faust zu nehmen. Er klinkt eine Tür auf, noch eine Tür, dann steht er im Sitzungsraum: ein langer Tisch, ungefähr zehn Frauen und Männer sitzen daran, Tabakqualm überzieht grau ihre Gesichter. Des Redners Stimme verstummt, alle blicken auf Ulli Ferch, wie er da an der Tür steht: Arbeitskittel, das Hemd offen, zottelig die Haare und in den Händen hält er die zusammengerollte Zeichnung wie einen Axtstiel. Hinter ihm drängelt wütend die junge Frau. Einen Moment lang Stille. Dann ein Mann am unteren Ende des Tisches: „Hat Fräulein Wagner Ihnen nicht gesagt ...?"

„Sie hat", unterbricht der Ulli Ferch. „Ich will Kollege Hansen sprechen. Komme von der Feinmechanik."

Eine andere Stimme, ungeduldig: „Später, Kollege, kommen Sie später wieder. Wir sitzen hier über neuen Projekten und wissen nicht, wo uns der Kopf steht."

„Ist nichts mit später", sagt der Ulli Ferch, wischt sich mit dem Unterarm über das Gesicht, und er muss seiner Stimme Zügel anlegen, damit sie ihm nicht davonschießt: „Jetzt und nicht später! Sie sitzen über neuen Projekten und die alten sind unklar. Unsere Brigade sitzt Ihretwegen wie festgenagelt!"

Und er geht zum Tisch, schiebt Aschenbecher und Kugelschreiber beiseite, breitet die Zeichnung darauf aus. Er stemmt seinen Daumen auf den rot angekreuzten Punkt, fragt: „Links- oder Rechtsgewinde?"

Da springen Stimmen auf: „Frechheit!" – „So geht's nicht!" – „Was will denn der?"

„Was ich will?", ruft der Ulli Ferch, und nun wird er doch laut, und „Dammich!" sagt er, „wir sind Feinmechaniker und bauen das, was Sie projektieren!" Er sucht nach den richtigen Worten, um ihnen klarzumachen, wenn es bei dem einen nicht stimmt, kann es auch bei dem anderen nicht stimmen.

„Mal langsam", sagt einer, ein Hagerer, Langer. „Hansen", stellt er sich vor, tritt neben den Ulli Ferch, schiebt dessen Daumen von der Zeichnung. Er besieht sich die Stelle, ruft einen älteren Mann zu sich, ein dritter kommt dazu - bis alle Köpfe sich über der Zeichnung drängen.

Es gibt ein Hin und Her, sie werden sich nicht einig, prüfen noch einmal den Teil des Projekts, und der Ulli Ferch sagt Musjös Meinung, die Meinung der Brigade. Sie hören zu, streiten weiter, und der Ulli Ferch empfindet den Raum und die Leute nicht mehr so fremd.

Der Hansen nimmt einen Stift aus der Kitteltasche, ändert etwas auf der Zeichnung, rollt sie zusammen, gibt sie dem Ulli Ferch. „In Ordnung jetzt", sagt er. Die anderen gehen zurück zu ihren Stühlen. Der Hansen bringt Ulli Ferch durch die Doppeltür zurück ins Vorzimmer. Wie es mit einem Auto wäre, fragt der Ulli Ferch, und

Hansen sagt der jungen Frau, dass sie eins auftreiben soll.

„Na dann", sagt der Ulli Ferch, schiebt sich die Zeichnung unters Hemd. Der hagere Hansen flucht etwas Unfeines, legt dem Ulli Ferch eine Hand auf die Schulter. „Grüßen Sie Paul", sagt er und verschwindet hinter der Doppeltür.

Die junge Frau telefoniert nach einem Wagen. „Melden Sie sich im Hof", sagt sie schnippisch, hämmert auf die Schreibmaschine, vertippt sich, spannt einen neuen Bogen ein. Da lacht der Ulli Ferch, sieht noch einmal auf die Blumen an der Wand und die Blumen auf ihren Strümpfen. „Tschüs, Schönste."

Im Hof wartet der Fahrer, ein knurriger Alter - oder wirkt er nur so alt, weil er so knurrig ist? Egal, er fährt den Wartburg, der den Ulli Ferch auf schnellstem Weg zurück in seine Bude bringt.

Am Ziel. „Besten Dank auch." Ein Knurren. Dann knurrt der Motor. Staub quillt hoch.

Ulli Ferch springt die Treppen hoch. Er zwitschert, tiriliert, vor der Werkstatt sieht er die Uhr: Dammich, schon kurz vor elf!

„Endlich!", ruft Paul, schmutzig rot im Gesicht vom vielen Putzlappenwischen.

„Du warst wohl 'ne Runde tanzen zwischendrin?"

„Links- oder Rechtsgewinde?", will Musjö wissen.

Ulli Ferch wirft die Zeichnung auf den Tisch, er ist wütend über Pauls Bemerkung, und schon an seiner Maschine, erzählt er seine Geschichte.

Jetzt läuft die Arbeit in der Brigade wie ein Uhrwerk. Alle sind aufeinander abgestimmt. Jeder Handgriff an den Maschinen muss sitzen. Sie fluchen noch über den verlorenen Vormittag; aber sie werden immer ruhiger, denn ihre Arbeit verlangt sie ganz.

Mittag. Der Speisesaal. Stimmenbrodeln, Nudelgeruch, Geschirrgeklapper. Streit am Nachbartisch. Großvater sitzt mit Hanke von der Parteileitung und mit Schreiber, dem Technischen Direktor, zusammen. Es geht natürlich um den Fuhrpark. Großvater: „Das sage ich euch: jeden Tag, jeden Morgen, jeden Abend sitze ich euch im Nacken!"

Schreiber: „Ich sage nur: Mit mehr Ausgaben können wir uns in diesem Quartal wahrhaftig nicht belasten, verdammter Sturkopf. Dein Fuhrpark ist nicht der Nabel der Welt."

Zurück in die Werkstatt. Wernicke steht noch an der Maschine. „Geh endlich essen!", schreit Paul gereizt. Wernicke geht jetzt nicht essen. Er jagt der verlorenen Zeit hinterher. Warum ist er heute so, fragt sich der Ulli Ferch. Also auch Wernicke einmal anders.

Aber der Zeit jagen sie alle hinterher, wegen des Wettbewerbs, wegen des zweiten Platzes, der ein erster werden soll, wegen des Ruhms sozusagen, und nicht zuletzt wegen der Prämie, dem Geld, das sie alle brauchen.

Fünfzehn Uhr. Der Ulli Ferch und Musjö stellen ihre Maschinen ab. „Ist Feieroomt ...!", jodelt Musjö.

Die anderen sehen nicht hoch, arbeiten weiter.

Der Ulli Ferch ist schon an der Tür. Er denkt jetzt nur noch an Sonne, Wasser, Wiese - an Irene. „Los schon, Vati! Nimm mich mit deiner Knatter ein Stück mit. Will zum Steinbruch." Vati sieht nicht hoch. „Frag in 'ner halben Stunde nach", sagt er. „Ab heute - jeden Tag in 'ner halben Stunde. Bis die Zeit wieder rein ist."

Wernicke wirft ein, leise, entschuldigend: „Meine Tochter - Schulden hat sie gemacht ... Die halbe Stunde ... Ich brauche das Geld."

„Ran an die Marie", drängt Musjö den Ulli Ferch. Der steht unsicher. Irene wartet. Aber er sieht auf Paul, auf Vati, auf Wernicke - also dieser Wernicke hat Angst um sein Geld; seine Tochter hat jede Menge Kerle und ständig neue Klamotten, jetzt hat sie auch noch Schulden ... Wie war das doch heute auf der Bank unter dem Strauch: Die Stadt ist ein Kreis aus hunderttausend Menschen - fällt einer aus, gibt es Schwierigkeiten.

„Dammich, Musjö!", sagt der Ulli Ferch und geht zurück zu seinem Maschinchen.

Dann ist es so weit. Werkstatt zu. Ab in den Umkleideraum. Waschen. Umziehen. Irene neben dem Spiegel. Ob sie noch am Steinbruch ist? Bisher war er immer pünktlich. „Tempo, Vati!"

Sie sitzen auf Vatis Eigenbau, einer Mischung von allen möglichen Motorradtypen. Der Fahrtwind umarmt sie heiß. Beim Erlenwäldchen steigt Ulli Ferch ab. „Bis Morgen, Vati." – „Mach ihr kein Kind, Kind!" Bisschen rot färbt sich der Ulli Ferch. Vati kann man das nicht übel nehmen. Er meint es ernst mit allen Dingen. Für ihn ist alles Familie.

Der Gang durch das Erlenwäldchen. Pause von der Stadt. Vogelgezwitscher. Grasgeruch. Kühle aus dem Blatthimmel. Da weitet sich der Brustkorb, da vibriert Kraft und ein großes Lachen im Ulli Ferch.

Im Wäldchen: der Steinbruch. Ein Spucknapf vom lieben Gott. Aber klares Wasser, wie überall dort, wo „Baden verboten" steht.

Bunte Decken im Gras. Mädchen und Jungen, zärtlich, schnippisch, still, laut. Gitarrenschmelz. Lachen. Kofferradiostreit: DT 64 in voller Lautstärke gegen Radio Luxemburg. Bälle steigen, fallen - über allem: weißblauer Himmel, feurig-gelbe Sonne. Der Tag: Das Leben!

Der Ulli Ferch steigt über Beine, Köpfe, Decken, Taschen; er will auf die Südseite zum Steilhang. Dort ist kein Gras, nur Sand, Steine, ein paar Büsche, dann die Erlen, krumm und alt. Alles ist dort verwildert, auch nicht so bequem zum Baden, will man ins Wasser, muss man vom Hang fünf Meter hinunterspringen. Darum ist es auf der Südseite ruhiger. Liebespärchen, die nie ins Wasser kommen. Studenten, die aus Büchern Wissen und von der Sonne Bräune wollen. Ein paar Burschen und Mädchen, die nur zum Springen hier sind und sich den Hang noch höher wünschen.

Jetzt ist er drüben, der Ulli Ferch, dort liegt auch Irene - aber da kniet wer bei ihr, ein Jüngling, blond gelockt, und der redet und redet, und Irene hört zu.

„Tag auch", sagt der Ulli Ferch. Irene setzt sich auf, lächelt ihm zu; grün sind ihre Augen. Der Jüngling dreht an den Knöpfen seines Kofferradios, wechselt von Geigengeflüster auf Trompetensolo. Ulli Ferch wirft seine Tasche neben die Decke, zieht sich aus, betont langsam seine Bewegungen. Dann steht er in Badehose, den Brustkorb angehoben, die Muskeln gepresst - er zeigt sich.

Der Jüngling mustert ihn, lächelt, sagt: „Was plusterst du dich wie ein Hahn? Bist ein Muskelpaket, na und?"

Da schäumt es in Ulli Ferch hoch, das Blut, die Wut und der Ärger. Ärger über sich selbst, weil er recht hat, der Jüngling. Aber was sucht der auch hier - und Irene, die sitzt und lächelt ihr Mutterlächeln, sieht ihn an, als wäre er ihr Kind, als wollte sie sagen: Nun folge endlich, Kleiner.

„Dammich!" Ulli Ferch geht zum Hang, springt, schwebt - Sekunden im Nichts -, dann das Einschneiden ins Wasser, tauchen, grün die Welt, grün wie Irenes Augen eben, das Aufsteigen, Blitzlicht der Sonne, schwimmen, ruhig werden, denken, sich seiner selbst bewusst werden, wie Männe sagt.

Der Ulli Ferch schwimmt mit ruhigen, kräftigen Stößen zu der Stelle, wo ein schmaler, steiler Pfad den Hang hochführt. Er zieht sich an den Büschen hoch, spürt das zähe Holz in den Händen, und er ist wieder ganz der alte. Er setzt sich unter eine Erle, reibt seinen Rücken an dem borkigen Stamm, wischt mit gespreizten Händen über den körnigen Sand, rupft einen Dürrhalm, zerreißt ihn. Er denkt nach, der Ulli Ferch. Eigentlich ist doch überhaupt nichts passiert. Ganz normal das alles. Irene ist hübsch, liegt allein, einer kommt, setzt sich zu ihr, sie sprechen. Nichts weiter. Oder? Was oder? Das hängt von Irene ab. Und von dem Jüngling. Aber auch von ihm selbst.

Das Leben: der Jüngling, Irene, er - das Leben. Alles will entdeckt, erobert, erkämpft werden! Immer wieder. Darum heute die Stunde länger auf Arbeit, und morgen wieder und übermorgen, und dann - dann ist was anderes. Jetzt ist es Irene. Und ihm gefällt es so. Na klar. Anders wäre es langweilig, nicht auszuhalten.

Auf springt der Ulli Ferch, schlägt sich durch die Büsche, ist an der Decke. Irene steht am Hang, Hände über den Augen, sucht die Wasseroberfläche ab. Der Jüngling sitzt, liest in einem von Irenes Büchern. Das Radio schweigt.

Der Ulli Ferch tritt leise von hinten an Irene heran, fasst sie derb an den Hüften. Erschrecken, ein Laut, ihre Augen, grau sind sie und wütend. Sie setzt sich zurück auf die Decke, nimmt sich ein Buch.

„Soll ich mich verziehen?", fragt der Jüngling.

„Ach was." Der Ulli Ferch lacht, setzt sich zu ihnen, schaltet das Radio ein: eine Stimme - Musik. Sie kommen ins Gespräch miteinander, die drei, nicht langsam, nicht zögernd; der Ulli Ferch erzählt von dem Fehler auf der Zeichnung, von der zusätzlichen Arbeitsstunde, die nötig ist, und dem Tag, der wieder einmal ein „verdammt verrückter Tag" ist. Der Jüngling heißt Horst, Schweißer ist er, und wenn er einen Ball vor dem Fuß hat, ist er nicht zu halten, und wenn er Sehnsucht hat nach irgendetwas, dann malt er alles, was ihm gefällt. Und Irene, erstes Studienjahr Pädagogik, erzählt von ihrer Gruppe junger Spunde - Pioniere, die nur aus Fragen und Wildheit bestehen. Fragen: Warum Steffen ein Junge ist und Steffi ein Mädchen? Warum es nicht jede Woche eine Sonnenfinsternis gibt? Ein Tag voller Fragen, denkt der Ulli Ferch. Aber auch Antworten. Das eine braucht das andere: eine Frage eine Antwort, und die Antwort braucht wieder eine Frage - und so weiter.

Die Sonne legt Feuer ins Blattblau der Erlen. Schatten wachsen einander zu, fließen zusammen. Der Abend.

Horst steht auf. „Ich muss los." Er tippt auf sein Radio. „Soll ich's euch hierlassen? Bin morgen wieder hier." Er geht, ist schon an den Bäumen.

„He!", ruft der Ulli Ferch. „Bring uns morgen was mit!" „Was denn?"

„Na, ein Bild. Von dir. Bilder sind doch zum Ansehen, denke ich."

Sie sind allein. Nur noch sie zwei, roter Sand, kupferner Himmel, ein Hauch Frische vom Wasser her und der Geruch von Sonnenöl - der Atem eines Sommerabends, der ihr Atem ist. Eng liegen sie beisammen. In ihnen Hitze, Erregung, wie ein mächtiger Fluss strömt es von Hand zu Hand, von Körper zu Körper. Ihre Augen, ein Suchen und Finden in tiefen, einander freundlichen Wassern, spiegeln des anderen Ich. Ihre Lippen, zärtlich, wild, suchend - vergessen das Ich, nur noch Du, für Minuten, Ewigkeiten, zeitlos nur eins sein.

Dann sitzen sie still, aneinander gelehnt, aber in ihnen brennt verlangend die Unruhe. Der Ulli Ferch fragt mit leiser, holpriger Stimme: „Kommst du mit zu mir dann?"

Im Lilahimmel hängen weiße Girlanden. Sie hören die Detonation: Durchbruch der Schallmauer, schon vertrauter Paukenschlag des Alltags - Himmelsmusik.

Das Radio schrillt auf - dann die Zeitansage: Neunzehn Uhr. Noch früher Abend. Noch Zeit, etwas zu unternehmen. Kino, Tanzen, Klub.

Sie ziehen sich an. Irene packt ihre Bücher und das Radio in die Umhängetasche. Sie gehen. Der Ulli Ferch überragt Irene um Kopfeslänge, er hat seinen Arm um ihre Schulter gelegt, und ihr Kopf lehnt an seiner Brust. Mit der anderen Hand pendelt er ihre Taschen im Schrittrhythmus.

Sie schweigen, und ihre Gedanken sind irgendwo beieinander. Vielleicht in Ulli Ferchs Kammer oder in Irenes Seminargruppe oder ...

Das Radio, eine berichtende, nüchterne Stimme aus Irenes Tasche. Nachrichten: ... Vietnam ... Kambodscha ... Angela Davis ... Franz Josef Strauß ... Kampf um Planerfüllung ... Menschen ...

Sie gehen unter Erlen. Hier ist es dämmrig, graugrün, still.

Sie sagt: „Du, wir haben ziemlichen Ärger im Institut ..." Er beugt sich zu ihr hinunter, will sie küssen, aber sie wehrt ihn ab.

Sie sind an der Landstraße. Grau und staubig das Straßenpflaster. Rechts und links ducken sich kleine Siedlungshäuser mit gepflegten Vorgärten. Dahinter, wie eine riesige, dunkle Pappkulisse mit roten Farbspritzern, die Stadt.

Der Himmel liegt mit einmal wie eine schwere Decke auf ihnen. „Also was ist denn los im Institut", fragt der Ulli Ferch nun.

Sie stehen an einen Gartenzaun gelehnt, dahinter das Bunt der Blumen. Aus Irenes Tasche singt eine optimistische Männerstimme von Glück und Liebe, vom immerwährenden Glück ...

Irene sagt: „Du kennst doch Udo, unsern Langen, der soll geext werden."

Der Ulli Ferch drängt eine Hand durch den Zaun, knickt drei Rosen, zwei gelbe, nach der roten muss er sich strecken. Er gibt die Rosen Irene. „Hat er eurem Professor vom Dienstwagen die Ventile geklaut?", fragt er.

Sie gehen weiter, langsam, der Stadt entgegen. „Er hat in der Innenstadt zwei Schaufenster zerschlagen", sagt Irene. „Er hat in das Schaufenster eines Rundfunk-Fernseh-Geschäfts einen riesigen Käse gelegt und in das des Delikatessengeschäfts hat er auf den Platz des Käses einen Fernseher gestellt ..."

Der Ulli Ferch lacht, dann fragt er: „Und ihr wollt, dass der mal unsere Gören erzieht? Da hört doch der Spaß auf, Leute."

Die Häuserfronten der Stadt strahlen Wärme. Wie ein feines Netz hüllt Regen den Ulli Ferch und Irene ein. Auf den Fußwegen und Straßen verdampft die Hitze des Tages.

„Du redest wie unsere Dozenten", sagt Irene. „Für sie muss ein Lehrer ein makelloser Apostel der Wissenschaft und Moral sein. Keiner hat den Langen gefragt, warum er diese Blödheit verzapft hat."

Nur wenige Menschen sind noch auf den Straßen. Überall geöffnete Fenster. Man besieht sich den Regen. In den Zimmern flackern die Fernsehröhren.

„Was zu viel ist, ist zu viel", sagt der Ulli Ferch. „Schließlich wird er nicht gehängt dafür. Arbeiten kann er überall."

„Aber er will Lehrer werden, und er hat das Zeug dazu, und wir brauchen Lehrer!" Irene ist aufgebracht. Ihre Augen sind dunkelgrün.

Der Ulli Ferch: „Wenn ihr der Meinung seid, dann müsst ihr ihn euch vorknöpfen und rauskriegen, was er wirklich für ein Kerl ist. Warum hast du den Langen nicht gefragt, wie ihm die Nummer einfallen konnte?"

Die beiden laufen nebeneinander, schweigend, etwas voneinander entfernt. Sie sehen auf die nass glänzenden Steine vor ihren Füßen. Ein Fernlastzug prescht vorbei. Der Fahrer hupt zweimal. Das gilt Irene. Sie lacht den Ulli Ferch an. Der stellt die Taschen ab, dreht sich mit ihr im Kreis, bis ihnen schwindlig wird - dann stehen sie schwankend, die Köpfe im Nacken, die Arme weit ausgebreitet, und sie sehen in den grauen Himmel, spüren das Kitzeln des Regens auf der Haut.

Schließlich ziehen sie weiter, ihre Taschen geschultert, sich haschend - festhalten, loslassen, um sich wieder festzuhalten.

Bunt ist der Tag, ein Karussell ist er - alles einsteigen und festhalten! Sie rennen durch die Straßen, barfuß, breit spritzt das Wasser unter ihren Füßen, sie lachen wie Kinder, alles ist leicht, federleicht, alles ist Spiel.

Irene zieht den Ulli Ferch in einen Eisladen, in einer Ecke am Fenster finden sie einen Stehplatz, sie beißen in die Eiskugeln wie in einen Apfel. Alle Tische sind besetzt mit Eishungrigen jeden Alters, sie sehen zu dem Ecktisch, an dem vier Burschen Stimmung machen. Wahre Eisberge stehen vor ihnen, und eine Flasche geht von Mund zu Mund. Einer wischt sich gelbes Eis in den spärlichen Bart über der Oberlippe. Er setzt sich auf den Tisch, greift sich seine Gitarre, unterbricht mit einem dissonanten Akkord das Geschrei und Gelächter am Tisch. Er singt mit rauer Stimme von einem Mädchen, das alle Jungen abblitzen lässt, bis sie dann doch einer herumkriegt. Der hat bald genug von ihr, reicht sie weiter an einen Freund, der an den nächsten, bis sie keiner mehr haben will. Nach jeder Strophe Geschrei am Tisch, brüllendes Lachen und gellende Schreie. Eine ältere Frau geht eilig, ihr Eisbecher steht unangerührt auf dem Tischchen. Manche Gäste lächeln verunsichert, andere schütteln den Kopf, wenden sich ab. Ein alter Mann steht auf und versucht mit dünner Stimme gegen den Lärm anzukommen: „Ruhe! Schluss damit!" Seine Frau will ihn besänftigen. Ihre Augen blicken ängstlich. Der Mann verlangt vom Eisladenbesitzer, dass er für Ruhe sorgt. Der steht hinterm Tresen bei den Eiskübeln und bedient seine Laufkundschaft. Er hört schwer bei dem Lärm. Die Kasse stimmt. Der alte Mann regt sich auf, er ist wütend, hilflos. Die Burschen lachen über ihn, rufen ihm was zu. Die Gitarre krakeelt, sucht Streit, lässt keinen Einwand zu.

„Komm doch. Bitte." Irene zieht den Ulli Ferch am Arm. Doch der wirft seine Eistüte in einen Abfallkübel, schiebt ein paar Neugierige, vom Lärm Angelockte, beiseite, drängt sich durch zwischen Stühlen und Tischen und steht vor dem Gitarrenschläger. Der sitzt zurückgebeugt auf dem Tisch, Beine auf einem Stuhl, eine Hand drischt die Gitarrensaiten - er sieht den Ulli Ferch dicht vor sich, ein fremdes Gesicht, drohend. Abrupt bringt er die Gitarre zum Schweigen. Er sieht verwundert, dann spöttisch in das Gesicht dicht vor ihm und sagt kauend: „Na, was gibt's denn? Brauchst wohl 'nen Groschen fürs Eis, Elvis?"

Es ist nun still im Raum. Kein Lachen, kein Wort, keine Bewegung. Jetzt regt sich der Ladenbesitzer, er hört Stille besser als Lärm.

„Kein Streit", ruft er. „Ruhe - sonst raus!"

Der Ulli Ferch dreht sich nicht um. Er behält den Gitarrenschläger im Auge, einen kräftigen, dunkelhaarigen Burschen. Alles ganz normal an ihm, denkt er. Warum singt der solches Zeug?

„Jetzt ist Ruhe", sagt der Ulli Ferch zum Ladenbesitzer, und zum Gitarrenschläger sagt er: „Also leg was anderes auf - und piano, wenn ich bitten darf."

Der Ulli Ferch tritt einen Schritt zurück, dreht sich, will gehen, da schreit die Gitarre auf.

Kehrt macht er, der Ulli Ferch, zuschlagen will er, genau auf den Punkt, auf die Kinnspitze, der Gitarrenschläger würde umkippen - aber nur die Gitarre reißt er ihm aus den Händen. Die Gitarrensaiten summen dunkel nach und verstummen, die Flasche rollt vom Tisch und zerbricht auf den Bodenfliesen. Der Bursche will aufspringen und sich seinen Gegner vornehmen - aber er sieht in Ulli Ferchs Augen und zögert.

Die Regentropfen zerplatzen an der großen Fensterscheibe. Der Ulli Ferch hält die Gitarre in den Händen, er drängt seine Wut zurück, überlegt: Was soll ich tun? Alle starren auf ihn, erwarten etwas. Was die wohl erwarten? Die meisten Leute erwarten etwas, als dass sie selbst etwas tun würden für ihre Erwartung. Warum er sich auch auf diese Sache hier eingelassen hat?! Dammich, diese verfluchten Fragen! Er muss etwas tun, er sieht in den Augen seines Gegenübers Widerstand aufglimmen. Ulli Ferch hätte gleich zuschlagen sollen, das wäre das Einfachste gewesen. Aber das Einfachste ist nicht immer das Richtige. Was ist überhaupt wann richtig?

Es ist still, alles ist ohne Bewegung, selbst der Regen scheint vor der Scheibe stehen geblieben zu sein. Die Leute sitzen auf ihren Stühlen und sehen auf Ulli Ferch, sie sehen zu.

Der Ulli Ferch drückt dem Burschen die Gitarre in die Arme. Er sagt: „Du spielst nicht mal schlecht. Aber deine Gitarre ist verstimmt. Probier mal: E!"

Der Gitarrenschläger hält die Gitarre wie einen Säugling im Arm. Er sieht sich nach seinen Kumpeln um, die verunsichert lachen und mit den Plastelöffeln in den Bechern Eisreste zusammenkratzen.

„Schlag mal das E an!", fordert Ulli Ferch. „Nur zu."

Das E erklingt nicht ganz sauber. Ulli Ferch dreht am Wirbel. „Noch mal! Jetzt müsste es hinhauen."

Wieder ertönt das E, und noch einmal, und dann klingt es rein.

„Geht doch", sagte der Ulli Ferch. „Und so weiter: e, a, d, g, h, e."

Der andere kratzt sich am Kinn, schiebt sich vom Tisch, setzt sich auf seinen Stuhl, lehnt die Gitarre an den Tisch. „Wo bleibt denn der Eisbecher!", ruft er zum Tresen.

Der Ulli Ferch winkt Irene. Sein Eis zerläuft rosa auf einer weißen Marmorplatte.

Der Regen ist dicht geworden und es sind große, schwere Tropfen, auch Hagelkörner sind dabei. Der Ulli Ferch und Irene laufen nebeneinander, und manchmal sehen sie sich an, kurz nur, und sie sagen nichts. Der Ulli Ferch fragt sich, warum er nicht zugeschlagen hat? Vor einem Jahr hätte er nicht gezögert. Für Notfälle waren sie ihm das *treffendste* Argument gewesen. Und heute? Warum hat er seine Fäuste zurückgehalten? War das ein Zufall? Daran glaubte er nicht. Lag es allein an Irene? Oder ging es auch hier ums Ganze: Kampf in der Gesellschaft um die Gesellschaft? Männe - mit seinen Losungssätzen. Plakatsäulen der Ideologie, spotten die andren. Also hier hat es für Ulli Ferch funktioniert, das Denken vor dem Tun.

Ihre Kleider sind durchnässt. Das himmlische Wasser rinnt warm am Körper hinunter. Auf einer Bahnbrücke bleiben sie stehen. Unter ihnen, für Sekunden, ein Hämmern, schwer, gewaltig, ein Zug. Die Brücke erzittert, die Schwingungen vibrieren durch ihre Körper, ein gutes Gefühl. Sie stehen aneinander gelehnt, sehen in den andren hinein. Und sie hat doch blaue Augen, denkt der Ulli Ferch. Für einen Augenblick sind sie verschwunden im schwarzen Ruß der Lokomotive. Sie fühlen die Wärme ihrer Hände, ihrer Körper und heiß ihre Lippen. Dann stehen sie über das Geländer der Brücke gebeugt und lassen sich wieder und wieder von Rußwolken umspinnen. Nun ist es fast dunkel, ein Wind zerrt über die Brücke.

„Komm", sagt der Ulli Ferch. „Gehen wir in meine gute Stube."

„Nein", sagt Irene, und sie hat zu schnell, zu hart geantwortet. Der Ulli Ferch will wissen: „Warum nicht? Warum heute nicht?"

„Nein", sagt Irene nun ruhig, aber entschieden. „Ich habe morgen einen Ausflug mit meinen Spatzen zur Talsperre. Es ist schon ziemlich spät."

„Ach was", sagt der Ulli Ferch, und er nimmt ihren Kopf zwischen seine Hände, sieht ihr in die Augen. „Warum denn nicht? Sag mir, was wirklich ist."

Sie gehen bis zu einer Straßenbahnhaltestelle und warten. Da liegt etwas zwischen ihnen, zum ersten Mal, etwas Unausgesprochenes, und es macht sie beide unsicher. Irene lässt die Bahn wegfahren, dann sagt sie: „Es ist - ich habe Angst. Bei uns im Seminar - eine bekommt ein Kind ..."

Das ist es also. Der Ulli Ferch hört Vatis Satz, heute Nachmittag zum Abschied: Mach ihr kein Kind, Kind. Er sagt: „Das würde zwischen uns nichts ändern. Du bleibst Irene, ich der Ferch, und es gäbe einen Timm oder eine Ines, von mir aus Ring und so - aber wir bleiben doch wir."

„Ich weiß nicht", sagt Irene. „Heute nicht. Du musst mich verstehen. Ein Jahr setzt sie erst mal aus mit dem Studium."

Die zweite Bahn kommt. Irene gibt dem Ulli Ferch einen schnellen Kuss, nimmt ihre Tasche. Sie steigt ein, lehnt sich aus der Tür. „Bis morgen, Ulli. Du musst mich verstehen!"

Die Bahn fährt quietschend an. Irene winkt mit den drei Rosen, mit den zwei gelben und der roten. Irene mit den grünen oder blauen Augen.

Der Ulli Ferch geht langsam, bleibt ab und zu stehen, schaut sich um. Grau das Pflaster des Gehwegs, grau der Himmel, grau hinter und grau vor ihm. Was er alles verstehen soll. Dammich! Er ist achtzehn Jahre jung, und das Leben ist ein Stier, und er packt es bei den Hörnern. Unsinn! Was er sich da wieder zurecht spinnt. Das Leben ist auch Porzellan, und das bricht schnell. Und es ist Eisen, und hat man die Kraft, kann man es so biegen und auch so. Aber Irene ist weder ein Stier noch Porzellan noch Eisen - sie hat von allem etwas, und vor allem ist sie lebendig. Darum ist alles so verrückt. Nicht immer ist eine verstimmte Gitarre zur Hand oder wie am Vormittag der Streifenwagen oder ein Losungssatz von Männe. Was Irene nur hat? So plötzlich. Vor ein paar Stunden, am Steinbruch, war sie noch ganz anders. Oder? Ja, was weiß er denn überhaupt noch? Er fühlt nur, dass er sich nach Irene sehnt, nach ihrer Nähe, ihrer Stimme, ihrem Atem ... An ein eigenes Kind - daran hat er noch nie gedacht, vielleicht kurz mal, dass es ganz ulkig wäre, einen Jungen zu haben, aber mit dem müsste auch gleich was anzufangen sein, prima wär's, wenn er gleich sechs, sieben Jahre alt wäre. Aber so ein kleines und schreiendes Bündel Mensch ... Vatis Satz ist zum Problem geworden und nicht mehr auszulöschen. Dammich! Aber er hat es sich doch so gewünscht: jeden Tag etwas Neues. Jeder Tag sollte ein anderer sein.

Der Ulli Ferch rennt, er muss jetzt rennen, sich bewegen. Der Regen sticht ihm ins Gesicht. Er rennt, schwitzt, dampft. Du musst mich verstehen, hat sie gesagt, Irene mit den grünen, den grauen, den blauen Augen. Er will sie ja verstehen. Also, sie studiert, gut, sie will kein Kind, will nicht ein Jahr mit dem Studium aussetzen. Aber einmal muss sie ein Jahr aussetzen. Wann?

Der Ulli Ferch rennt durch das Grau der Stadt. Nachtleere Straßen. Flackern der Leuchtreklamen im Regendunst. Der Tag stirbt. Du bist tatsächlich verrückt, denkt er. Du willst etwas und bekommst es nicht - darum spielst du verrückt. Aber was ist nun mit der Liebe? Das ist doch, dem Teufel sei Dank, nicht nur miteinander reden, sich andauernd begreifen und Händchen halten. Er will alles geben, der Ulli Ferch, aber er will auch alles nehmen.

Er ist vor seinem Haus, atemlos, unzufrieden, weil er zu keinem Ergebnis kommt mit Irene, mit sich selbst und ihrem Kind, das überhaupt nicht da ist. Der Ulli Ferch schließt die alte Haustür auf, schaltet das Treppenlicht ein, springt nach oben, zwei, drei Stufen auf einmal. Wütend schafft er vier Stufen und versucht sich an fünf, und wütend fragt er sich: Was ist denn nun? Schön, er wird mit Irene sprechen, und am Sonntag wird er sie mit zu Mutter und Schnitzeln mit Pilzen nehmen.

Der Ulli Ferch schließt leise die Wohnungstür auf. Er hat keine Lust auf eine Diskussion mit der Nachbarsfrau, die Tag und Nacht gleich zur Stelle ist, wenn die alte Treppe knarrt. Er tappt im Dunkeln in seine 15 Quadratmeter-Dachkammer, zieht sich aus bis auf die Badehose, die am Leib getrocknet ist, verdrückt zwei steinharte Brötchen, trinkt Wasser aus der Leitung, überlegt, was da so alles auf ihn zukommt demnächst ...

Der Ulli Ferch hat das kleine Fenster zum Hinterhof geöffnet, er sitzt im Schneidersitz auf dem Bett und denkt nach und voraus. Am liebsten würde er jetzt noch ins Internat zu Irene gehen, aber er kennt die Heimordnung. Also wird er morgen am Steinbruch mit ihr reden. Nun macht er sich lang, sieht durchs Fenster ein Stück Himmel, der ihm eine Spur heller geworden scheint.

Der Regen klimpert auf die Dachrinne. Nachtlied. Dunkelheit. Stille. Der Ulli Ferch liegt in Badehose auf seiner erdigen Liege, und er schläft traumlos - wer weiß? - er schläft bis zum nächsten Morgen, aus dem ein neuer Tag wachsen wird.

(Erstmals veröffentlicht in „Die Grasnelke", Verlag Neues Leben, Berlin, 1973)

Polytechnischer Unterricht, 1958

Kontrolle der Verkehrssicherheit eines Hängers, 1961

Körchow, Keller des Jugendclubs, 1986

FRITZ LEVERENZ: Tanjas Bild

1

Der Vater wird in der nächsten Pause in der Schule sein, denkt Tanja. Er will mich besuchen. Diese Nachricht hat ihr Herr Schneider zugeflüstert, vor Beginn der ersten Stunde.

In der Klasse ist es still, bis auf unterdrücktes Tuscheln und verspieltes Klappern der Farbnäpfe auf den Tischen. Hin und wieder scharrt ein Stuhlbein über den harten Fußboden. Sofort wird das Geräusch von Blicken der Lehrerin anvisiert und erstirbt.

Tanja taucht lustlos den Tuschpinsel in ihr Wasserglas und dann in das Näpfchen mit der Temperafarbe. Sie kann sich auf ihre Zeichnung nicht konzentrieren. Ihre Gedanken haben sich den langen Vormittag um Erinnerungen an den Vater bemüht, aber die Unterrichtsstunden haben sie immer wieder verscheucht.

Nun stützt Tanja den Kopf auf ihren Arm. Rührt mit dem Pinsel versonnen in der Farbe. Ihr Blick träumt sich zu Susanne hin, die neben ihr sitzt. Deren Zeichenblatt hat sich bereits in ein dunkles Blau verwandelt, und vor Eifer beißt sie sich auf die Zungenspitze. Tanja sieht die Wandzeitung, den Stapel alter Zeichnungen, die Papierschneide, die Lehrerin, die mit übergeschlagenen Beinen auf ihrem Stuhl sitzt und deren Augen, die hinter den Brillengläsern streng aufdunkeln.

Der Vater wohnt ganz in der Nähe, in Mahlsdorf. Doch obwohl Tanja täglich aus Lindenow nach Berlin zur Schule kam, hatte sie ihn das letzte Mal vor zwei Jahren gesehen. Sie erinnert sich genau. Damals ging sie noch in die dritte Klasse. An diesem Tag war es kalt gewesen. Sehr grau und kalt.

Tanjas Blick wendet sich dem Fenster zu, verweilt bei einer Fliege, die mit eiligen Tippelschritten Flecke auf der Scheibe inspiziert, mit ihrem Rüssel daran herumtupft und dann zu einem Rundflug in den Klassenraum startet. Dann fällt Tanjas Blick auf die Ahornbäume auf dem Schulhof, die mit einem feinen grünen Schleier behangen scheinen. Der Hausmeister schiebt eine Karre über den Hof, scheucht Vogelschwärme auf. Einige Krähen wippen balancierend auf dem eingebeulten Drahtzaun. Dahinter, im Schulgarten, mühen sich Jungen und Mädchen, ihren Spaten in den Boden zu drücken und umzugraben. Eine ältere dickliche Lehrerin mit rotblondem Haar geht von einem zum anderen, fuchtelt mit den Armen. Endlich nimmt sie einem dünnen Jungen den Spaten aus der Hand, wuchtet ihn in die Erde, wälzt die Scholle herum und weist demonstrativ auf ihr Werk. Am anderen Gartenende bewerfen sich Jungen mit Harken. Der dünne Junge tritt mit dem Fuß auf das Grabewerk seiner Lehrerin und tippt mit dem Finger gegen seine Stirn.

Die Sonne hat indessen das Schuldach erklommen und schüttet ihr gelbes Licht auf den Hof. Das zarte Grün der Bäume leuchtet, und Tanja durchlebt plötzlich ein Bild, das mitunter in ihrer Erinnerung aufgetaucht ist, wie ein Spiegelbild auf dem Wasser zwischen Windböen: das schiefe hölzerne Bootshaus, das nur auf ein Hüsteln zu warten scheint, um unter seinem schwarzrissigen Teerdach zusammenzubrechen. Der Fluss, das grüne Faltboot. Und wie sie mit den Eltern über die weich federnde Wiese läuft. Leicht, federleicht, schwerelos, lachend: die Mutter, der Vater, sie selbst. Der Vater springt über eine Moraststelle, versinkt mit dem Fuß. Hüpft auf einem Bein im Kreise. Sie lachen, graben mit den Händen den Schuh aus dem warmen Morast. Die Mutter stützt den Vater, sie waschen sich in der Havel die Hände. Schmetterlinge. Schwärme weißer Schmetterlinge. Feuchter, sumpfiger, betäubender Geruch und in den Ohren das Klingen der sommerlichen Wiese. Sorglos. Nicht sorglos, aber schwerelos.

So stark empfindet Tanja dieses Bild, dass sie aufstehen und hingehen möchte. Die Sonnenhelle, das ruhig fließende Wasser, die Geräusche scheinen sie einzuschließen, zu zwingen, ganz fest hin zu hören und zu sehen – und der Kuckucksruf aus den Erlen vom anderen Ufer.

Tanja beginnt zu malen. Die Klasse um sie her gibt es nicht mehr. Rasch will sie ihr Bild festhalten, sie fürchtet, es sonst zu verlieren. Nicht dieses Bild, aber die Leichtigkeit. Sie möchte sagen zu ihrer Erinnerung: Halte an! Das ist es, was ich suche! Das möchte ich nie vergessen, weil ich so sein will, wie ich mich in diesem Bild finde. Alles, was ich tue, muss so werden wie dieses Bild!

„Weshalb malst du das Weltall grün?"

Tanja zuckt zusammen. Neben ihrem Tisch steht die Lehrerin. Ihre Augen, groß und dunkel durch die starke Brille, zerfunkeln Tanjas Träume.

„Das wird kein Weltall", antwortet das Mädchen. „Ich male eine Wiese."

„Kennst du unser Thema nicht?"

„Doch", antwortet Tanja und spürt, wie ihre Arme schwer werden, ihre Schultern sich senken und ihr Gesicht sich verfinstert.

„Und weshalb hältst du dich nicht an das Thema? Wenn nun jeder in der Klasse malte, was ihm gerade in den Sinn kommt ..." Sie nimmt Tanjas Zeichenblatt vom Tisch und zeigt es in der Klasse herum. „Fräulein Meißners Weltall."

Einige Kinder kichern, die meisten aber ducken interessiert auf die Sommerzeichnung und scheinen durchaus nicht überrascht.

„Das wird kein Weltall!", sagt Tanja jetzt lauter. „Das sind meine Mutter, mein Vater und ich."

Die Lehrerin lässt entrüstet das Blatt auf Tanjas Platz flattern. „Du findest doch gewiss zu Hause Zeit, deine Eltern zu malen. Unser Thema lautet: Ein Kosmonaut unserer Republik war im All ... Außerdem, diese Farben! Dieses knallige Rot zu dem verwaschenen Grün und die steife Haltung der Figuren."

Tanja sieht beschämt auf ihre Wiesenzeichnung und schweigt. Sie achtet nicht auf Susannes Vorschlag, den Kosmonauten von ihrem Blatt abzumalen. Missmutig steckt sie ihr Zeichenmaterial in die Mappe, stützt den Kopf in beide Hände und versucht, der heiteren Stimmung wieder auf die Spur zu kommen. Die aber bleibt verschwunden. Stattdessen mustern sie streng die Funkelbrillenaugen der Lehrerin und rufen Zweifel in ihr wach. Wird der Vater kommen, da er sie doch nur mit Zustimmung der Mutter besuchen darf?

Tanja erinnert sich, wie sie still und bedrückt im Wohnzimmer saß, wenn die Eltern sonntags häufig in Streit gerieten. Sie schoben dann einander, und mit groben Worten die Schuld zu, Tanja wochenlang der Obhut der Großmutter zu überlassen. Meistens mischte sich diese auch noch ein. Der Vater müsste öfter zu Hause bleiben, was der Mutter schwerfiele, denn ihre Reisen wären Handelstermine und deshalb bindend. Er aber vagabundierte in der Gegend herum, ganz so, als wollte er sich den häuslichen Pflichten entziehen. Bei gutem Willen fände er Schreibthemen auch in der Nähe. Der Vater schwieg nach solchen unzutreffenden Worten, ging aber den Rest des Tages türenknallend durchs Haus.

Mit der Zeit hatten sich Mutter und Vater solche Mengen an schwerwiegenden Vorwürfen und Beleidigungen verabreicht, dass jeder bereits ein saures Gesicht zog, wenn er den anderen sah. Deshalb mieden sie sich möglichst, und bald ging jeder seinen eigenen Weg. Kam der Vater nach Hause, flog die Mutter eben zu einem „unaufschiebbaren Vertragsabschluss" nach Bulgarien, Jugoslawien oder den Niederlanden. Kehrte die Mutter zurück, zuckelte der Vater mit seinem Skoda bereits zu einem fotobedeutsamen Ereignis nach Rostock, Dresden, Warschau oder Danzig. Immer häufiger reisten sie von einander fort, rissen sie vor einander aus, und selten waren sie beide zu Hause.

Wie oft hatte sich Tanja morgens, wenn die Sonne schien, wochenlangen dicken Nebel gewünscht, oder dass sich der Vater ein Bein brechen sollte, damit die Eltern für einige Tage dieser Reisehektik fernbleiben konnten, die sie in die verschiedenen Himmelsrichtungen davonzerrte. Die stete Unruhe und das Streiten ihrer Eltern waren Tanja unverständlich geblieben und ängstigte sie noch heute. Sollte jeder Mensch jedes Land besuchen? Sämtliche Städte? Es wäre interessant. Die einzigen Bücher, die es gäbe, wären Atlanten und Reisebeschreibungen. Sollte jeder Mensch jedem Menschen auf der Welt mindestens einmal die Hand gereicht haben? Das wäre gewiss sehr freundlich, aber die einzige Tätigkeit, die ihnen bliebe, wäre das Händeschütteln. Ein Traum verwirrend, irrend.

Sie hatten mich nie gefragt, ob der Vater fortgehen sollte, denkt Tanja. Ich hätte es nicht erlaubt. Hätten sie auf mich gehört? Vielleicht besucht der Vater sie, weil ihm sein Fortgehen nun leidtut. Vielleicht wartet die Mutter. Ist es Zufall, dass sie zum Sommer ihre Dienstreisen aufgeben will? Vielleicht warten beide darauf, dass ich sie frage.

Tanja atmet schwer, holt ihr Zeichenblatt aus der Tasche und malt weiter an ihrem Bild.

Die zwei Jahre über hat Tanja an den Vater gedacht, wie an ein fernes Erlebnis.

Jetzt fällt der Tag ihr ein, an dem sie ihn damals das letzte Mal gesehen hat.

Mitte Januar. Ein kalter Tag. Sie sitzt in der Küche und frühstückt, schlürft heiße Milch und würgt an der Schnitte. Der Vater schleppt Kisten mit Büchern und Kleidungsstücken auf die Straße. Vom Flur her weht ein feiner eisiger Zug, und Tanja zieht den Hals ein. Kater Purzel sitzt auf dem hölzernen Rand des Abwaschbeckens wie eine silbergraue Plastik. Einmal kommt der Vater schweratmend zu Tanja, tut ungezwungen, belanglos, lächelt, trinkt einen Schluck Kaffee, streicht ihr übers Haar und geht wieder hinaus. Seine Haare hängen ihm wirr um den Kopf, Stirn und Nase sind staubig.

Die Wände vibrieren. Draußen fährt ein schwerer Wagen vor. Dann poltert es im Haus. Der Vater holt Bierflaschen aus der Küche. Ein Schrank aus dem Wohnzimmer wird auf die Straße getragen, ein Bettgestell aus dem Schlafzimmer, ein großer Spiegel, Gerät aus der Dunkelkammer und Fotos und Gemälde von den Wänden. Tanja scheint es, als trüge der Vater ihre schönsten Erinnerungen hinaus in den Winter.

Die Haustür fällt ins Schloss. Hinter ihr? Vor ihr? Flocken treiben über den Platz des ehemaligen Bauernhofes, und der Wind kehrt sie zusammen wie trockene Holzspäne. Sie hat sich freuen wollen über den Schnee, denn es ist der erste in diesem Winter. Nun vergisst sie es. Sie vergisst auch, Lumpi zu begrüßen, den einsamen Hofhund. Sie geht durch das Tor und sieht nur den Möbelwagen. Gewaltig, fremd, mit Türen wie der Rachen eines Ungeheuers, das ein ganzes Haus verschlingen kann, mit Träumen, Inventar und allem Drumherum.

Zwei Arbeiter in blauen Wattejacken stehen vor dem Wagen und rauchen. Der Vater spricht mit ihnen. Tanja stolpert über die Kante einer Autospur.

„Na, Kleine, du frierst wohl nicht?", fragt einer der Arbeiter.

Tanja blickt erstaunt zu ihm hin und spürt jetzt, wie ihr der Frost in die Finger kneift. Sie geht hinüber zur Bushaltestelle.

Der Vater kommt, nimmt ihre Hände. „Mädel, du frierst. Ich werde dir Handschuhe holen. Wo liegen sie?"

Tanja zuckt mit den Schultern. Der Vater hat häufig mit ihr über die Gründe der Scheidung gesprochen, Mutter auch. Das hier aber ist etwas anderes, es ist die Tatsache.

Der Bus kommt. Tanja fährt zur Schule ...

Die Unterrichtsstunde geht zu Ende, und Tanja beginnt zu fürchten, der Vater werde ausbleiben. Es gibt doch viele mögliche Hindernisse. Eine Straßenbahn kann aus den Schienen gesprungen sein, und die anderen Bahnen stauen sich in langer Kette, und er steigt aus, kehrt achselzuckend um. Der Bus kann einen Reifenschaden haben. Oder der Vater fährt mit dem Auto, bleibt im Verkehrsgewühl stecken und trifft erst ein, wenn die Pause vorüber ist. Vielleicht auch ist er krank geworden, oder er hat es sich mit dem Besuch anders überlegt.

2

Als Tanja mit den anderen lärmenden Schülern hinausdrängt auf den Hof, steht er da: dunkelbraune Wildlederjacke, rotblonder Vollbart, umspült von Kindern, die er kaum überragt. Doch Tanja erblickt ihn sofort, wie er den Kopf reckt, etwas hilflos das Gewimmel mit seinen Blicken abtastet. Er steht ungünstig, blinzelt gegen die Sonne und sieht Tanja erst, als sie vor ihm steht.

Überrascht lacht er auf mit seinem dunklen kehligen Lachen und versucht, Tanja zu umarmen. Die Fotoapparate, die er vor der Brust hängen hat, stören dabei. Er rückt sie zur Seite, küsst Tanja auf die Wange und fasst sie liebevoll um die Schultern. „Tag, meine Kleine! Da bin ich. Wie geht's dir? – Du staunst, dass ich komme, was?"

Tanja lächelt ein wenig verlegen und nickt. Sie spürt das Kribbeln von seinem strubbligen Bart im Gesicht, reibt die Wange mit dem Daumen. Eine lange nicht geübte Gewohnheit. Sie möchte dem Vater wie früher am Bart ziehen, aber dann denkt sie, damals sei sie ja noch ein Kind gewesen, und sie lässt ihre Hand sinken. Außerdem sehen Susanne und einige Mädchen neugierig zu ihnen herüber.

Der Vater redet gewandt, sekundennutzend, wie das harte Klappern seiner Schreibmaschine. Tanja kennt seine Art zu sprechen. Früher aber, zu Hause, hat er einen anderen Klang in der Stimme gehabt: ruhiger, weniger streng. Etwas fremd kommt er ihr vor, wie ein früherer lieber Bekannter. Sie erinnert sich des Wiesenbildes und mustert ihn verstohlen von der Seite. Sein Bart erscheint ihr länger als früher, auch rostbrauner, und dessen blonde Flecken verwaschen, nachgedunkelt. Und argwöhnisch, als seien es Spinnweben, betrachtet sie die winzigen Falten in seinen Augenwinkeln.

Seine Fragen klingen lässig tröstend, als seien sie nur als Vorboten anwesend, als hetzten seine Gedanken durch unfertige Zeitungsartikel, Konferenzen, Ausstellungen, Interviews. Sein Lachen, publikumsgeübt, reizt Tanja unbewusst, sich nach jemand anderem neben sich umzudrehen. Sie fühlt das Fremde, Ungewohnte in den Umrissen, die sie von ihm skizziert hat. Dieses hier passte so schwer in die Konturen ihrer Erinnerung.

„Darfst du mich ab heute einfach so besuchen?", fragt sie leise.

Der Vater schweigt einen Moment, rückt an seinen Fotoapparaten und sieht seine Tochter nachdenklich an, als überrasche ihn diese Frage.

„Deiner Mutter und deiner Großmutter schlagen wir ein Schnippchen." Er lächelt halb spöttisch, halb triumphierend und drückt Tanja an sich. „Niemand außer dem Direktor und Herrn Schneider weiß, dass ich dich besuche. Für eine Zeitschrift habe ich eine mehrteilige Reportage zu schreiben über den Unterricht an Berliner Schulen. Dreimal darfst du raten, welche Schule ich mir ausgesucht habe!"

„Also, in Wirklichkeit darfst du mich gar nicht besuchen?", fragt Tanja unsicher.

„Jeden Dienstag in der zweiten großen Hofpause werde ich hier sein, und fertig. Was sagst du dazu?"

Tanja bringt kein Wort heraus. Sie kann es sich nicht vorstellen, dass die letzten beiden Jahre an diesem Dienstag zu Ende sein sollen. Es ist nicht schön, dass wir uns nur heimlich sehen dürfen, denkt sie, blickt in die grauen Augen des Vaters, und eine winzige Freude beginnt sich in ihr auszubreiten.

Der Vater erzählt jetzt in endlosem Redefluss von seinen Reisen nach Polen, zeigt Bilder von Freunden, von Reportagen, erzählt, wie er als Betreuer, die westdeutsche Musikband „Kölsche Tropfe", auf ihrer Tournee durch die DDR begleitet habe, ihr „Ehrentropfe" geworden sei und eine Kamera als Geschenk erhalten habe.

In dem Schulhoflärm versteht Tanja nicht jeden Satz, den der Vater spricht. Sie bemüht sich auch nicht darum. Hin und wieder streckt sie ihren Kopf vor, sieht ihm in die Augen, spürt seine Hand auf ihrer Schulter, riecht das gleiche herbe Parfüm an ihm, das sie kennt.

„Wenn du vierzehn bist, darfst du auch ein Wörtchen mitreden. Dann – ziehst du zu mir. Die Zeit vergeht schnell, nur noch zwei Jahre."

Tanja antwortet nicht. Sie blickt den Vater an und denkt: Weshalb darf ich nicht wählen, bei euch beiden zu bleiben? Nein, dann trenne ich mich von der Mutter und der Großmutter, von Lumpi und von den vielen Erinnerungen. Nein, aus dem Haus will ich nicht fortziehen.

„Du schweigst?"

„Es wäre schön, wenn wir wieder zusammen sein würden", sagt Tanja leise.

Der Vater blickt sie kurz an und klappt die Tasche einer Fotokamera auf. „Komm!", sagt er. „Das erste Foto meiner Reportage mach ich von dir." Dann erzählt er, schon etliche Male habe er während der Hofpausen am Zaun gestanden, um Tanja zu sehen. Kein einziges Mal sei es ihm geglückt. Schließlich habe er die Suche vom Zaun aus aufgegeben, um sich nicht verdächtig zu machen.

„Sehe ich dich ... nur ... in den Pausen?", fragt Tanja, und als der Vater sie erschrocken ansieht, möchte sie sich entschuldigen, so unbescheiden zu sein.

„Ich mache dir einen Vorschlag", sagt der Vater. „Am ersten Tag in den Sommerferien hole ich dich ab, sagen wir, von der Schule, und dann fahren wir zu den Havelwiesen. Möchtest du? Dann schwimmen wir, toben rum, leihen uns einen Kahn. Ich habe auch ein kleines Schlauchboot ..."

„Wirklich? Du denkst an die Wiesen?" Tanjas Stimme zittert vor Freude. Der Klang von Vaters Stimme ähnelte nun dem in ihrer Erinnerung, der Druck seiner Hand auf ihrer Schulter ist gleich sanfter, die Strahlen der Märzsonne durchwärmen sie plötzlich und heben die Farben des Schulhofs ungewohnt neu hervor: die blassroten Ziegel des Daches mit ihren weißen und schwarzen Tupfern von Möwen und Krähen. Selbst der Lärm auf dem Hof klingt fröhlicher.

Der Vater macht mehrere Fotos von ihr. Tanja blinzelt in die Sonne. Ihr Mund verzieht sich spöttisch, wenn sie in das Objektiv starrt. Eine Hand über den Augen, Blick zu Susanne, wie sie läuft, wie sie das Gesicht mit ihren langen blonden Haaren verhüllt, dass nur die Augen hervorsehen, wie sie Gummihopse spielt mit Susanne und einem anderen Mädchen.

„Ich möchte schon mit dir an die Havel fahren", sagt Tanja, als sie wieder beim Vater anlangt. Und leiser: „Am ersten Ferientag? Es dauert lange bis zu den Ferien. Und da muss ich doch zu Hause sein. Da ist kein Unterricht mehr."

„Allerdings", sagt der Vater. „Aber kein Problem! Bis dahin finden wir eine Lösung. Dann unternimmst du zum Beispiel eine Radtour mit einigen Klassenkameraden." Er blinzelt Tanja zu. „Oder – du musst in die Schule zur Altstoffsammlung ..."

„Am ersten Ferientag?"

Es läuft sich unbequem, aber Tanja lehnt den Kopf an des Vaters Schulter. Ihren Blick hebt sie über die Dächer, folgt den Flügelschlägen einer Taube, die sich im zarten Gebilde einer Wolke verliert ...

Sie kann schon lesen. Mit dem Zeugnis in der Hand kommt Tanja nach Hause und findet auf dem Küchentisch einen Zettel mit großen runden Buchstaben:

„Geh pünktlich schlafen! Wir kommen erst spät. Morgen früh fahren wir drei zum Bootshaus.

Gruß

Mama und Papa"

Sie liest die Zeilen wieder und wieder. Die Eltern sind fort, und sieht sie auf den Zettel, hört sie ihre Worte.

Sehr früh am Morgen schon sind sie außerhalb der Stadt. Das Bootshaus ist noch geschlossen. Es duckt sich an den kiefernbestandenen Abhang, wenige Schritte vom Ufer einer kleinen schilfbewachsenen Bucht. Im breiten Torflügel fehlt ein Brett, und Tanja erkennt die Umrisse bis zur Decke gestapelter Boote. An der schilffreien Seite der Bucht befinden sich Stege, an denen größere und kleinere Kajütboote und Ruderboote wassern.

Auf dem äußeren Steg, unter Erlen, sitzt ein Angler. Neben ihm schaukelt träge ein gewaltiger Ruderkahn. Am anderen Ufer läutet die Fährglocke.

„Ist ja gut!", ruft der Angler unwirsch hinüber. „Der Chef wird gleich kommen."

Das Wasser fließt spiegelglatt dahin in den Farben dunkelgrüner Schatten, heller Flecke und verwaschenen Blaus. Durch die Erlen am anderen Ufer glitzert die Sonne, als entzünde sich das Laub, um allmählich aus den Kronen der Bäume zu flammen. Lärmen der Vögel, Geruch des trägen Flusses nach Fisch, Kalmus und Wiese. Zwei Schwäne. Ein Erlenblatt, das auf das Wasser schlägt.

Der Vater trägt von irgendwoher drei rostige Gartenstühle heran. Sie setzen sich, essen Kartoffelsalat aus Marmeladengläsern.

„Wir müssten uns öfter Zeit nehmen für solche Tage", sagt die Mutter und blickt nachdenklich kauend in ihr Glas. „Es ist schön hier."

Ein grünes Faltboot. Sie paddeln, bis es sehr warm wird. Vorbei an seerosenbewachsenen toten Armen der Havel, vorbei an Lastkähnen, an Anglern bis hin zu den hohen Schornsteinen. Das Wasser ist hier rostbraun. Kräne und Bagger, die Lastkähne entladen. Hier käme bald die Grenze zu Westberlin, meint der Vater. Sie kehren um. Dann die Badestelle. Bis zu diesem Tag ist Tanja nur in Hallenbädern geschwommen. Nun im Fluss. Der Vater schwimmt rechts, die Mutter links neben ihr. Am anderen Ufer steigen sie, mit den Füßen tastend, durch Kraut und über kantige Steine aus dem Wasser. Hinter einem Elektrozaun weiden Kühe. Sie legen sich ins warme Gras. Sonne prallt ihnen auf den Rücken. Tanja blickt zurück. Drüben das grüne Boot. Auf dem Rückweg hält sie sich fest an den Schultern der Eltern und lässt sich ziehen. Der Vater lacht prustend. Die Mutter ruft ihr zu: „Strecke die Beine nach hinten!" Leicht und sicher trägt das Wasser sie. Sie schließt die Augen.

3

Tanja steigt aus dem Bus. Die Schultasche in der Hand, bleibt sie auf der Straße stehen, betrachtet verwundert, als sähe sie Lindenow zum ersten Mal, die holprigen Pflastersteine, erkennt seit langem einige von ihnen wieder an Farbe und Gestalt, besieht sich nachdenklich die Straßenbäume, erkennt die alte Frau Tömmler, die sehr dick ist und mit einem ebenso runden wie unbeweglichen Dackel spazierenschaukelt, lauscht auf das Krähen eines Hahnes. Da liegt das lang gestreckte Haus mit dem blassgelben Putz und dem Sandstreifen vor den tief liegenden Fenstern und dem Gehweg, das offene Wohnzimmerfenster, die fächelnde Gardine.

Bin ich sehr lange fort gewesen? Und plötzlich freut sie sich, das Haus wiederzusehen.

Als der Bus in Richtung Berlin verschwunden ist, geht Tanja, ein Lied summend, die autoleere Straße entlang und schlenkert ausgelassen ihre Schultasche. Vor der offenen Toreinfahrt zum Hof bleibt sie stehen und stellt sich auf einen Pflasterstein mit eingemeißeltem Kreuz. Immer wenn sie einen schwierigen Wunsch gehabt hatte, stellte sie sich auf diesen Kreuzstein. Von dessen Zauberkraft wusste sie seit langem. Vor Jahren hat sie ihn seiner Seltenheit wegen als Ersatz genommen für die nächtlichen und deshalb für sie unerreichbaren Sternschnuppen. Tanja zweifelte jedoch an der Kraft dieses Pflastersteins, da diese sehr abhängig ist von ihrer Zuversicht. Seit der Vater nicht mehr im Hause lebt, hat sie die Zauberkraft ihres heimlichen Bekannten nicht mehr versucht. Sie kennt ihn aber noch aus den Tagen, da sie nicht gezweifelt hat, und so murmelt sie dem stummen Zeugen jener unbeschwerten Zeit rasch einen Wunsch.

Noch andere Erinnerungen haben sie an dieser Stelle festgehalten. Sie blickt auf den Hof, sieht die grünbetupften Kronen der großen Kastanien, die Stallungen der Schafe, hört Lumpi jaulen und vernimmt vom Flugplatz her vibrierendes Brummen.

Ich bin wieder zu Hause! Möchte sie sagen. Sie steht und empfindet diesen Ausruf als ein wunderbar leichtes Bild ihrer Stimmungen und aller wohltuenden Worte, Melodien und Erlebnisse, die ihr begegnet sind, seit sie in diesem Haus lebt.

Vor dem Krieg arbeiteten die Großmutter und der Großvater auf dem Gutshof. Damals wohnten sie in einem Haus in der Nähe. Als es dem Flugplatzgelände weichen musste, zog die Großmutter in das lange gelbe Haus, in dem zuvor der Gutsverwalter gelebt hatte. Ohne den Großvater, der aus dem Krieg nicht zurückgekehrt war.

Die Gardine winkt ihr zu, und Tanja steht noch unentschlossen zwischen Hoftor und Haus. Beide unteren Zimmer weisen mit ihren Fenstern in Bauchhöhe zur Straße hin. Wenn der Vater mitunter noch bei Helligkeit nach Hause gekommen war, hatte er Tanja zur Begrüßung aus dem Fenster heraus auf den Gehweg gehoben und wieder hinein. Später benutzte Tanja von selbst diesen Ein- und Ausstieg, um den längeren Weg über den Hof zu vermeiden. Der Mutter gefiel diese Gewohnheit nicht. Es ging ihr gegen ihren Sinn für Ordnung. Die Tapete unter dem Fenster leide und das Fensterbrett sei kein Dreckfang, beklagte sie sich. Der Vater verkleidete innen die Wand mit gehobelten Brettern und stellte außen auf den Sandstreifen einen Fußabtreter. Seit der Vater ausgezogen ist, hat Tanja diesen Fensterweg aus den Augen verloren.

Lumpi bellt ungebärdig, doch Tanja geht zum Fenster. Sachte stößt sie es auf und lässt ihre Schultasche ins

Zimmer gleiten. Dann schwingt sie sich auf das Fensterbrett, drückt gegen die Fensterflügel, die scharrend die Gardine streifen und verharrt. Atemlos lauscht sie in die Wohnung und glaubt Stimmen zu hören. Geschirrklappern aus der Küche, wie Mutter den Vater ruft, das Essen stehe auf dem Tisch, unwilliges Brummen aus der Dunkelkammer, der Riegel, der von innen metallisch hart zurückschlägt. Bis zum Hals fühlt Tanja es puckern, als sie unter der Gardine hindurch auf den Fußboden schlüpft. Ohne auf die Sandspuren zu achten, die sie auf dem Teppich hinterlässt, geht sie zur Tür, die in die Küche führt, und öffnet sie.

Mit dem Rücken zu ihr steht die Großmutter an der Waschmaschine und legt Wäsche in die Trommel. Als Tanja die Tür schließt, fährt sie zusammen. „Kind", fragt sie erschrocken, „wie kommst du ins Wohnzimmer?"

Tanja lässt resigniert die Klinke los und setzt sich wortlos an den Tisch, auf dem zwei Teller stehen. Schweigend blickt sie die Großmutter an mit ernstem Gesicht, als sei sie enttäuscht, sie hier zu sehen, nicht zu Besuch wie früher, sondern zum Haus gehörig wie die Mutter und deren häufige Abwesenheit, wie die Abwesenheit des Vaters, die sich täglich um einen ganzen Tag verlängerte.

„Durchs Fenster", antwortet sie, nimmt einen Löffel vom Tisch und klatscht ihn sich nervös auf die Handfläche.

„Guten Tag!", sagt die Großmutter auffordernd.

„Tag!", murmelt Tanja und blickt sie mürrisch an.

„Begrüßt du mich nicht?", fragt die Großmutter. „Ist was passiert?"

„Guten Tag!", wiederholt Tanja, nun betont deutlich.

„Du hast mich erschreckt", sagt die Großmutter vorwurfsvoll. „Fängst du *wieder* an, durchs Fenster zu klettern?"

„Ja, ich fange wieder an." Tanja fühlt, das Schweigen wird bleiben, und es bedrückt sie, und sie fühlt sich einsam, lustlos, schwach. Sie sehnt sich danach, allein zu sein, und das Jaulen des Hundes auf dem Hof scheint ihre Einsamkeit zu bestätigen. Jeder bleibt allein für sich, wie eingeschlossen, Lumpi, Purzel, die Großmutter, der Vater, die Mutter, sie selbst.

„Brühkartoffeln gibt es", sagt die Großmutter, und für wenige Augenblicke erscheint Tanja dieses Wort „Brühkartoffeln" als ein Zauberwort, bei dem sich die Tür öffnen und Mutter und Vater eintreten müssten.

Während die Waschmaschine knackend ihr Programm absolviert, bringt die Großmutter den Kochtopf zum Tisch und füllt dampfende Suppe auf die Teller. „Hattest du Ärger in der Schule?", fragt sie. „Müde bist du, das ist es", gibt sie sich selbst die Antwort.

Tanja isst schweigend und starrt auf den Teller. Was war es nur, was sie nicht hatte vergessen wollen? Weshalb blieb es jetzt fort?

Sie sitzen in der Küche beim Abendbrot, Mutter und Vater entfernter voneinander als sonst, einander gegenüber an den Stirnseiten des Tisches, Tanja in der Mitte. Seit zwei Tagen sind die Eltern geschieden. Der Vater aber, der auf den Möbeltransport wartet, wohnt noch im Hause.

Sie essen schweigend, und Tanja spürt eine bisher unbekannte Kälte, die sie von beiden Seiten einzuschnüren droht. Kein Streit mehr, kein Witz, kein Lächeln. Der Wasserhahn trommelt. Auf dem Gutshof fällt eine schwere Tür ins Schloss, und das Klirren einer Kette ist zu hören.

Die Mutter spricht mit Tanja, als sei der Vater nicht anwesend, als sollte er aus ihren Worten heraushören, dass er nicht anwesend zu sein habe, dass ihn die Zukunft in diesem Hause nichts mehr angehe. Tanja schweigt und friert und knabbert einen Zwieback.

„Mädel iss!", sagt die Mutter.

Der Vater schmiert eine Schnitte und legt sie Tanja auf den Teller. Die Mutter schiebt sie mit einer wütenden Handbewegung auf den Tisch. „Bemüh dich nicht! Dich geht Tanja nichts mehr an! Diese Angelegenheit haben wir mit der Sozialfürsorge geklärt." Sie redet mit dem Vater in eisiger Ruhe wie mit einem bösartigen Fremdling.

„Kaltherzig bist du", zischte der Vater und schickt einen raschen Blick über die Mitte des Tisches.

„Das sagtest du schon öfter", antwortet die Mutter. „Übrigens, das Bild schenke ich dir. Ich verzichte auf deinen verlogenen feierlichen Anblick."

„Danke, gleichfalls", sagt der Vater ebenso eisig. „Du könntest zumindest auf Tanja Rücksicht nehmen." Langsam erhebt er sich, kramt aus seiner Werkzeugkiste unter dem Herd eine Säge hervor und geht mit ihr ins Wohnzimmer. Ein hohles Geräusch dringt in die Küche, bei welchem Tanja erstarrt lauscht.

„Es ist nur das Bild, meine Kleine", tröstet die Mutter sie mit bitterem Lächeln.

In frostiger Gemächlichkeit kommt der Vater aus dem Zimmer, verstaut die Säge, geht mit Handfeger und Müllschippe zurück und dann zum Mülleimer. Dann geht er mit einer heftgroßen Sperrholzplatte auf den Flur. Dort hat er begonnen, seine Sachen für den Auszug zu stapeln. Tanja hört ein Kofferschloss zurückschnappen. Es ist nur das Bild. Tanja aber fühlt sich verlassen beim Anblick der grinsenden Sägezähne und beim schadenfrohen Knirschen aus dem Zimmer. Die Tage, die eben noch um sie herumdrängten wie Halme eines gelbreifen Kornfeldes, versacken zu Erinnerungen. Sie weiß, das Hochzeitsbild hatte die Mutter gern betrachtet.

Am nächsten Morgen wird Tanja durch einen leisen Aufschrei geweckt. Sie liegt in ihre Bettdecke gehüllt vor dem Schlafzimmer. Die Mutter ist über sie gestolpert. In den letzten Wochen war Tanja einige Male nachts weinend ins Schlafzimmer der Eltern gehuscht und hatte sich zwischen beide gelegt. Sie weiß nicht, weshalb sie heute auf der Schwelle geblieben ist, nicht einmal, wie sie aus ihrem Zimmer, die Treppe hinunter auf den Flur gelangt ist. Nur an den grässlichen Traum erinnert sie sich, in dem Geister sich um sie gerissen hatten, nach allen Richtungen an ihr herumgezerrt und sie sogar hatten fressen wollen.

„Du machst das Kind kaputt!", schreit die Mutter den Vater an und nimmt Tanja in die Arme. „Wir haben es bald hinter uns, meine Kleine." Dann hebt sie die Bettdecke vom Fußboden und steigt mit Tanja die Stufen hoch in ihr Zimmer ...

„Du bist heute später gekommen", stellt die Großmutter fest und räumt das Geschirr ins Abwaschbecken. Tanja hat schweigen wollen, um nicht zu lügen. Nun muss sie antworten, und ihr Gesicht verfinstert sich. Das Schweigen um den Vater erträgt sie schon zwei Jahre. Jetzt aber soll sie reden, freundlich sein mit unfreundlichen Gedanken. Nach dem Unterricht hat sie mit Susanne auf dem Schlossplatz gesessen, dem Zeitungskiosk gegenüber und Schokolade und Apfelsinen gegessen, die der Vater ihr in einer Plastiktüte aus dem Wagen gereicht hat, bevor er losfuhr.

„Susanne besucht ihren Vater", antwortet Tanja angriffslustig.

„Soso", sagt die Großmutter. „Hast du Purzels Napf gesäubert?"

„Nachher!"

„Vergiss es nicht!"

„Susanne darf ihren Vater besuchen, in seiner Woh-nung", lügt Tanja weiter und beobachtet die Großmutter gespannt.

„Wohnt ihr Vater nicht bei ihr zu Hause?"

„Ihre Eltern sind geschieden."

„Aha", äußert die Großmutter und schüttet das restli-che Essen in ein rotes Eimerchen und sagt erfreut: „Heu-te kann er sich wieder mal richtig satt fressen." Susannes häusliche Verhältnisse kennt sie nur flüchtig.

„Susanne darf ihren Vater so oft besuchen, wie sie will", fährt Tanja fort.

„Sicher sind die Eltern im Guten auseinander."

„Was heißt das: im Guten?", fragt Tanja. Sie kann sich unter einer Scheidung nichts Gutes vorstellen.

„Na, sie werden sich nicht gestritten haben. – Bist du wirklich satt? Du hast ja kaum etwas gegessen."

„Ja, doch!"

Die Großmutter führt nicht gern tiefsinnige Gespräche. Sie scheint sie zu fürchten. Das höchste Ziel aller Zufrie-denheit sind für sie Kleidung, ausreichendes Essen und Bohnenkaffee und wohlduftende Seife aus dem Inter-shop.

Tanja erhebt sich vom Tisch etwas schlaksig, lauernd, geht zum Kühlschrank und nimmt einen Apfel aus dem Gemüsefach. „Und er schenkt ihr öfter was, und ... viel-leicht ... wird er bald zurückkehren zu ihrer Mutter." Sie hockt vor dem Kühlschrank, beißt in den Apfel, dreht sich wartend auf dem Hacken und sieht den breiten Rü-cken der Großmutter über sich.

„Tja, das gibt es auch, aber selten." Die Großmutter seufzt und blickt traurig auf das Geschirr.

„Das gibt es gar nicht selten!", sagt Tanja protestierend und setzt sich auf ihren Stuhl. „Ich kenne so viele in der Schule ..."

„Geht aber meistens schief", meint die Großmutter. „Du weißt ja, Steinkes. Die haben sich scheiden lassen, sich erneut geheiratet und wieder scheiden lassen." Sie holt durch die Nase tief Luft. „Nein, nein. Geflickte Sachen taugen nicht."

„Susanne freut sich aber", antwortet Tanja leiser.

„Ja, mein Kind, nun ist gut. – Füttere Lumpi und denke an deine Aufgaben für die Schule!"

4

Tanja geht mit dem Eimerchen voller Speisereste über den Hof. In Gedanken spricht sie mit den drei alten Kastanienbäumen über den Vater. Sie hat nie mit den Bäumen darüber geredet, weil es bisher nichts mehr zu sagen gab. Seit heute Morgen aber kann sie es wieder, wenigstens mit den Bäumen. Sie vertraut den Bäumen, da diese hier schon wuchsen, als sie noch sehr klein war.

Tanja geht zur Hundehütte. Kettenklirrend drängt sich ein großer gelber Hund mit stumpfer Schnauze und Hängeohr an das Mädchen, jault freudig. Tanja löst die Kette vom Halsband. Als sie den Eimer auf die Erde stellt, stürzt sich der Hund mit dem Kopf hinein und hat ihn in wenigen Augenblicken laut schmatzend geleert. Eigentlich gehört der Hund dem Pförtner, einem jungen Mann, aber Tanja versorgt das Tier. Sie ist die einzige Person außer dem Pförtner auf dem Gutshof, die Lumpi an sich heranlässt. Nach dem Fressen tollt der Hund über den Hof, und Tanja holt ihm frisches Wasser. Immer, wenn er mit Freudensprüngen zu ihr zurückkommt, streichelt sie ihn und nimmt ihn mit beiden Händen an den Ohren.

„Weißt du, von wem ich dich grüßen soll? Von Papa. Jeden Dienstag wird er mich besuchen. Stimmt's? Immer habe ich zu dir gesagt, er wird uns nicht vergessen." Der Hund schlenkert freudig mit dem ganzen Körper, als spürte er Tanjas Veränderung.

5

Tanja geht in die Küche und säubert im Abwaschbecken das Eimerchen. Noch immer rumpelt die Waschmaschine.

Beiläufig erwähnt Tanja: „Oma, Herr Schröter will mit Mama reden."

„Wieder eine Reparatur?"

„Nein. Er hat eine kranke Taube mit dem Fuß gestoßen. Da bin ich frech geworden."

„Er ist ein Grobian", sagt die Großmutter, ohne aufzusehen, und legt die saubere Wäsche in eine Schüssel mit bläulichem Wasser. „Aber deshalb musst du nicht frech werden. Gieß bitte den Weichspüler nicht fort. Wenn Mama morgen kommt, bringt sie einen Koffer voller Schmutzwäsche mit."

Tanja hofft, die Großmutter werde nach dem Gespräch in der Küche von sich aus auf den Vater zu sprechen kommen. Stattdessen aber redet sie von Frühlingspflanzen in der Gärtnerei, von den neuen Gewächshäusern aus Plastik, die zehn Jahre halten sollen und bereits nach sechs Wochen erste Risse zeigen.

Tanja geht enttäuscht in ihr Zimmer. Dass sie Großmutter nicht gesehen hat, wie verändert sie ist, bestärkt ihre Zweifel. Der Elan, die Leichtigkeit, die Bilder freudiger Erwartung, die sie durchs Fenster ins Haus getragen hat, sind beinahe verflogen. Lustlos setzt sie sich an den Tisch, packt den Inhalt ihrer Schultasche aus, wirft die Mappe neben sich auf den Fußboden und stemmt die Ellenbogen auf den Tisch. Wird sich nichts verändern?

Tanjas Zimmer ist eine hübsche Mansarde. Der Vater hatte ihr einen zugigen Bodenraum umgebaut, die schmale Decke und die Mansardenwand mit hellen Brettern verkleidet. Außen, an den winzigen Fenstern, hatte er Fensterläden angebracht und sie hellblau lackiert. Die Mutter hatte später noch Mohnblumen darauf gemalt.

Links neben dem Tisch und rechts neben dem Bett unter der mit Tierpostern beklebten Dachschräge hängt ein Regal mit Büchern, Hühnergöttern und kurios geformten Feldsteinen. Das ebenfalls blaulackierte Bett, auch von der Mutter mit großen weißen Margeriten bemalt, hatte der Vater selbst gezimmert aus einem alten Kleiderschrank. Am Kopfende eine Buchablage mit hellgrüner Nachttischlampe. Die Mutter hatte handtuchkleine Gardinen genäht, die gerade Wand mit Raufasertapete beklebt und den Fußboden mit vietnamesischen Reisstrohmatten ausgelegt.

Die erste Nacht in dem fertigen Zimmer verbrachte die Mutter. „Ich möchte doch wissen, wie wohl du dich fühlst in deiner Puppenstube", hatte sie gesagt.

Tanja blickte aus dem Fenster. Von hier aus sieht sie die Kronen der Kastanienbäume, ein Stück von Lumpis Hütte und einen Teil des Blumengewächshauses. Aus dieser Richtung auch dringt das vibrierende Dröhnen. Die Schularbeiten wollen ihr nicht gelingen. Tanja schlägt lustlos die Schnellhefter auf, die Bücher. Sie liegen auf dem Tisch wie Störenfriede.

Tanjas Blick fällt auf einen Zipfel der Wiesenzeichnung, der unter dem Stapel hervorlugt. Sie holt die Zeichnung hervor, und allmählich, während sie sich darin vertieft, füllt sich das Zimmer mit diesem sicheren, aber unbestimmbaren Gefühl, festzuhalten an ihrer Erinnerung. Sie beginnt vor sich hin zu summen, steht auf und schaltet ihren Rekorder ein. Dann schreibt sie ihre Hausaufgaben.

Vor dem Fenster verschwinden die Schatten des Hofes. Tanja knipst Licht an. Die Großmutter ruft zum Abendbrot, und Tanja will hinuntergehen. Vor der geraden Wand aber bleibt sie stehen. Dort hängt im braunen Rahmen das halbierte Ölbild. Die rechte Hälfte des Rahmens füllt weiße Tapete. Vor zwei Jahren noch hatte das

Bild die Eltern gezeigt, beide vor einer rostroten geblümten Wand. Der Vater im Frack, mit schwarzem Zylinder, die Mutter im langen weißen Kleid, auf dem Kopf aus roten Feldblumen einen Kranz, der einen weißen Schleier hielt, welcher wie feiner Nebel über ihre Schultern bis zur Erde wallte. Beide hielten sich fest an der Hand.

Ein polnischer Bauer hatte dieses Bild auf Holz gemalt nach einem Hochzeitsfoto der Eltern, das ihm der Vater als Vorlage gegeben hatte. Jetzt fiel es Tanja auf: Der Vater hatte das Bild nicht exakt durchgesägt. Seine rechte Hand war in der linken der Mutter verblieben. Tanja erschien dies plötzlich wie ein nachträgliches Versprechen, als wäre sein Auszug aus dem Haus nicht endgültig, als müsste diese rechte Hand irgendwann den übrigen Vater herbeiziehen.

An der Tür kratzt es. „Purzel, ich komme gleich." Tanja öffnet die Tür. Schnurrend schmiegte sich der Kater um ihre Waden. „Du hast wohl Hunger. Du weißt nicht einmal, dass heute ein besonderer Tag ist, stimmt's? Du weißt es nicht. Heute ist nämlich Dienstag. Du hast recht, was kann ich schon tun. Auch wenn der Dienstag ab heute ein besonderer Tag ist. Warten kann ich. Auf den ersten Tag der Sommerferien zum Beispiel. Oder? – Schade, dass Vater nur mein Vater ist. Ja, Purzel, er ist mein Vater, aber ich, ich bin nur seine Tochter. Eigentlich kann ich nur warten. Und wenn er schon eine andere Frau liebt?" Sie setzt den Kater auf ihre Schultern.

Tanja ist die Treppe schon beinahe unten angelangt, als sie umkehrt. Sie setzt sich auf die oberste Stufe und rutscht holpernd mit dem Kater im Arm die abgewetzten Stufen hinunter. Lachend landet sie auf dem Fußabtreter.

In der Küchentür erscheint die Großmutter. „Kind! Was soll das nun?", fragt sie ratlos. „Beginnst du w i e d e r mit diesem Unsinn? Wie damals?"

„Das macht Spaß", ruft Tanja lebhaft und klopft sich den Staub von ihren Jeans. „Jeden Tag werde ich zweimal die Treppe runterrutschen ... Wie damals, hast du gehört?" Die letzten Worte aber spricht Tanja nur leise zum Kater. „Oma erinnert sich auch. Sie erinnert sich an den Vater."

6

Einige Wochen sind seit dem ersten Wiedersehen mit dem Vater vergangen. Tanja steht im Wohnzimmer auf einem Hocker und sortiert Bücher in das hohe Wandregal hinauf.

Die Großmutter hat es ihr nicht gestatten wollen. „Du bist mir in den letzten Wochen reichlich umstürzlerisch", sagt sie. Auch Mutter kann den praktischen Nutzen dieser Räumaktion nicht erkennen. Sie aber ist für einige Tage nach Jugoslawien geflogen, und Tanja hofft, fertig zu sein, bevor die Abendmaschine in Schönefeld eintrifft.

Noch ist das Regal leer. Die Bücher stehen in mehreren Stapeln auf dem Fußboden. Tanja reckt sich und beginnt, in die oberen Fächer jene Bücher zu sortieren, die ihr beim flüchtigen Durchblättern unsympathisch oder fremd erscheinen. In die Fächer darunter sollen die Bücher, die ihr wenig sagen, aber einen recht ansehnlichen Einband oder einen hübschen Rücken besitzen, und ganz unten, in greifbare Nähe, jedoch vor allem in Sichthöhe, jene, die der Vater gern gelesen und hier gelassen hat: Mark Twain zum Beispiel oder Charles Dickens, Theodor Fontane, Gottfried Keller, auch Bücher, welche die Mutter gelesen, als der Vater noch im Hause gewohnt hat, und schließlich auch solche, die sie selbst gern mag und deren bloßer Anblick oder deren Klang des Titels in ihr Erinnerungen an diese Zeit wachruft. Zu diesen Auserwählten gehören „Das Purpursegel", „König Macius der Erste", „Vierbeinige Freunde".

Das Fenster steht offen, und von der Straße durch die vorgezogene Gardine dringen der Geruch frischer Erde, feuchten Grüns und das leise Prasseln des Regens, der von den Linden tröpfelt auf Löwenzahn und Breitwegerich am Haus. Von der Straße sind die Stimmen einer Frau und eines Mannes zu hören, das Knarren der schweren Hoftür, und dann schrillt im Flur die Klingel.

Zögernd steigt Tanja vom Hocker und geht vorsichtig in die Küche. Durch einen Türspalt zum Flur sieht sie die Mutter, die gerade ihren Sommermantel auf einen Bügel hängt und in die Dunkelkammer trägt.

„Als wir in Belgrad abflogen, war noch schönes Wetter", sagt die Mutter zur Großmutter, die hastig, als hätte man sie bei Unreinlichkeiten ertappt, mit dem Handballen über die Flurgarderobe fährt und einige Kleidungsstücke zurechtzupft. „Den Schirm habe ich tief im Koffer", sagt die Mutter und wischt sich die feuchten Haare aus der Stirn. „Wir sind bereits mittags geflogen, um den Abend bei euch zu sein."

„Wir", sagt die Mutter. Tanja geht neugierig auf den Flur und begrüßt sie. An der Haustür, zwischen Mutters beiden Koffern, steht ein wenig ratlos, als sei er der Gepäckträger und warte auf seine Entlohnung, ein Mann. Die Hände ineinandergelegt, blickt er schuldbewusst auf das nasse Haar der Mutter. „Leider mussten wir hierher zu Fuß gehen", sagt er etwas heiser und wischt sich einen Tropfen von der Nase.

Die Großmutter bringt zwei Handtücher und zuckelt geschäftig in die Küche, „rasch mal Kaffee kochen".

Die Mutter reicht dem Mann ein Handtuch und frottiert sich selbst den Kopf. „Das ist Manfred", sagt sie zu Tanja. „Ein Bekannter aus meinem Betrieb."

Der Bekannte bewegt sich zwischen den Koffern hervor auf Tanja zu, streckt ihr die Hand entgegen und stellt fest: „Und du bist sicher Tanja." Er ist nicht größer als die Mutter, schlank, hat braunes, glattes Haar und einen Schnurrbart.

Tanja behält ihre Hand auf dem Rücken. „Ich bin der Weihnachtsmann", antwortet sie mit gerunzelter Stirn.

Der Mann lächelt verlegen und zieht sachte seine Hand zurück.

„Tanja!", sagt die Mutter vorwurfsvoll und hält mit dem Frottieren inne.

„Mein Papa hat einen richtigen schönen Vollbart", sagt Tanja ungeniert laut, dreht sich um und geht ins Wohnzimmer.

„Tanja! Manfred hat ein Geschenk für dich." Die Stimme der Mutter klingt ärgerlich.

„Ich bin ihr noch fremd", sagt der Mann entschuldigend und trägt die Koffer unter die Flurgarderobe. Die Mutter geht mit ihm in die Küche, und beide blicken ins Wohnzimmer.

„Du räumst ja doch die Bücher um", stellt die Mutter unwirsch fest.

„Sie macht sich eine Heidenarbeit", lässt sich die Großmutter hören.

Tanja blickt nicht zur Tür. Sie schiebt jetzt rascher die Bücher ins Regal.

Nun taucht auch die Großmutter im Türrahmen auf. Das Mädel räumt und räumt. Ich begreife das nicht ... Aus der Dunkelkammer den Korb von Purzel, das ist unser Kater. Seit zwei Jahren steht er da drin. Jetzt räumt ihn das Mädel auf den Flur. Die Anrichte mit dem Fernseher schiebt sie zurück ans Fenster. Denken Sie, wie schwer! In die Küche, sagt Tanja, müssen unbedingt wieder zwei alte Stühle, die seit Jahren schon im Keller stehen."

„Sicher erinnert sie sich gern an die Jahre zurück", versucht der Mann mit einer Erklärung zu helfen.

„Sogar die verblichene Wachstuchdecke, die jetzt vor dem Kellerfenster hängt, möchte sie zurück auf den Küchentisch bringen", wirft die Großmutter ein.

„Die Tischdecke hole ich aus dem Keller. Das wirst du sehen", antwortet Tanja zu ihren drei Zuschauern hin.

„Aber Kind", sagt die Mutter.

„Vielleicht hat sie Freude an alten Hausgegenständen", meint der Mann. „So eine Art Nostalgie."

Von Tanja empfängt er misstrauische Blicke ...

Seit sich die Großmutter erinnert hat an den Vater, räumt Tanja vom Boden bis zum Keller Gegenstände aus einem Raum in den anderen, nach einem Bild, das sie vorher nicht weiß, das sich erst aus jeder neuen, auch der kleinsten Veränderung ergibt. Aus einer Kette von Erinnerungen und Stimmungen restauriert sie mosaikhaft das Innere des Hauses in den Zustand, der nun zwei Jahre zurückliegt, und hofft, Mutter und Großmutter würden sich ebenfalls erinnern und gleich ihr, Sehnsucht bekommen nach den schwerelosen Tagen vor der Scheidung.

Die Mutter ruft. Tanja steigt vom Hocker, geht widerstrebend in die Küche, setzt sich an den Tisch. Der Mann sitzt ihr zur Rechten auf dem ehemaligen Platz des Vaters. Als Tanja in die Küche kommt, stockt er in seinem Gespräch und schweigt. Er lächelt ihr verstehend zu. Dann essen sie Kuchen mit Schlagsahne, und nur das Klappern der Teelöffel auf den Glastellern ist zu hören. Die Mutter erzählt vom Aufenthalt in Jugoslawien und dass sie mit Manfred vereinbart habe, ihre Auslandsreisen nun endgültig ab Juli aufzugeben und sich im Betrieb in eine andere Abteilung einzuarbeiten, wobei ihr Manfred helfen wolle.

Und das Mädchen denkt, sie fragen mich nicht nach meinem Bild. Sie werden es zerstören, weil es für sie nicht existiert. Ich werde mir ein neues Bild malen müssen und wieder ein neues und immer wieder!

Den ersten Ferientag hat sie der Mutter bisher verschwiegen, weil er mit einer Lüge verknüpft ist. Sie hofft, durch einen glücklichen Umstand die Lüge umgehen zu können. Jetzt aber ist diese Furcht plötzlich abwesend, ja es überkommt sie ein grimmiges Bedürfnis zu lügen. „Im Juli fahren wir mit der Klasse an die Havel", sagt sie laut in das Gespräch hinein. „Wir fahren zu den Wiesen, wollen dort schwimmen, Ball spielen und Boot fahren."

„Nehmt ihr mich als Rettungsschwimmer mit?", fragt der Mann.

„Unser Lehrer ist Rettungsschwimmer", lügt Tanja ungerührt.

„Da habt ihr ja Glück", sagt die Mutter. „Ich wusste gar nicht, dass Herr Schneider so sportlich ist."

„Wir möchten, dass d u mitkommst", sagt Tanja.

„Ich? Anfang Juli?" Die Mutter sieht ihren Bekannten an. „Mal sehen."

„Ich habe nämlich versprochen, du fährst voraus und bestellst im Bootshaus einen Ruderkahn."

Die Mutter versinkt in stilles Nachdenken, sieht Tanja an und sagt schließlich: „Du hast recht. Ich fahre mit. Werde mir für diesen Tag meinen Haushaltstag nehmen."

Als Tanja die letzten Bücher ins Regal stellt, kommt der Mann ins Zimmer, setzt sich neben Tanja auf einen Stuhl und zündet sich eine Zigarette an. Unter dem Arm trägt er ein Päckchen. Die Tür zur Küche steht einen Spalt auf, und Tanja sieht hin und wieder den Kopf der Großmutter oder der Mutter.

„Du hast wohl Bücher gern?", fragt der Mann.

„Das sind Bücher von meinem Vater", antwortet Tanja, obwohl das wieder eine Lüge ist. Seine Bücher hat der Vater mitgenommen.

„Aha!", sagt der Mann und nach einer Weile: „Du liest wohl sehr gern."

Tanja schweigt.

„Ich habe zu Hause auch sehr viele Bücher", fährt er fort und zählt eine Anzahl Märchen- und Abenteuerbücher auf.

„Mein Vater raucht nicht", entgegnet Tanja plötzlich.

„Ja, da hast du recht. Eine schlimme Angewohnheit. Ich will es ja lassen. Vielleicht gelingt es mir, wenn du mir hilfst."

Tanja schweigt. Packpapier raschelt. Neugierig dreht sich das Mädchen um.

Der Mann wickelt etwas Blaues aus dem Papier und hält es ihr entgegen. „Für dich", sagt er. „Jugoslawische Jeans." Tanja nimmt das Päckchen und wirft es in das Zimmer.

„Tanja!", ruft leise die Mutter von der Küche her.

„Mein Papa schenkt mir echte Levis", sagt Tanja ungerührt und schiebt Bücher ins Regal.

7

Wie jeden Dienstag pünktlich in der zweiten großen Pause steht der Vater auf dem Schulhof, lacht aus seinem sonnenfleckigen Bart.

„Der Pausenvater ist wieder da", flüstert Susanne ihrer Freundin ins Ohr.

Wieder laufen die Dienstagspausengewohnheiten wie Filmbilder ab. Der Vater begrüßt sie: „Na, meine Kleine!", küsst Tanja auf die Wange, Tanja wischt mit der Hand das Bartkribbeln aus ihrem Gesicht. „Wie geht's?", fragt der Vater mal ernst, mal spaßig, ohne eine Antwort abzuwarten, fasst seine Tochter um die Schultern und spaziert mit ihr durch das Gewimmel. „Was gibt's Neues in der Schule? Ärger mit den Paukern?"

Von Woche zu Woche mehr verstärkt sich in Tanja der leise Verdacht, der Vater sei ein guter Bekannter und gar nicht ihr Vater. Sie will ihm von zu Hause erzählen, aber sicher kennt er dieses Zuhause gar nicht und interessiert sich nicht dafür. Aber verändert hat sich seit seinem ersten Besuch offenbar nichts: Er kommt und wird weiterhin kommen. Alles wird so bleiben. Der erste Ferientag, die endlos blaue Zeit danach, all diese Bilder versinken für Tanja in den Sommer. Doch unruhig nimmt sie wahr, dass den Ahornbäumen ein dichtes Blätterdach gewachsen ist, die Zaunhecke die Sicht zur Straße verhindert.

„Übrigens, ich habe die ersten Fotos mit", sagt der Vater in Tanjas Schweigen hinein. Er holt eine polnische Zeitung hervor und entfaltet sie: Direktor Hutzinger sitzend hinter seinem Schreibtisch, Biologielehrerin Siebold stehend an der Tafel neben dem Bild eines riesigen Pantoffeltierchens, das sie mit dem Zeigestock aufspießt, Werklehrer Gerber in dunklem Kittel an einem Werkstück feilend, Jungen, die auf den Schulhof laufen, Mädchen und Jungen in Riegen angetreten in der Turnhalle, ein Junge am Reck beim Knieaufschwung, vom Sportlehrer unterstützt.

„Weshalb hast du Frau Siebold fotografiert und Herrn Gerber?", fragt Tanja.

„Weshalb nicht? Direktor Hutzinger hat sie mir vorgeschlagen."

„Frau Siebold ist sehr ungeduldig. Passt jemand nicht auf, schreit sie laut, und vorgestern hat sie Susanne aus der Bank gezerrt und durch die Klasse geschubst."

„Weshalb sagt ihr das nicht Herrn Schneider?"

„Weil uns das keiner glaubt. – Susanne hat sich einfach auf die Erde fallen lassen und ist liegengeblieben. Da ist Frau Siebold weiß geworden im Gesicht und um Susanne herumgelaufen. Das wollte ich ja nicht, entschuldige! Das habe ich wirklich nicht gewollt."

„Und was hast du gegen Herrn Gerber?", fragt der Vater ernst.

„Ach, na ja, früher, als wir Werken bei ihm hatten, ließ er jeden, der sich muckste, mit den Händen an der Sprossenwand hängen, bis er sich nicht mehr halten konnte."

„Unterrichtet er auch Sport? Ich meine, wegen der Sprossenwand."

„Der Werkkeller war früher mal Turnraum, bevor die Halle gebaut wurde."

Der Vater betrachtet nachdenklich die Fotos, dann rollt er die Zeitung zusammen. „Du hättest mir das vorher erzählen sollen, dann hätte ich sie nicht in der Zeitung abgebildet." Dann hantiert er an seinen Fotoapparaten, fragt nach Lindenow und nach Lumpi.

Tanja schweigt, weil der Vater sie nicht ansieht, und er merkt ihr Schweigen nicht einmal.

Dann sind die ersten Schüler da. Sie setzen sich auf den Fenstersims der Turnhalle. Der Vater begrüßt, platziert, fotografiert sie; einzeln, in Gruppen vor dem Eingang der Halle, vor dem Haupteingang der Schule; Lehrer stellen sich dazu, lächeln, auch sie fotografiert er, spricht mit ihnen, schreibt – und schreibt sich fort von Tanja, und sie geht neben dem Reportagetrubel her wie ein vergessenes Maskottchen.

Endlich verläuft sich der Andrang um ihn. Er steckt sein Notizbuch in die Jackentasche, rückt die Kamera von der Brust auf die Seite, greift sich aufatmend durchs Haar, lächelt Tanja zu: Das wäre geschafft, nun zu dir.

Das Mädchen möchte reden, möchte viel lieber noch seine Stimme hören, die des Vaters, nicht die des Reporters, um aus seinem Tonfall frühere Erinnerungen an die Eltern herauszuhören. Doch da klingelt es zum Einlass ins Schulhaus, und gleich werden sie sich verabschieden müssen. Tanja wünscht sich, der Hausmeister sähe sie durch das Fenster seines Zimmers und läutete die Klingel diesmal länger. Tanja achtet nicht auf den Lehrer, der die letzten spielenden Kinder ermahnt, die Pause zu beenden.

Der Vater hat sie um die Schultern gefasst und geleitet sie mit ermunternden Worten ins Schulhaus. Er sagt noch, heute könne er sie nicht zum Bus fahren, müsse sogleich zu einer Pressekonferenz. Und Tanja erzählt eilig, der Kater habe seine Schlafstätte wieder vor der Flurgarderobe, Lumpis Fell sei sehr struppig, weil er nie ins Wasser komme, die Großmutter klage über Rückenschmerzen, sie müsse Mist ausbreiten in den Tomatentreibhäusern und die Mutter werde ihre Dienstreisen ins Ausland aufgeben.

Sie sind an der Steintreppe zum ersten Stockwerk angelangt. Es klingelt zur Stunde.

„Nun aber flott!", ruft eine Lehrerin energisch.

Ein Kuss. Tanja jagt die Stufen hoch. Das Bartkribbeln hängt ihr noch im Gesicht, als sie ihren Stuhl erreicht.

8

Tanja und Susanne sitzen auf der untersten Sprosse der Stahlpyramide, die von allen Seiten mit Plakaten behängt ist, und stopfen Obst und Süßigkeiten in sich hinein. Wieder wird die Großmutter fragen, weshalb sie zwei Busse später kommt und weshalb sie keinen Hunger hat, und wieder wird sie lügen müssen und am Abend noch einmal, wenn die Mutter fragt.

„Du hast es gut", sagt Susanne, richtet sich auf und hält ihren Bauch. „Du kannst deinen Vater sehen und mit ihm sprechen. Ich kenne meinen erst gar nicht."

Tanja nickt und schweigt. Sie hat schon viel von dem Vater erzählt und weiß, dass nun Susanne auch von ihrem Vater träumt.

„Vielleicht ist es besser, dass ich ihn nicht kenne", überlegt Susanne laut. „Meinen neuen Vater kann ich nämlich ganz gut leiden. Nur die neue Oma ist ungerecht. Sie bevorzugt meinen kleinen Bruder. Manchmal schlägt sie mir vor der Nase die Tür zu. Dann gehe ich in mein Zimmer und heule."

Tanja blickt erstaunt auf ihre Freundin. Sie kann sich nur schwer vorstellen, dass Susanne weint.

„Bloß mal sehen möchte ich meinen richtigen Vater", erzählt Susanne. „Wenn ich meine Mutter frage, wie er aussieht, dann sagt sie: ‚Setz deine Brille ab, guck in den Spiegel und denk dir deine Haare grau und die Nase etwas breiter ...' Ich möchte ihn schon gern sehen. Ein Meter neunzig soll er groß sein, und manchmal soll er betrunken gewesen sein, erzählt meine Mutter."

„Du wirst ihn gewiss mal sehen", tröstet Tanja ihre Freundin.

„Glaube ich nicht", widerspricht diese. „Niemand weiß, wo er wohnt. Wenn sie sich erst getrennt haben, ist es vorbei."

„Manchmal vielleicht nicht", wirft Tanja leise, aber entschieden ein.

„Du wirst es sehen", sagt Susanne, „dein Vater fährt mit dir raus an die Havel, dann tobt ihr rum wie die Eichhörnchen, esst Mittag, Eis mit Schlagsahne, fahrt zurück nach Berlin, und dann hat er dich genug gesehen und besucht dich jedes Jahr nur dreimal."

„Das weißt du überhaupt nicht!" Tanja ist erschrocken. Susanne hat ihren heimlichen Wunsch erraten und ausgesprochen, wovor sie selbst sich fürchtet, diese unerbittliche Erfahrung, von der die Großmutter spricht und die Mutter. Nun auch Susanne. Schon spürt Tanja diesen lähmenden Druck nahen, der ihre eigenen Träume zerstört. Resignation befällt sie, die ihr den Rücken rundet, ihre Arme erschlaffen lässt und Dunkelheit über die kommenden Tage breitet. Wohl spürt sie diesen Druck, glauben aber wird sie nur eigenen Enttäuschungen.

Tanja beginnt energisch auf Susanne einzureden und vergisst die Menschen, die Autos, den Verkehrslärm, um sie her. Sie erklärt ihrer Freundin die Zeichnung vom ersten Ferientag in so lebhaften Träumen, mit all ihren Hoffnungen bis in die kleinsten Einzelheiten, sie weiß, wie dieser Tag verlaufen und ausgehen wird, sodass Susanne schließlich beschämt den Kopf senkt, weil Tanjas Optimismus sie anzustecken beginnt.

9

„Heute sind's fünf", sagt die dicke Frau im Kiosk, freundlich ihren Hals in mehrere Wülste legend, und reicht einen Packen Zeitungen durch die Luke.

„Danke!" Tanja nimmt sie freudig entgegen wie einen Stapel Briefe.

„Eine Mark dreißich. Haste denn nu schon Erfolch jehabt, Mädchen?"

„Ein wenig schon, glaube ich", erwidert Tanja unsicher und legt das Geld auf den Glasteller. In Gedanken verabschiedet sie sich bereits von dem Kiosk und der gutmütigen Frau, die ihr die Zeitungsartikel des Vaters heraussucht.

„Na, es wird schon werden", ermutigt sie die Zeitungsfrau. „Und denk dran: Von zwölf bis eins mach ich Pause."

Tanja nickt. Nein, es wird nichts, denkt sie mutlos. Was soll in der letzten Schulwoche noch geschehen. Sie trägt die Zeitungen hinüber zur blauen Parkbank, setzt sich und durchblättert die Wirtschafts- und Kulturseiten. Seit Anfang Juni sitzt sie immer montags hier und durchstöbert die Zeitungen. Jeden Artikel, jedes Foto, unter dem sie den Namen des Vaters liest, empfindet sie an sich adressiert und hofft, der Mutter würden sie ähnlich gute Erinnerungen wecken. Ihres Erfolges aber ist sich Tanja nicht mehr sicher. Mutter liest die Zeitungen nur flüchtig, überfliegt hastig die Überschriften, verweilt nie bei den Mitteilungen des Vaters. Ihre einzig merkliche Reaktion: Verwunderung über den enormen Zuwachs an Tagesliteratur. Die Großmutter, die Tanjas gesteigerten Zeitungsbedarf finanziell stützen muss, schiebt das neuartige Interesse ihrer Enkelin auf „Überforderungen" durch die Schule.

Der Vater veröffentlicht beinahe täglich Fotos oder Artikel zu historischen Gebäuden, Kunstausstellungen, Museen, Liederfestivals und ähnlichen kulturellen Begebenheiten. Mit keinem Wort aber werden diese oder auch nur der Fotograf im Hause auf dem Gutshof erwähnt. Hin und wieder wagt Tanja, die Mutter auf einen Artikel hinzuweisen, zu einem ausführlichen Gespräch aber gelingt es nie vorzudringen.

So muss Tanja schweigen mit ihrer Hoffnung. Und dieses Schweigen müssen bedrückt sie aus zwei Gründen sehr stark: Erstens hat alles Möbelrücken weder die Erinnerungen der Großmutter noch jene der Mutter merklich auffrischen können, und zweitens hat sich der Vater an den letzten beiden Dienstagen in der Schule nicht sehen lassen.

10

Am nächsten Morgen, die Mutter und die Großmutter sind bereits zur Arbeit gegangen, findet Tanja auf dem Küchentisch aufgeschlagen die „Berliner Zeitung" und darauf einen Zettel mit Mutters großen runden Buchstaben:

„Überraschung! Mehr darüber heute Abend.
Gruß
Mama"

Mit zittrigen Händen nimmt Tanja den Zettel und liest in der Zeitung: „Mit der IL 18 nach Heringsdorf. Seit fünfzehnten Mai fliegt die Interflug wieder die Bäderlinie. Montags, dienstags, freitags, sonnabends, sonntags ab Schönefeld in fünfzig Minuten."

11

Schon vorsichtige Schritte auf dem Schulhof wirbeln Staubfahnen auf, und das dringlichste Gesprächsthema der Kinder, die sich matt in den Schatten drängen, gipfelt in der Frage: Gibt es „hitzefrei" nach der dritten oder nach der vierten Stunde?

Tanja hat sich wie jeden Dienstag von Susanne und den anderen Mädchen getrennt. Sie lehnt in den Maschen des Schulgartenzaunes unter einem Weißdorn und blickt unruhig zum Schulhoftor. Die Pause verrinnt. Tanja unterdrückt Tränen. Nun klingelt es, und der boshafte schrille Ton verliert sich mit noch boshafterer Stille in der flirrenden Luft. Müde stellt sich Tanja an das Ende der Schülerreihe, die sich ins Schulhaus quält, und sieht immer wieder zum Tor. Vielleicht ist er krank geworden und wartet auf meinen Anruf, denkt sie. Sie scheut sich jedoch anzurufen, weil sie für den ersten Ferientag eine Absage befürchtet.

Nach dem Unterricht steht Tanja reglos vor der Telefonzelle. Unschlüssig betrachtet sie den Zettel mit der siebenstelligen Zahl, den ihr der Vater beim ersten Besuch gegeben hat. Eine junge Frau knotet die Leinen ihrer beiden Zwergpudel an den Zaun und tritt, als Tanja die Tür freigibt, kopfschüttelnd hinter die Glaswände. Während Tanja dann die Nummer wählt, denkt sie, ich werde besser nicht anrufen. Der Vater hat ihr doch gesagt, sollte er mal nicht kommen, brauche sie sich nicht zu sorgen.

Plötzlich meldet sich im Telefon eine helle Frauenstimme. Tanja schweigt überrascht und hängt den Hörer ein. Einige Augenblicke steht sie mit gesenktem Kopf da. Draußen klopft ein rotgesichtiger Mann gegen die Scheibe und fährt entrüstet mit der Hand durch die Luft. Tanja greift zum Hörer und wählt erneut. Dieselbe Frauenstimme, diesmal etwas gereizt, meldet sich. Tanja gibt sich zu erkennen und wünscht den Vater zu sprechen. Die Frauenstimme wird freundlicher und teilt ihr mit, der Vater sei für mehrere Wochen in Polen, komme zum Wochenende zurück. Am Dienstag wolle er, soviel sie wisse, wieder in die Schule. Jetzt stockt die Stimme ein wenig, als wollte sie Anlauf nehmen zu einem Gespräch. Tanja dankt rasch und legt auf.

Die Sonne wärmt ihr den Rücken, und Tanja blickt, das Gesicht gegen die Drahtmaschen gelehnt, wohligverträumt auf das weite Flugplatzgelände. Sie hat Lumpi gefüttert und ist dann nach hinten gegangen zur Gärtnerei, wie vor Jahren, als sie die Großmutter von der Arbeit abgeholt hat.

Eine Turbinenpropellermaschine ist gelandet und kriecht mit lautem Pfeifen über das in der Hitze flimmernde Feld wie eine dicke Fliege. Die Mutter und der Vater sind sehr häufig mit diesen Brummern geflogen, denkt Tanja. Der eine in diese Richtung, der andere in jene. Nie haben beide in *einem* Flugzeug gesessen und nie wir zu dritt. Unzählige Flugzeuge hat sie starten und landen sehen und in die Wolken begleitet mit ihren Blicken.

Das Flugzeug schwenkt jetzt, kriecht wie lauernd auf die Maschen des Zaunes zu und hält. Tanja dreht sich weg, reibt ihr Gesicht.

Am Abend desselben Tages stellt sich heraus, die Mutter hat Flugtickets gekauft für den zweiten Juli. Das ist der erste Ferientag. Mutter und Großmutter versuchen, einander in der Überzeugungsarbeit ablösend, Tanja die

„Klassenfahrt" auszureden. Das Mädchen bleibt hartnäckig, und die Mutter verspricht, den Flug auf einen späteren Zeitpunkt umzubuchen.

12

Tanja erwacht durch Geräusche aus der Küche und vom Flur. Sie hört die Mutter geschäftig hin und her gehen und Melodien summen, mit dem Kater reden, mit der Großmutter. Dann fällt die Haustür zu. Der Briefkasten scheppert. Die Großmutter geht zur Arbeit und nimmt die Zeitung mit.

Der erste Ferientag, durchfährt es Tanja plötzlich. Sie schreckt hoch. Die Sonne strahlt ins Zimmer und trifft das zersägte Bild wie ein breiter Scheinwerfer. Zum ersten Mal, seitdem das Bild an dieser Wand hängt, erscheint ihr die Hand des Vaters traurig und leblos in der der Mutter, und diese scheint nicht mehr zu dem weißen Tapetenfleck hinzulächeln, sondern durch ihn hindurch.

Das ist nun der erste Ferientag ...

Vor vier Tagen ist Manfred zu Besuch gekommen, und die Mutter hat ihren Plan aufgegeben, den Flug umzubuchen. Manfred wird sie begleiten. Sie hat Susannes Mutter anrufen wollen, damit diese vorausfahre zur „Klassenfahrt" und einen Kahn bestelle.

„Ist ja schon gut", hat Tanja daraufhin eilig gesagt. „Ich wollte eigentlich nur dich mitnehmen."

Lumpi jault. Tanja zieht sich an. Möbel umstellen, Bücher sortieren, Zeitungen besorgen und lesen, an ihrer Zeichnung malen; da hat sie ihn in den letzten Wochen sehr vernachlässigt. Tanja nimmt die Zeichnung aus dem Bücherregal, setzt sich aufs Bett. Gähnt.

Die Zeichnung – der heutige Tag! Ihr Mund verzieht sich spöttisch. Zu Weihnachten zeichnete sie früher eine lange Wunschliste auf ein Blatt und legte sie dem Vater auf das Fensterbrett. Die Vorfreude war groß, von der

Liste wurden zwei, drei Wünsche erfüllt. Die Vorfreude aber blieb immer.

Erinnerung liest sie aus der Zeichnung heraus: Es ist Frühling, sie sitzt im Unterricht und wartet auf den Vater. Und wenn er heute nicht kommt?

Behutsam rollt Tanja das Blatt zusammen, hält inne, entrollt es wieder, geht zur Wand und legt es an das halbierte Bild. Wenn sie den Rand beschneidet, passt es genau in den Rahmen. Nachdenklich lässt sie das neue Wandbild auf sich wirken, dreht es dann eilig zur Rolle zusammen und steckt es in ihre Umhängetasche. Unten trällert die Mutter, und Tanja möchte sich freuen über deren Heiterkeit. Doch nur ein wehmütiges Abschiedsgefühl rührt sich in ihr. Dann geht sie hinunter, sie rutscht nicht. Das erste Mal seit Wochen, dass sie es vergisst.

Sie frühstücken zusammen. Die Mutter ist lebhaft, redselig, Tanja still, nachdenklich. Nach dem Essen packt die Mutter ihre Reisetasche, Tanja einen Campingbeutel: Handtuch, Badeanzug, Glas mit Kartoffelsalat, Äpfel, eine Plastikflasche Tee.

„Ein schöner Tag ist heute", sagt die Mutter und drückt Tanja an sich. Das Mädchen nickt. Auf dem Flur dreht sich die Mutter noch zweimal vor dem Spiegel, rückt an ihrem Rock, streift mit dem Zeigefinger sacht über ihre Wimpern. Dann verlassen beide das Haus und gehen zur Straße. Die Mutter bemerkt Tanjas Traurigkeit nicht. Sie sorgt sich darum, pünktlich im Flughafenrestaurant zu sein.

„Schade, dass du nicht mitfliegst", sagt sie, als Tanja in den Bus steigt. „Dir wünsche ich aber auch viel Spaß." Sie lächelt und hebt ihre Hand zum Gruß.

„Ich werde Papa von dir grüßen", sagt Tanja leise, wie entschuldigend.

Der Bus hinterlässt eine Staubwolke und hüllt die Mutter darin ein, die ihren Arm reglos in die Höhe hält und allmählich hinter einem grauen Schleier verschwindet.

Tanja atmet erleichtert auf, zieht einen Fahrschein und stellt sich an die hinteren Fenster. Das graue Kopfsteinpflaster bleibt zurück und mit ihm das wochenlange Schweigen.

Als sie in Berlin ankommt, fährt der Bus langsamer, hält einige Male, ruckt an. Im Schritttempo nähert er sich dem Köpenicker Schlossplatz, und Tanjas Gleichgültigkeit beginnt zu verfliegen. Unruhig blickt sie auf die belebte Straße, trommelt mit den Fingern an die Scheibe. Der Bus aber kriecht behäbig. Fußgänger auf dem Gehweg überholen ihn.

Als Tanja aus dem Bus springt, verschwindet die Straßenbahn eben quietschend um die Kurve. Zehn Minuten noch bis zum verabredeten Treff mit dem Vater, und in fünfzehn Minuten erst kommt die nächste Bahn.

13

Heftig atmend biegt Tanja um die Ecke, sieht den weinroten Skoda und verlangsamt ihren Schritt. Für Augenblicke freut sie sich auf den Tag, erlebt aber wieder dieses geteilte Bild. Der Wagen steht mit rechten Reifen auf dem Gehweg, wie sie es von vielen Dienstagen her kennt. Das Tor zum Schulhof steht offen, hängt schief in den Angeln. In den Pausen klammern sich Schülertrauben daran.

Der Vater sitzt auf dem Betonsims der Turnhalle und raucht. Tanja hat ihn selten rauchen sehen. Fremd erscheint ihr der Hof, und der Vater nicht herpassend, und sie muss sich dagegen wehren, umzudrehen und fortzulaufen.

Als der Vater Tanja sieht, erhebt er sich etwas schwerfällig und wirft die Zigarette auf die Erde, tritt mit dem Fuß darauf und geht langsam auf sie zu.

Du bist nicht allein, ermahnt sich das Mädchen. Die Zeichnung, die Wiesen. Du musst sehr darauf achten, sie nicht zu vergessen!

Der Vater hat umschattete Augen. Er küsst Tanja. Das Mädchen entschuldigt sich für die Verspätung. Der Vater winkt ab. Dann entschuldigt er sich für sein dreimaliges Fehlen. Heute Nacht erst sei er aus Warschau zurückgekehrt. Mit der Bahn. „Neue Reportage. Diesmal teils drüben, teils hier. – Wie ist dein Zeugnis ausgefallen?" Er sieht verstohlen auf seine Uhr.

„Ich bin in die sechste Klasse versetzt worden", sagt Tanja sachlich. Sie stellt ihre Tasche auf den Boden, wickelt die Zeichnung aus der Serviette und reicht sie dem Vater. Ihr Gesicht glüht. Mit einem Mal glaubt sie, alles könne sich noch ändern. Der Vater werde mit nach Lindenow kommen. Die Mutter erwarte ihn.

„Bauern bei der Heuernte", sagt der Vater mit müder Anteilnahme und blickt wieder zur Uhr. „Ein schönes Sommerbild. Lustige Kleider tragen sie." Es klingt, als hätte er sich bereits verabschiedet.

„Es heißt: Der erste Ferientag", sagt Tanja aufgeregt. „Ich möchte es dir schenken."

„Ach so, Ferientag. Natürlich, meine Kleine ..."

„Eigentlich sollte es ein Kosmonautenbild werden, damals, im März. Weißt du ..." Tanja möchte dem Vater von ihrer einstigen Freude erzählen, damit er das Bild verstehe, aber dann schweigt sie.

Der Vater nickt ernst, lächelt kurz, aber wie abwesend, fasst sie um die Schultern und geht langsam mit ihr auf das Hoftor zu.

Tanja redet jetzt hastig, stockend, beobachtet ihn, ist unsicher, weil sie ihn angerufen, mit seiner neuen Frau gesprochen habe.

„Das war Ulrike", sagt der Vater und blickt forschend auf seine Schuhspitzen. Sie seien nicht verheiratet. Wieder blickt er zur Uhr, und jetzt beginnt er zu reden, maschineklappernd, sekundennutzend: Seinen Urlaub müsse er verschieben, er sei ja nicht freischaffend. Tanja hört ihn nicht, obwohl sie ihn hören will. Weit entfernt ist der Vater. Irgendwo auf ihrem Bild. Hüpft auf einem Bein um ein Morastloch und wäscht sich im Fluss die Hände. Tanja blickt über sich in die Ahornbäume, und die Blätter aus gläsernem Grün vertragen sich schlecht mit ihrer Traurigkeit.

Ich werde zu Susanne fahren, denkt sie, den Kartoffelsalat essen, und vielleicht kommt sie mit. Sicher. Wir wollten ja schon immer mal in die Kugel zum Fernsehturm hinauf. Von dort, sagt Herr Schneider, sehe man bei klarem Wetter jedes Berliner Haus und sei sehr dicht unter den Wolken.

Gegen vierzehn Uhr, sagt der Vater, müsse er bereits in Dresden sein: Festival des politischen Liedes. Wenn er diese Termine nur nicht so verflixt kurzfristig erhielte.

Mama wird bereits an der Ostsee sein, denkt das Mädchen. Sie wird mit Manfred am Strand sitzen. Noch nie habe ich das Meer gesehen und noch nie die Wolken von oben wie auf dem Poster, das er mir an die Tür geklebt hat. Schön, dass Mama wieder gelacht hatte.

Ja, ja, so ergehe es einem Journalisten. Termine warteten eben nicht. Im September aber seien die Tage ja auch noch warm. Im neuen Schuljahr werde er übrigens die listige Gewohnheit fortsetzen und dienstags in die Schule kommen. Nicht jeden Dienstag freilich, die Reportage sei ja beendet, aber des Öfteren. Dann bringe er viele Fotos mit, die er während der letzten Wochen erbeutet habe. Dann auch könne Tanja die Zeichnung noch einmal mitbringen. Auf der Fahrt jetzt würde er diese nur zerknittern.

Er rollt das Papier zusammen und reicht es Tanja. Wieder sieht er auf die Uhr. Diesmal länger, als erwartete er von dem Ziffernblatt einen Ratschlag.

„Wir – könnten uns vielleicht noch für eine halbe Stunde ins Gartencafé setzen, an die Spree, gegenüber der Baumgarteninsel. Weißt du? Wo wir früher Schwäne gefüttert haben und Enten." Ein Lächeln huscht über sein Gesicht, verschwindet aber rasch wie ein Sonnenstrahl zwischen den Wolken, als hätte er sich zu ungehörigen Worten hinreißen lassen. Nein, nein. Drei Stunden Fahrzeit müsse er einplanen und zur Tankstelle ja auch noch. Nein, nein. Doch im September werde er sich ein paar Urlaubstage nehmen, im Hotelschiff wohnen, überhaupt nicht nach Hause gehen, um das Telefon nicht zu hören. „Ach, siehst du, meine Kleine. Taschengeld." Er greift in seine Jackentasche, zieht einen Zwanzigmarkschein hervor. „Bitte."

„Danke."

Sie sitzen im Wagen, fahren die gewohnte Dienstag-nach-dem-Unterricht-Strecke, und Tanja denkt: Zwei Monate Ferien, und heute Abend ist Mutter wieder da, und Manfred wird das erste Mal bei uns übernachten.

Der Wagen hält in der Seitenstraße am Rathaus. Der Vater wünscht Tanja schöne Ferien, blinzelt ihr zu. Dann steigt sie aus. Auf den Rathausstufen liegen verstreute Blumen, und aus den vergitterten Fenstern des Kellerrestaurants steigen Düfte von Rotkohl und Brühe. In ihrem Gesicht spürt Tanja das Kribbeln von einer spinnwebenflüchtigen Berührung, und wo das Auto stand, verfliegt blauer Qualm.

Ungläubig noch steht Tanja und blickt über die Straße. Die Frau im Kiosk bewegt die Lippen und hält einen Packen Zeitungen hoch. Tanja schüttelt den Kopf. Die Frau taucht unter. Nur ihre krause Frisur ist zwischen den Zeitungen zu sehen, dann nehmen Tanja Straßenbahnen und Lastwagen die Sicht.

Wieder schließt sich die Bustür.

Tanja setzt sich, nimmt ihre Zeichnung aus der Tasche und betrachtet sie. Heuernte!, denkt sie spöttisch. Eine Heuernte hätte ich doch mit gelben Farben gemalt! Es ist gut, dass das Bild in den Rahmen passt. Auch wenn ich erwachsen bin, werde ich es nicht vergessen.

Durch die Scheiben sieht Tanja die sanften Wellen des Roggenfeldes, dahinter die ersten Dächer von Lindenow und wie grüne Wolken die Kronen der Kastanienbäume.

(Erstmals veröffentlicht in „Lied der Grasmücke", Verlag Neues Leben, Berlin, 1987)

Berlin, Weltfestspiele, 1973

Zeitungslektüre in der U-Bahn, 1958

BEATE MORGENSTERN: Gemüse-Erna

Erna saß im Morgenmantel, Lockenwickler in den dünnen, aschblonden Haaren, gewaltig dick im Sessel und rauchte in aller Ruhe ihre Zigarette zu Ende, die sie sich angesteckt hatte, bevor Herr Großmann, wie jeden Morgen, sein Stullenpaket in der abgeschabten, ledernen Aktentasche verstaut und sich mit einem Blick ins Wohnzimmer und einem bedachtsamen Tschüss für diesen Tag verabschiedet hatte.

Erna brauchte nicht mehr so früh aus dem Haus. Sie drückte die Zigarette aus, stand auf und räumte das Kaffeegeschirr in die Küche. Ins Fenster fiel Morgensonne, während das Wohnzimmer noch im Halbdunkel lag. Die Sonne war sehr hell. Es würde ein heißer Augusttag werden wie alle Augusttage in diesem Sommer. Seit Jahren hatte es nicht mehr so einen Sommer gegeben, und bis er sich wiederholte, würde wieder viel Zeit vergehen.

Das Weiß der Plastekacheln strahlte über dem Herd. Herr Großmann hatte die Küche erst im Frühjahr renoviert. Die blau gemusterten Tapeten an den Wänden mit glänzendem farblosem Latex übermalt, erinnerten an Schokolade aus Holland. An einer Wand hing ein kleines Regal, auf dem sie bunte Büchsen aus dem Westen sammelte. Herr Großmann hatte sich große Mühe gegeben. Erst das Zimmer, dann die Küche, zuletzt den Flur. Und das alles nur, weil sie in Rente ging, weil sie zu ihrem Sechzigsten endlich eingewilligt hatte, die Schrankwand zu kaufen. Was hatte Herr Großmann ihr deshalb zugesetzt! Immer wieder war er darauf gekommen, dass eine Schrankwand etwas sehr Modernes wäre, etwas, das alle Leute hätten, das auch sie sich leisten könnten. Genug Geld verdienten sie ja. Herr Großmann war manchmal ziemlich eigensinnig. Aber Erna auch.

Vom Alter her konnte Herr Großmann Ernas Sohn sein. Und nicht nur in der Beziehung. Sie musste ziemlich vorsichtig sein, um ihn ihre geistige Überlegenheit nicht spüren zu lassen. Er war sehr empfindlich.

Wenn sie nicht solche Angst vor dem Rentnerdasein gehabt hätte, wäre aus der Schrankwand nichts geworden. Aber so konnte sie sich mit dem Aufräumen der Wohnung, dem Reinemachen nach den Malerarbeiten und dann mit dem Einrichten, die Zeit vertreiben und brauchte nicht nachzudenken. Nur als die alten Möbel auf dem Hof herumstanden, bevor sie abgeholt wurden von der Müllabfuhr, da wollte sie die am liebsten wieder raufschleppen lassen und verwünschte sich und die neue Pracht, die zu drei Vierteln sowieso nur aus Holzspänen und Pappe bestand. Aber sie wusste auch: Ohne Schrankwand hätte Herr Großmann nicht renoviert.

Eigentlich konnte sie zufrieden sein, dass er so häuslich war, bei den Verhältnissen, aus denen er kam. Aber sonst wäre natürlich aus ihnen beiden auch nichts geworden, damals - sie fünfundvierzig, er vierundzwanzig. Der Klatsch in der Straße ...

Erna setzte Wasser zum Abwaschen auf und goss die Geranien auf dem Fensterbrett in der Küche und in der Stube. Sie schob das Vogelbauer ein wenig zur Seite. Der Wellensittich trällerte.

Na, Morjen, Micki. Erna steckte ihren Zeigefinger durch die Stäbe. Micki hüpfte zu ihrem Finger und pickte ihn sanft.

Über Ernas mürrisches Gesicht glitt ein freundliches Lächeln. Sie zog den Finger aus dem Bauer.

Micki kommt später dran.

In der Küche pfiff der Wasserkessel Sie drehte das Gas aus, goss das heiße Wasser in eine Schüssel, ließ aus dem Hahn kaltes dazu und spritzte Fit hinein. Dann stellte sie die Teller und Tassen in die Schüssel.

Was sie für Zeit hatte.

Man gut, dass sie wieder arbeiten ging. Wenn sie's auch finanziell nicht mehr nötig hatte. Obwohl, die Rente war nicht so reichlich, und Herr Großmann aß sehr gern und sehr gut. Da durfte ihm nichts abgehen. Dazu Zigaretten und Kaffee für sie und ihn. Er brachte ja als Beifahrer ein ganz schönes Stück Geld nach Hause. Nur, wenn man erst an einen höheren Verbrauch gewöhnt war.

Wäre es nach ihm gegangen, hätte sie schon viel früher aufhören sollen zu arbeiten. Doch sich von einem Mann abhängig machen? Dass er ihr's dann vorwirft, irgendwann?

Wenn ich Rentnerin bin! Damit tröstete sie ihn immer. Deshalb konnte er es auch gar nicht fassen, dass sie vor acht Wochen als Reinigungskraft angefangen hatte.

Haste denn das nötig. Mein Geld ist dir wohl nicht gut genug. Er war rot geworden und schrie. Das ganze Haus konnte es hören.

Dabei gab es das sonst nicht bei ihnen. Es gehörte sich einfach nicht. Bei ihr zu Hause war alles immer in Ruhe geklärt worden. Und so hielt sie es auch mit Herrn Großmann.

Soll er mal den ganzen Tag zu Hause sitzen.

Sie konnte sich das schon vorstellen. Er vor dem Fernseher in dem Sessel zum Drehen. Dazu die piekfeine Schrankwand. Neben sich 'ne Flasche Bier. Und glotzt in die Röhre. Den ganzen Tag, bis in die Nacht. Ihr reichte das schon am Wochenende.

Der Mensch hat seine Bedürfnisse. Außer Essen und Trinken. Jedenfalls sie. Er war da anders. Männer sind da anders. Im Allgemeinen. Aber die Herren beispielsweise, bei denen sie jetzt arbeitete, die gingen auch mal ins

Theater. Neulich waren sie zusammen im Metropol. Den Herrn Großmann hatte sie nicht mitgekriegt.

Nee, mach mal alleene deine Kultur, hatte er gesagt.

Natürlich hat er sich auch geniert. Immer nur auf dem LKW und dann mit einem schwarzen Anzug ins Theater. Aber es war nicht nur das.

Erna nahm sich ein Geschirrtuch vom Haken neben dem Gasherd und rieb das Porzellan und die Messer trocken. Dann schloss sie die Fenster in Küche und Stube, streute Futter in das Bauer, gab dem Vogel frisches Wasser und ein Salatblatt dazu.

Erna setzte sich in den Sessel und schaute zu, wie der Vogel pickte. Endlich hüpfte er auf den Steg, zur Öffnung heraus und drehte einige Runden durchs Zimmer.

Der Vogel saß auf der Gardinenleiste und äugte zu Erna hinunter.

Komm, Micki, komm, lockte sie ihn.

Nach einem Sturzflug landete er auf dem Tisch und trippelte auf und ab. Erna hielt ihm den Zeigefinger hin.

Komm, mein Micki, komm.

Micki ließ sich ein wenig bitten und hüpfte dann auf den Zeigefinger, den Erna in die Nähe ihres Gesichts führte. Sie begann mit ihren Sprechübungen. Wie heißt du? Micki Blaschke, Micki Blaschke, komm, sag Micki Blaschke.

Aber Micki hatte keine Lust. Er flatterte von Ernas Zeigefinger wieder auf den Tisch und setzte dann seinen täglichen Erkundungsflug fort.

Was hatte sie jetzt für ein Leben. Wenn sie nicht durch höhere Gewalt aus dem Gemüseladen gegenüber vertrieben worden wäre, würde sie heute noch die schweren Körbe heben. Kartoffeln schippen. Sie hätte nicht mit sechzig aufgehört.

Zwanzig Jahre in einem Laden. Da denkt man doch, das geht nicht mehr anders. Rüber übern Damm. Jeden

Morgen um halb neun, bis abends, immer die Körbe hoch, die Körbe runter. Und Kreuzschmerzen, nicht mehr zum Aushalten. Aber man muss. Erst für die Rente. Dann, weil, man's gewöhnt ist.

Jemand hat ihr mal erzählt, Krankheit ginge gar nicht von der Rente ab. Aber wo gibt's denn so was, wo nicht gearbeitet wird, kommt auch kein Geld rein. So ist das. Nicht einen Tag hat sie von sich aus krankgemacht. Nur wenn der letzte Chef sie gebeten hat, damit sie den Laden manchmal schließen konnten.

Eigentlich war sie dumm gewesen. Dem Chef hat sie damit nicht geholfen, nur der Frau, dem Luder. Die hätte sonst mitarbeiten müssen. Aber der war die Arbeit zu schmutzig. Lieber mit der Töle, irgend so einem Riesenschnauzer im Pelzmantel über die Schönhauser spazieren. Wenn die nicht mal fremdgegangen ist. Umsonst hat der Junge, der Chef, nicht so gesoffen. Er konnte ja noch nicht mal früh in die Markthalle fahren. Und das bei Gemüsewaren. Schlecht war er nicht. Nur fertig, bis auf den Docht. Wie er umgefallen ist im Laden. Da tat er ihr leid, der junge Kerl. Auch wenn er den Laden runtergebracht hatte, in dem sie schon zwanzig Jahre stand, und sie zwei Monate vor ihrer Rente plötzlich nicht mehr wusste, was sie früh um halb neun machen sollte, weil es den Laden nicht mehr gab. Einfach zugemacht hatten sie ihn.

In ihrer Verzweiflung ist Erna zu ihrem Chef in die Wohnung gegangen und hat ihn gefragt, was nun mit ihr werden soll.

Krankmachen, das war der einzige Rat, den er ihr geben konnte. Dabei sah er sie an, dass sie gleich an Herzberge denken musste, wo sie nach fünfundvierzig gearbeitet hatte. Die Augen von den Leuten vergisst man nicht. So, als wären sie nicht von dieser Welt.

Kurze Zeit später haben sie den Chef eingebuchtet, wegen Veruntreuung. Und das Dreckstück, die Frau, ist auf und davon, nicht ohne die Pelze zu vergessen, natürlich.

Erna ging wirklich zum Arzt. Und wenn man erst mal zum Arzt geht, dann findet er auch eine Menge Krankheiten. Je länger man nicht da gewesen ist, um so mehr. Aus Gemeinheit. Und die Krankheiten hatte sie dann auch. Kreuz, Kreislauf, Blutdruck. Alles. Der Doktor hätte sie noch ein Jahr krankgeschrieben, wenn sie nicht sowieso in Rente gegangen wäre. Und nun kam sie aus dem Tablettenschlucken nicht mehr raus.

Schuld daran war der Laden. Da hatte sie ihre Gesundheit ruiniert. Und sie dachte damals, es gäbe nur den Laden und sonst keine andere Arbeit und war richtig froh, dass sie in Rente ging, als sie ihn dichtgemacht haben. Und doch hat sie es noch mal versucht. Als Rentnerin. Obwohl sie wusste, dass es Ärger mit Herrn Großmann geben würde.

Aber er war selbst schuld. An einem Morgen war ihr der Kaffee zu dünn geraten. Er klappte den Unterkiefer runter, zu sagen brauchte er eigentlich nichts mehr, aber er sagte doch was: Isset schon soweit, dass ick keen anständigen Kaffee mehr kriege! Wie'n Bulle, der rot sieht. Da war sie mit hundertachtzig die Treppen runter auf die Straße. Plötzlich stand sie vor einem Aushang: Reinigungskraft gesucht. Drei Häuser weiter. Auf derselben Straßenseite, nicht mal rüber übern Damm. In eine andere Straße wär sie nie arbeiten gegangen. Auch nicht wegen zu dünnem Kaffee.

Wenn sie jetzt bedachte, sie hätte das alles früher haben können. Jetzt war sie geachtet, bei den Herren. Unsere neue Mitarbeiterin, so wurde sie vorgestellt. Überhaupt, alle waren sehr höflich. Gebildete Menschen, bei denen man sich wohlfühlen kann.

Der Vogel wurde müde und flog in sein Bauer zurück.

Ächzend erhob sich Erna aus ihrem Sessel und schloss das Gitter. Das Gewicht machte ihr zu schaffen. Zwei Zentner bei einer Größe von einem Meter fünfundfünfzig. Das war zu viel. Dabei hungerte sie. Von nischt kommt nischt, sagt man. Aber wenn's erst mal da ist. Deswegen trinkt sie ja soviel Kaffee und raucht, weil sie es sonst vor Hunger gar nicht aushalten würde.

Als junges Mädchen wog sie einen Zentner. Das glaubt ihr keiner. Genau die Hälfte. Und hübsch sah sie aus. Hermann war wie verrückt nach ihr. Ein gut aussehender Junge. Und etwas Besonderes. Vielleicht ein bisschen zu empfindlich ...

Erna öffnete das Stubenfenster und sah hinunter auf den Hof. Das Hinterhaus hatte man weggesprengt. Seitdem bekam der Seitenflügel mehr Licht. Der Hof allerdings war kleiner als vorher. Eine Bau-PGH hatte sich einfach ein Stück davon ihrem eigenen Gelände zugeschlagen. Ein Motorrad blinkte rot-silbern in der Sonne. Die Mülltonnen schienen leer zu sein.

Erna trödelte. Bis neun hatte sie Zeit.

Ein Glück, das die Herren heute im Ministerium zu tun hatten. Da brauchte sie gar nicht rüber und konnte gleich zur Rentenstelle. Natürlich ließ sie sich die Arbeitszeit nicht schenken. Sie arbeitete morgen und übermorgen länger. Und wenn sie für die Herren kochte, weil partout kein Staub mehr auf den Tischen lag und man von dem Fußboden beinahe essen konnte.

Außerdem machte ihr das Kochen Spaß. Immer nur das Kantinenessen. Da freuten sich die Herren, wenn Erna kochte. Die zufriedenen Gesichter von denen, während sie ihren Eintopf löffelten. War ja alles da in dieser VVB oder VEB KK. Eine Küche, besser noch als ihre eigene. Ein bisschen verwöhnen konnte sie die Herren schon. Die saßen manchmal bis in die Nacht. Eine hoch komplizierte Arbeit, was die machten. Und verantwortungsvoll.

Andererseits musste Erna aufpassen, dass der Chef sie nicht unterbutterte. Als Telefonistin beispielsweise. Das würde dem gefallen, wenn sie den Telefondienst noch übernimmt. Ist ja eine Menge Vertrauen, was sie zu ihr haben in so einem wichtigen VEB oder VVB. Aber das Telefon sollten sie selber bedienen. Sie ist Scheuerfrau, oder wie man heute sagt: Reinigungskraft.

Erna stellte eine Schüssel auf das emaillierte Ausgussbecken und ließ Wasser aus der Leitung einlaufen. Dann stieg sie in eine Zweite, leere und goss sich mit den hohlen Händen Wasser über das Gesicht. Sie schwappte in Schwüngen den Inhalt der Schüssel, die auf dem Rand des Ausgusses stand, über Brust und Schultern. Das kühle Wasser rieselte am Körper herunter. Schnell bildeten sich große Lachen auf dem Linoleum. Dann rieb sie sich oberflächlich ab und lief einige Zeit nackt durch die Wohnung, bis die angenehme Kühle nachließ, die beim Verdunsten des Wassers auf ihrer Haut entstand.

Kurz vor neun machte sie sich auf den Weg zur Rentenstelle. Sie hatte ein kleingeblümtes Sommerkleid angezogen, die frisch gewickelten Haare gebürstet und stieg gemächlich die Treppe hinunter zum Hof. Wieder ärgerte sie sich, dass man bei der Renovierung vor zwei Jahren den Seitenflügel anscheinend doch vergessen hatte. Immerhin hatten sie ein paar neue Stufen in die Treppe einziehen lassen. Das rohe, inzwischen leicht nachgedunkelte Holz machte einen stabilen Eindruck.

Im Hof stand schon wieder die warme Luft. Auf dem Weg zum Vorderhaus bekam sie die Sonne direkt ins Gesicht. Das trieb ihr kleine Schweißperlen auf die Stirn. Erna schaute noch einmal nach oben zu ihren Geranien. Die Fenster waren geschlossen, aber die Übergardinen nicht vorgezogen: Eigentlich hätte sie das Vogelbauer in den Schatten stellen müssen, aber länger als eine Stunde würde sie kaum auf der Rentenstelle brauchen.

In dem sonst kühlen Flur des Vorderhauses hatte sich die Hitze der vergangenen Wochen gespeichert. Erna trat hinaus auf die Straße. Auf dem dunkelgrünen Laub der Bäume, die über die Mauer des kleinen Friedhofs hinausragten, lag eine dicke Staubschicht. Ihr Blick ging weiter zu den heruntergelassenen Rollläden des Gemüseladens. Jetzt musste man nach Obst und Gemüse bis in die Lychener oder Schönhauser laufen.

Sie stieg über ein paar Gören, die mitten auf dem Gehweg Decken ausgebreitet hatten und sich sonnten, magere kleine Biester mit frechen Augen. Sie ließen sich durch Erna nicht stören.

Zwei Bengel probierten sich an einem Motorrad mit Beiwagen aus.

Aber mal schnell runter da, dröhnte Ernas Bass. Die Jungen glitten widerwillig von der Maschine.

Hinter Ernas Rücken drehten sie eine lange Nase.

Keuchend stieg Erna die fünf Treppen zur Rentenstelle hinauf. Wenn sie sich überlegte, zum wievielten Male sie hierherkam! Natürlich hatte sie die Rentenstelle direkt vor der Nase. Aber das war doch keine Entschuldigung, sie so oft zu vertrösten. Manche mussten von viel weiter hierher.

Heute hol ich mir meinen Bescheid, nahm sich Erna vor. Und wenn sie mit dem Magistrat oder sonst wem telefonieren müssen. Meinetwegen auch mit dem Minister.

Das war doch keine Art, sie abzufertigen. Kaum trocken hinter den Ohren, diese jungen Dinger an ihren Schreibtischen. Von denen ließ sie sich nicht noch mal abwimmeln. Die dachten doch, sie können es mit einer ollen Rentnerin machen. Aber da waren sie bei Erna an der falschen Adresse.

311

Nein, sie hatte Geduld. Muss der Mensch haben, kriegt er ja auch, je älter er wird. Und bei den Behörden, da muss man es ja geradezu im Blut haben, zu warten. Das wäre ja keine anständige Behörde, da fühlte man sich gar nicht ernst genommen, wenn man alles ganz einfach so und ganz schnell beim ersten Mal bekäme. Aber nun war es genug.

Wenn die Schwarze sie heute noch mal so von oben herab behandelte, dann sollte sie was erleben.

Im Vorraum der Rentenstelle saßen zwei Frauen. Erna kannte beide, die eine war schon über siebzig, klein, verhutzelt, noch vorm Krieg aus Schlesien gekommen, mit dichtem grauem Haar und ängstlichen Augen, die sich für alles entschuldigten. Frau Kutschnewski.

Die andere etwa Mitte vierzig. Dümmlich und dick, den Mund nach innen gekehrt, als sei sie zahnlos, kuhäugig, mit unordentlichen schwarzen Haaren und einer dicken Warze auf der Nase, die Nitschke, Sie saß neben der kleinen Frau Kutschnewski. Sie hatte ihr Leben lang nicht gearbeitet, nur getratscht und ihrem einfältigen buckligen Mann, einem Invalidenrentner, das Leben zur Hölle gemacht. Bestimmt saß die für ihren Mann hier.

Die Frauen begrüßten sich. Erna setzte sich etwas weiter ab von den beiden.

Eene Hitze is det, nich, klagte die Nitschke mit singender hoher Stimme. Man is schon janz fertich vonne.

Wie geht's denn dem Alfred, erkundigte sich Erna bei der kleinen Frau Kutschnewski.

Der Alfred macht's nich mehr lange, prophezeite die Nitschke, während die kleine Frau Kutschnewski sorgenvoll den Kopf schüttelte. Ja, die Männer machen ihr Sterbchen früher als wir, fuhr die Nitschke unbekümmert fort. Wenn man nich nen jüngeren nimmt. Sie sah Erna freundlich an.

Deiner bestimmt, sagte Erna hart.

Der Erwin rackert zu viel, pflichtete die kleine Frau Kutschnewski bei.

Det jeht euch nischt an, wat der macht, sagte die Nitschke.

Es wurde still im Raum. Die Frauen dösten vor sich hin.

So, fast halb zehne, sagte Erna und stand auf. Sie ging auf die Tür der Rentenstelle zu.

Nich doch, Erna, du musst warten, bis du aufgerufen wirst. Die kleine Frau Kutschnewski sah Erna ängstlich an.

Erna klopfte kräftig. Als sie keine Antwort bekam, öffnete sie die Tür.

Sie sah sich kurz um und entdeckte das sehr dünne schwarzhaarige Mädchen mit Pony und langen, dunkelroten Fingernägeln, das sie böse anfunkelte, während sie eine Kaffeetasse zur Seite schob und ein Blatt in ihre Maschine einlegte.

Guten Tag, sagte Erna und wandte ihren Blick nicht von dem Mädchen.

Wir haben noch nicht aufgerufen, sagte eine andere.

Is schon halb zehn, sagte Erna.

Na und wenn schon, sagte jetzt die Schwarze. Sie haben doch gehört, was meine Kollegin gesagt hat. Sie werden aufgerufen.

Det merk ich, sagte Erna und schloss entschieden die Tür hinter sich. Erna Blaschke ist mein Name. Ich warte seit einem dreiviertel Jahr auf Bescheid wegen meiner Witwenrente. Vielleicht erinnern Sie sich, fügte sie sanfter hinzu.

Bitte warten Sie draußen, sagte das schwarzhaarige Mädchen. Bei genauem Hinsehen schien sie älter, fünfundzwanzig oder dreißig. Wir haben gerade Sitzung.

So, Sitzung nennen Sie das, sagte Erna aufgebracht.

Sie denken wohl, wir Rentner haben nischt anderes zu tun, als uns auf Ämtern rumzudrücken? Dienstag ist Sprechtag. Von mir aus sollen Sie die ganze Woche auf Ihren Sitzungen sitzen, bis Sie schwarz werden, aber nich am Dienstag. Da nich.

Ist ja unverschämt, sagte die Kollegin.

Lass man, sagte die Schwarzhaarige, ich kenn die Frau. Reg dich nicht auf, Ines. Die ist immer ein bisschen kiebig. Das musst du verstehen. Vielleicht ist sie krank, die gute Frau. Bluthochdruck. Bei dem Gewicht.

Der Hohn war offensichtlich. Erna kochte.

Ihr Chef, sagte sie, sich mühsam beherrschend. Wo ist Ihr Chef?

Nicht da, antwortete die Schwarzhaarige.

Sie haben doch wohl einen Vorgesetzten?

Kollege Schulz ist auf Dienstreise. Im Hintergrund saß noch eine Dritte, die Erna bis dahin gar nicht bemerkt hatte, wahrscheinlich ein Lehrling.

Und die Kollegin Baumann ist beim Rat des Stadtbezirks, ergänzte triumphierend die junge Frau, die Ines hieß.

Gut, ich warte, sagte Erna, zog einen Stuhl heran und setzte sich.

Die drei Bürodamen sahen sich erstaunt an.

Schließlich zuckte die Schwarze leicht mit den Schultern. Sie wendete sich ihrer Schreibmaschine zu und begann zu tippen. Ab und zu blätterte sie in ihren Unterlagen. Kurze Zeit später stand sie auf und rief die kleine Frau Kutschnewski herein, die leise zum Schreibtisch trippelte, wobei sie immer wieder ihren Kopf nach Erna umdrehte. Die alte Frau wurde sehr zuvorkommend behandelt, wie Erna es bisher von der Schwarzen nicht kannte. Immer wieder knicksend und sich bedankend, verließ Frau Kutschnewski das Zimmer. Sie wagte nicht, Erna noch einmal anzuschauen.

Ein Besucher nach dem anderen wurde abgefertigt.

Erna saß auf ihrem Stuhl und rührte sich nicht. Hin und wieder tupfte sie ihre Stirn mit einem Taschentuch ab.

Micki würde bald in der vollen Sonne stehen, spätestens in einer halben Stunde. Wenn sie nur die Gardinen zugezogen hätte. Wasser hat er ja. Aber diese Hitze. Diese Hitze. Das kleine Vögelchen konnte doch nicht wegfliegen.

Ob sie schnell mal rübergehen sollte? Was konnte Micki denn für diese Ämter. Sie kann ja wiederkommen. Aber was die Ziegen hier für Gesichter ziehen würden, wenn sie geht. Ist ja wie Rückzug. Nein ... Nur nicht an Micki denken. Was sie aber auch an dem Vogel hängt.

Wenn sie sich's überlegt, warum sie hier sitzt. Um für Hermann die Rente zu bekommen. Das brauchte alles überhaupt nicht zu sein. Es hätte alles ganz anders kommen können. Aus Russland sind 'ne Menge heimgekehrt. Vielleicht hätte es den Hermann nicht erwischt. Vielleicht. Sie würden einen eigenen Klempnerladen aufgemacht haben. Hermann verstand was vom Geschäft. Und ein Kind wollten sie beide. Der verdammte Krieg.

Wenigstens ist Herr Großmann da. Sie kommen miteinander aus. Natürlich muss sie mal was einstecken. Und nun ist sie schon eine alte Frau. Wenn er nicht so gewöhnt wäre an sie ...

So eine Hitze ... Dass ihr der Vogel bloß nicht stirbt.

Nach dem Gesetz ist sie noch Hermanns Frau. Witwe. Nicht nur wegen der Rente von ihm. Es ist doch nicht nur das Geld. Na ja, wenn der Herr Großmann doch auf andere Gedanken kommt ... Dann braucht sie auch das Geld. Sie ist dann nicht angewiesen auf ihn. Aber so käme sie auch aus. Nein. Wenn sie nicht mal Hermanns Witwe wäre, was bliebe dann von ihm. Sie ist Hermanns Witwe. Das müssen die hier anerkennen. Die müssen ihr das Geld für Hermann rausrücken. Sie hat Anspruch darauf.

Was soll sie bloß machen. Es wird immer heißer. Das hält ja nich mal ein Mensch aus.

So zart war Hermann gar nicht. Nur zu anständig. Aber einen Menschen auf dem Gewissen haben. Und nicht nur einen. Selbst, wenn man sich nicht kennt und überhaupt nicht zu sehen kriegt, wen man da umgebracht hat. Das Beste für ihn wär gewesen, wenn er in Frankreich umgekommen wäre. Ganz schnell, mit einer Kugel in den Kopf oder so. Aber er kam überall heil raus. Erst Holland, dann Frankreich. Dann besucht er sie in Berlin, der arme Kerl. Soll nach Russland. Nicht nach Russland, sagt er. Ich will nicht mehr, Erna. Und bringt sich um, bringt sich mitten im Krieg und mitten in der Reichshauptstadt selber um. Und war sonst gar nicht so zimperlich.

Soll sie noch dafür bestraft werden, weil er nicht gegen die Russen gezogen ist? Selbstmord. Das hätte nichts mit dem Krieg zu tun! Da kann die Frau keine Kriegerwitwenrente bekommen. Und eine normale Rente als Witwe, da ist er zu früh in den Krieg, da hat er noch nicht genug gesteuert. Hätte ein bisschen warten können mit seinem Selbstmord, bis der Krieg zu Ende war, und dann noch ein bisschen steuern, wenn sie die Behörden so reden hört.

Nein, sie kann das nicht einsehen. Das ist Unrecht. Wenigstens eine Witwenrente könnte sie von ihm kriegen. Wie die Frauen, wo die Männer nicht so ein Gewissen gehabt haben wie ihr Hermann.

Wenn sie noch länger sitzt, überlebt das der Micki nicht. Ob sie zu stur ist? Hat sie sich was Falsches in den Kopf gesetzt die ganzen Jahre? Aber wo bleibt dann die Gerechtigkeit? Solange sie noch da ist, ist der Hermann nicht vergessen und auch nicht, was er gemacht hat und was die andern gemacht haben...

Der ganze Scheißkrieg ist nicht vergessen. Und solange sie lebt, ist sie Hermanns Witwe. Das sollen die Behörden ihr bescheinigen, mit einer monatlichen Witwenrente.

Frau Blaschke. Ihr Bescheid ist da, sagte die schwarzhaarige junge Frau plötzlich laut.

Ja? Erna atmete schnell.

Nicht bewilligt. Sie war nicht zickig, sie war nicht mal mehr unfreundlich. Sie war nur noch amtlich.

Erna stand auf und nahm den Bescheid, den sie ihr entgegenhielt. Wahrscheinlich war der schon ein paar Tage in ihrem Schreibtisch.

Nein, sagte Erna. Das glaub ich nicht. Das ist'n Irrtum.

Die drei Bürodamen sahen Erna interessiert an, wie sie da stand, klein und dennoch gewaltig und hochrot im Gesicht.

Wir können nichts dafür, sagte die Schwarze.

Nee, sagte Erna. Dafür können Se nischt. Dafür, dass mein Mann sich selber umgebracht hat, statt auf die Russen zu schießen, dafür können Se nischt. Vielleicht können Se überhaupt für nischt. Weil Sie einfach zu dusslig sind. Weil Ihnen ja noch nicht mal aufgefallen is, dass Sie's in Ihrem Büro mit Menschen zu tun haben. Noch nich mal das haben Sie kapiert.

Bitte, regen Sie sich nicht so auf, sagte die Frau, die Ines hieß, förmlich.

Erna ging langsam die Treppen hinunter, lief immer schneller die Straße entlang zu ihrer Wohnung. Die Sonne war vom Friedhof her über das Haus gewandert und füllte nun den Hinterhof mit ihrem heißen Atem. Erna hastete die Treppen hinauf, schloss die Wohnungstür auf, ließ sie offen stehen und eilte in die Stube.

Micki Blaschke saß, den Kopf eingezogen, in einer Ecke des Bauers. Erna nahm ihn in die Hand. Noch spürte sie schwach das Schlagen des Vogelherzens. Die Augenlider waren heruntergeklappt und öffneten sich nur selten.

Am Nachmittag trug ihn Erna in einem Eduscho-Plastebeutel zur Mülltonne.

Dann setzte sie einen Brief auf. Was Recht ist, muss Recht bleiben, sagte sie.

(Erstmals veröffentlicht in „Jenseits der Allee", Aufbauverlag, Berlin und Weimar, 1979)

Traktoristen in Eiberstock, 1960

Jenseits der Allee

Die Frau erkannte alles wieder: den Laden des schmierigen kleinen Pelzhändlers, der sie mit seinen Fischaugen im fetten Gesicht abtaxiert und eingestuft hatte, die hässliche dunkelrote Ziegelfassade, die auf eine Anhäufung von Ämtern schließen ließ, den schwarz umrandeten Aushang, der über Gottesdienstzeiten und Namen von Pfarrern Auskunft gab und bescheiden auf eine Kirche hinwies. Auch eine Schule, eine Bibliothek und ein Amt für Jugendgesundheit waren hinter der gleichen Fassade untergebracht, fiel ihr ein. In dem düsteren Eingang am Ende der Ziegelmauer hatten Schüler mit grell glänzenden Farben riesige ungelenke Kinder unterschiedlicher Hautfarben gemalt. Linker Hand ging eine kurze, aber breite Straße ab, die in einen großen betonierten Platz einmündete, eine Art Hof, an drei Seiten von hohen Häusermauern umgeben, wo es nachmittags von Kinderlärm hallte, wie sie es nirgendwo sonst erlebt hatte. Auch der mächtige Klang der Kirchenglocken fing sich hier. Eine schmale, kaum sichtbare Straße führte seitlich aus diesem Hof hinaus. Auch an das Gemüsegeschäft mit den großen Glasfenstern erinnerte sie sich.

In den Kneipen, an denen sie später vorübergehen würde, hatte die Frau vor zehn Jahren mit einem Medizinstudenten gesessen, den sie ganz gern geheiratet hätte. Aber er trank nur immer mit ihr in den Kneipen, oder er kochte für sie bei sich zu Hause, heiße Blutwurst mit Sauerkraut. Er wohnte im fünften Stockwerk, direkt unter dem Dach, sodass sehr viel Licht in die Wohnung kam, besaß einen Teppich und einen Schaukelstuhl; Gründe, weshalb sie sich bei ihm wohlfühlte.

Heute lebte er nicht mehr in der Stadt, sondern in irgendeinem kleinen Ort im Harz, wo er jetzt sicher mit einer anderen Frau verheiratet war, vielleicht mit der, die er sich schon als Junge in den Kopf gesetzt hatte und wegen der er keine andere Frau anrührte. Damals bestand keine Aussicht für ihn, diese Frau zu bekommen. Jetzt war er möglicherweise wirklich mit ihr verheiratet. Oder er lebte allein. Seit Jahren versuchte die Frau immer wieder, sich an seinen Namen zu erinnern, aber sie wusste nur, dass er Bernd hieß.

Bis zu ihrer jetzigen Wohnung war es von hier aus nicht so sehr weit. Und dennoch zwei Welten: diesseits und jenseits der Allee, die Arbeiter, Asoziale, Studenten und Künstler von den Bürgern trennte.

Sie gehörte nun zu denen, die ihre Miete schon am Zweiten, spätestens am Vierten bezahlten, wenn sie am Fünften fällig war, und die höchstens zwei Kinder hatten, mit denen es außerdem keine Schwierigkeiten gab, und wenn doch, wurde nicht darüber gesprochen.

Die Frau war ungefähr dreißig, trug eine helle, sportliche Jacke, in die sie die Hände gesteckt hatte. Sie lief neben einem großen, dünnen Mädchen her. Das hatte ein hübsches, etwas unbewegliches Gesicht, eingerahmt von rötlich braunen Locken, ein Gesicht, beinahe wie das einer alten Porzellanpuppe oder eines schönen Jungen, in den sich kleine Mädchen verlieben und den sie sich als Prinzen wünschen.

Die Frau musste zu dem Mädchen aufsehen, während beide miteinander sprachen. Vielleicht hielt sie sich deshalb so gerade.

Das Mädchen hatte nach ihrem Studium im selben Büro angefangen, in dem die Frau arbeitete. Das war jetzt zwei Jahre her. Obwohl die Frau nur wenig älter war, hatte sie viel Zeit gebraucht, ehe sie den Unterschied an Erfahrung in Kauf nahm und sich mit dem

Mädchen anfreundete. Jetzt war sie eingeladen worden, die erste Wohnung des Mädchens zu besichtigen.

Die beiden gingen in das Gemüsegeschäft. In der Mitte stand noch immer die große Gefriertruhe. Die hatte die Frau, als sie Studentin war und hier wohnte, stets angezogen. Manchmal lagen gefrorene Erdbeeren abgepackt darin. Aber sie sparte ihr weniges Geld für Schuhe und Pullover, die ihr wichtiger schienen. Deshalb und wegen der großen, blanken Fenster inmitten der grauen Häuser war ihr der Laden Inbegriff einer erstrebenswerten Welt von Sauberkeit und mäßigem Luxus gewesen. Es gefiel ihr, dass das Mädchen hier einkaufte.

Die Frau hielt sich abseits, während das Mädchen sich in der Schlange anstellte und mit einem fragenden Blick zu der Frau hin zwei Eisbecher aus der Gefriertruhe nahm.

Eine junge Mutter mit zwei Kindern betrat das Geschäft. Sie bewegte sich schnell und zielgerichtet, aber nicht hastig, und sie unterhielt sich mit ihren beiden Jungen wie mit Erwachsenen. Die Frau sah das strenge, etwas müde Gesicht der Altersgenossin, die dunklen, glatt zusammengebundenen Haare, die weiße Strickjacke über den Jeans und schaute dann auf die Jungen, die dreiviertellange Lederhosen trugen.

Mit einem Mal wurde sie froh und dachte, dass es in diesem Viertel und überhaupt in der Stadt eine Menge Frauen gab, die klug und selbstbewusst waren und ihr Leben ganz gut meisterten, mit und ohne Mann. Dass sie bisher keine solche Frau kannte, schien ihr nur mit irgendwelchen Zufälligkeiten zusammenzuhängen und würde sich ändern.

Das Mädchen kaufte vier Pfund Tomaten, die noch teuer waren. Sie bezahlte aus einem winzigen Lederbeutel, den sie mit gestreckten, langen Fingern öffnete und wieder schloss. Mir liegt das nicht, jetzt wie irre zu sparen, nur wegen der Wohnung, sagte sie zu der Frau, als sie das Geschäft verließen.

Kleine Läden reihten sich aneinander, in denen Seife, Papier, Spielwaren, Fleisch und Brot verkauft, Schuhe besohlt, Wäsche angenommen und Mieter über unkomplizierte Reparaturen an sanitären Anlagen beraten wurden, ein Geschäft unscheinbarer als das andere. Manchmal waren die Jalousien heruntergelassen, andere inzwischen wieder aufgezogen. Junge Ehepaare, ledige Mütter und Künstler hatten sich in den ehemaligen Läden niedergelassen. Im Fenster einer dieser Ladenwohnungen standen auf einem schmalen Regal bunte Tonfiguren.

Hübsch, nicht? sagte das Mädchen und schaute auf die Frau.

Doch, sagte die Frau. Sie sah an den Häusern hinauf. Unter dem dunkelgrauen Putz kam in hellen Flecken die rohe Mauer zum Vorschein. Geschwungene Balkongitter, hin und wieder frisch gestrichen. Längliche Rechtecke blanker Steine und Kanten verrosteter Eisenträger unter fest verschlossenen Türen, die ins Freie führten, zeigten an, wo Balkons, ihrer Baufälligkeit wegen, abgerissen worden waren.

Sie kamen an jener großen Farbenhandlung vorbei, in der die Frau noch eingekauft hatte, als sie schon längst nicht mehr in dem Viertel wohnte.

Das ist ein wirklich gutes Geschäft, sagte sie zu dem Mädchen. Du kannst dich hier mit allem eindecken, was du für deine Wohnung brauchst. Und sie fügte hinzu: Lampen bekommst du, wenn du die Straße weiter geradeaus gehst.

Stimmt, Lampen brauche ich, sagte das Mädchen.

Sie hatte die Schultern leicht nach vorn gezogen. Obwohl sie lange Schritte machte, sodass die Frau neben ihr sehr schnell gehen musste, hatte ihr Gang etwas aufreizend Langsames, Schleichendes.

Das ist das Gute an dem Viertel, sagte die Frau. Du bekommst hier alles. Und was nicht, kriegst du sowieso nirgends sonst.

Und an jeder Ecke ist eine Kneipe, sagte das Mädchen und lachte.

Bei mir in der Gegend gibt es nur zwei. Obwohl mir das egal ist, wir gehen ja nie in eine Gaststätte. Ihr Herzschlag setzte kurz aus, als sie in die offene Tür der Kneipe sah, die sie mit jenem Bernd besucht hatte, und alles unverändert fand. Sie erinnerte sich, am Tisch hinter der Säule gesessen zu haben, wo jetzt ein junger Mann und ein Kahlköpfiger ihr Bier tranken.

Meine Schwester hat sich die Wohnung immer noch nicht angesehen. Wie findest du das? Entweder ist sie zu müde vom Dienst, oder sie hat mit ihrem Freund was vor.

Sie ist jetzt mit ihm beschäftigt, sagte die Frau. Da zählt alles andere nicht.

Ich habe das Gefühl, sie interessiert sich überhaupt nicht für meine Wohnung. Meine Mutter hat mir wenigstens Hilfe angeboten. Aber mit ihrem Kreislauf, da kann sie doch nicht. Sie will mir die Gardinen nähen. Das ist was wert. Auf der anderen Seite passt es mir schon wieder nicht, wie sie immer sagt: Wenn ich du wäre, oder: Ich an deiner Stelle, und dann schlägt sie mir irgendwelche Dinge vor, die ich nicht mag. Sie möchte mir am liebsten die ganze Wohnung einrichten. Nach ihrem Geschmack. Wenn ich was will, schüttelt sie den Kopf und sagt: Du musst es ja wissen. Es ist deine Wohnung! Und wenn wir zusammen einkaufen gehen, weiß ich jetzt schon, alles wird ein Kompromiss. Nicht so, wie ich es will, nicht so, wie sie es will. Aber sie macht natürlich auch eine Menge praktischer Vorschläge.

Warum wirst du unsicher? sagte die Frau. Deine Mutter hat einen anderen Geschmack, das ist doch klar.

Ich denke dann, so, wie ich es mache, ist es nicht richtig.

Mich würde es überhaupt nicht stören, wenn die Wohnung meiner Mutter nicht gefiele. Aber sie mag es im Grunde ganz gern, wenn ich ein bisschen verrückt bin. Sie wollte mal Tänzerin werden. Wenn man sich das überlegt!

Siehst du, meine Mutter hat ganz feste Vorstellungen. Sie ist erstaunt, wenn jemand andere hat. Das kann sie nicht begreifen.

Ich kann sie mir vorstellen. Auch das mit deinem Vater. Sie denkt, es ist fürs ganze Leben, und dann geht er fort. Das kann sie nicht überwinden. Dabei haben sie sich bestimmt nicht gut verstanden, dein Vater ist sicher sehr anders. Vielleicht ist sie in sehr engen Verhältnissen aufgewachsen, da auf dem Dorf.

Bestimmt.

Geht ihr oft zu eurem Vater?

Nein. Wir müssen es ja heimlich tun. Und danach rutscht uns doch mal was raus. Dann kann man mit meiner Mutter eine Woche lang nicht reden.

Warum hilft dir dein Bruder nicht?

Ach, der hat doch seine Familie. Und am Wochenende brauchen alle ihre Erholung.

Und sagt deine Mutter nicht, dass er dir mal helfen soll?

Nein.

Ich finde aber, sie sollte was sagen. Als junger Mensch ist man manchmal begriffsstutzig. Dann muss wenigstens der Ältere aufpassen. Du nimmst es ihnen doch übel, wenn du alles allein machen musst! Ich würde jedenfalls immer dran denken, dass sie mir nicht geholfen haben, als ich's wirklich mal gebraucht habe. Das bringt was zwischen euch, das gar nicht so leicht auszuräumen ist.

Klar nehme ich es ihnen übel. Aber soll ich sie bitten? Als mein Bruder die neue Wohnung bekam, habe ich ihnen auch geholfen. Aber er kommt nicht auf die Idee. Meine Schwägerin auch nicht. Und am meisten ärgert mich, dass sie sich dieses Wochenende alle auf dem Grundstück verabredet haben, zu einer Familienfeier. Kannst du dir vorstellen, wie sauer ich bin. Ich stehe auf der Leiter und wasche die Decke ab, während sie sich in der Sonne braten lassen. Wenn wenigstens meine Schwester Wochenenddienst hätte. Dann würde mich das nicht so kränken.

Bloß gut, dass ich meine Verwandten nicht hier habe, sagte die Frau. Da brauche ich ihnen nicht soviel übel zu nehmen. Auf der anderen Seite glaube ich, meine Mutter würde schon darauf achten, dass in der Familie alles einigermaßen klargeht.

Ach, Familie, sagte das Mädchen. Wir sind doch gar keine richtige Familie mehr.

Sie bogen in eine Straße ein, die zur Allee führte. Das Mädchen blieb stehen und deutete mit dem Kopf auf das gegenüberstehende Haus. Hier ist es. Sie sah die Frau erwartungsvoll an.

Das Haus unterschied sich nicht von den Mietshäusern der Straße, aus der sie kamen. Aber die Frau konnte die Allee mit den Bäumen und dem Zipfel eines Parks auf der anderen Seite sehen. Und so fand sie Haus und Straße einen Schein freundlicher. Nicht schlecht, sagte die Frau. Wirklich, da kenn ich Schlechteres.

An der Nachbarfassade war ein Holzgerüst hochgezogen, aber das Mädchen sagte, dass ihr Haus noch nicht verputzt werden sollte.

Irgendwann kommt ihr schon dran. Wirst du sehen, tröstete sie die Frau.

Sie gingen in das Haus. Das Mädchen zeigte ihren Briefkasten in der Reihe anderer Blechkästen. Sie hatte ihn mit Heftpflaster beklebt und den Namen mit unregelmäßigen großen Buchstaben, die nach allen Seiten kippten, darauf geschrieben.

Er ist offen, sagte das Mädchen. Der Mann vor mir hat das Schloss ausgebaut.

Wozu braucht denn der das Schloss, sagte die Frau kopfschüttelnd.

In der Wohnung hat er die Schalter abgemacht, nur die Drähte hängen noch raus.

Sind sie abisoliert?

Weiß nicht, sagte das Mädchen. Keine Ahnung. Wenn du die Wohnung fertig hast, wirst du eine Menge mehr wissen, sagte die Frau. Ich war genauso blöd wie du.

Der kleine Hof war mit Sträuchern und Buschwerk bepflanzt, jemand hatte die Erde frisch geharkt. Mittendurch führte der gepflasterte Weg zum Hinterhaus und Seitenflügel.

So einen Hinterhof habe ich noch nie gesehen, sagte die Frau. Der ist ja richtig schön.

Hier sollen eine Menge junge Leute wohnen, die sich auch für das Haus interessieren.

Da hast du Glück.

Auf der Treppe begegneten sie einem kräftigen jungen Mann mit Vollbart, der sie musterte.

Als seine Schritte kaum noch zu hören waren, sagte die Frau, ob das dein Nachbar war? Der sieht beinahe so aus.

Kann schon sein. Aber heute haben alle einen Bart. Künstler oder nicht.

Das Mädchen blieb auf dem Absatz des dritten Stocks stehen, holte aus ihrem Leinenbeutel ein großes Schlüsselbund und begann zu schließen, nach rechts, nach links, sie probierte die untere Öffnung mit einem anderen Schlüssel, rüttelte an der Tür.

Ich hab sie immer aufgekriegt, sagte das Mädchen, ihr bleiches Gesicht war von einem leichten rosa Schimmer überzogen.

Für Schlüssel hab ich kein Talent, sagte die Frau hilflos, trotzdem versuchte sie es, ohne Erfolg.

Eine Weile standen sie ratlos und starrten auf die Tür.

Ausgerechnet, wo du mitgekommen bist, sagte das Mädchen. Kläglich sah sie auf die Frau. Das ist heute meine Enttäuschung.

Du mit deiner Theorie, sagte die Frau. Eine richtige Unke bist du. Wenn du sagen würdest, jeden Tag eine Freude.

Ich bin wenigstens auf so was vorbereitet.

Du bist ein Fatalist, sagte die Frau. Wenn du darauf wartest, kriegst du jeden Tag bestätigt, dass du enttäuscht wirst. Die Frau nahm den Schlüssel noch einmal in die Hand und bekam die Tür ganz leicht auf. Na, da hast du deine Enttäuschung, sagte sie und lächelte.

Du nimmst mich nicht ernst, sagte das Mädchen.

Nein.

Sie gingen einen ziemlich langen, dunklen Korridor entlang, der schließlich in die Küche führte.

Das ärgert mich eben, sagte das Mädchen, gleich kommt man in die Küche.

Mir gefallen lange Flure, sagte die Frau. Als Kind bin ich über lange Flure gerannt, da hatte ich einen Riesenspaß dran. Im Kinderheim hatten wir solche Flure.

Warst du im Heim?

Nicht so, wie du denkst. Eine Art Internat. Ich sage eigentlich immer Internat, damit es keine Missverständnisse gibt. Ich war sehr gern dort und wollte nicht wieder zu den Eltern zurück.

Hinter einer Tür befand sich noch ein kleiner Gang, von dem rechts die Toilette und eine Kammer abgingen und geradeaus ein größeres Zimmer.

Da hast viel Platz, du kannst hier ein Kind haben, sagte die Frau ohne Übergang. In der Kammer schläft es.

Du willst mir immer ein Kind einreden.

Warte nicht ewig. Wie ich. Dann ist es zu spät.

Aber, du kannst doch auch noch eins haben. Ich nehme es dann, wenn du mal weggehen willst.

Jaja, sagte die Frau.

Wenn ich noch mal anfangen könnte wie sie jetzt, dachte die Frau. Eine so große Wohnung ganz für mich allein. Und was ich auch machte, ich brauchte immer nur an mich zu denken. Wäre nicht gebunden. Früh stände ich auf, die ganze große Wohnung um mich. Unter dem Hahn über dem Ausguss würde ich mich waschen. Die Wohnung herrlich leer. Ich hätte Platz für mich. Ich würde allmählich Kram anhäufen, aber nur ganz sacht, mal hier ein Stück, mal dort eins. Wenn jemand käme, wäre es immer noch nicht zu viel. Auch er sollte kommen. Er kann in der Stube sitzen, und ich gehe in die Küche und schaue aus dem Fenster, ohne ihn zu spüren. Wäre für mich allein. Wenn ich wieder Lust hätte, ginge ich ins Zimmer zu ihm. Aber ab und zu müsste er weggehen in unsere Wohnung. Ich besuchte ihn dann dort.

Was sagst du denn nun zu der Wohnung, fragte das Mädchen. Beide stützten sie sich auf das Fensterbrett im Zimmer. Die Haare waren der Frau ins Gesicht gefallen, und ihre Wangen hatten sich gerötet, sodass sie nicht älter als das Mädchen aussah. Während sich das Gesicht des Mädchens kaum veränderte, nur der Ausdruck ihrer Augen wechselte, entwickelte die Frau eine äußerlich sichtbare, beinahe atemlose Bereitschaft zuzuhören. Neben dem großen Mädchen erschien sie zierlich und irgendwie schutzbedürftig.

Sie ist schon gut, sagte die Frau. Sie sahen auf den Hof hinunter. Es war ein anderer als der, durch den sie gekommen waren. Gerüste gingen bis zum Dach hin. Unten grub ein junger Mann. Eine dicke Frau in einer geblümten Kittelschürze schaute ihm zu, die Arme verschränkt. Auf diesem Hof wucherten im Schwarz der Erde dicke, dunkelgrüne Blattpflanzen.

Weißt du, sagte das Mädchen, ich habe nie etwas für meinen späteren Haushalt haben wollen, Bettwäsche und so weiter. Ich bin böse geworden, wenn meine Mutter mir so etwas schenken wollte. Ich habe befürchtet, wenn ich mich darauf einrichte, einmal einen eigenen Haushalt zu führen, dass ich dann nie eine Wohnung bekomme. Derjenige, der das in den Händen hat, Gott oder das Schicksal oder was du willst, sagt dann: So, sie hat sich darauf eingerichtet? Sie ist sich so sicher? Also kriegt sie keine. Deshalb habe ich getan, als glaubte ich gar nicht daran. Hätte ich mir das bewusst gemacht, wäre es aber schon ein Betrug gewesen. Und derjenige lässt sich nicht betrügen. Also musste ich ganz fest daran glauben, dass ich keine Wohnung kriege. Nun habe ich sie. Nun kann ich darüber sprechen.

Der Bann ist gebrochen, sagte die Frau. Es berührte sie, dass das Mädchen mit einer Gewalt Verträge schloss, die sie nicht kannte und deren Existenz einem ohne Gott erzogenen Menschen noch zweifelhafter sein musste als ihr, die sie mit der Religion aufgewachsen war.

Ich will erst nur dieses und das kleine Zimmer renovieren. Die Tür zur Küche mache ich einfach zu, wenn Besuch da ist. Was danach kommt, existiert eben nicht.

Lass dir ruhig Zeit, die Wohnung einzurichten, sagte die Frau.

Ich glaube, sie gefällt dir nachher gar nicht mehr, wenn ich sie fertig habe.

Warum?

Ich hab einen anderen Geschmack als du. Wird dir bestimmt alles zu kühl und zu modern sein. Ich hab nichts übrig für alte Klamotten.

Na und? Ist doch deine Wohnung.

Ich hätte aber gern, dass dir die Wohnung gefällt, sagte das Mädchen.

Na, weißt du, sagte die Frau und versuchte, ein gleichgültiges Gesicht zu machen.

Hier, meine erste Anschaffung, sagte das Mädchen und zeigte auf zwei Scheuertücher zwischen den Doppelfenstern.

Die Frau lachte. Hat wohl reingeregnet? Was ich nicht verstehe, fügte sie hinzu, du bist in dieser Stadt aufgewachsen, hast deine Familie hier, nur studiert hast du woanders. Weshalb gibt es niemanden, der dir hilft?

In der Stadt, wo ich zum Studium war, da hätte ich schon jemanden, der würde mir alles machen.

Du kennst kaum mehr Leute als ich, sagte die Frau. Dabei bin ich nicht von hier und außerdem so zurückhaltend, dass es auch schon wieder extrem ist.

Das ist wahr, sagte das Mädchen. Du kannst einen vor den Kopf stoßen, so wie du bist.

Weil ich dich nie eingeladen habe?

Ja, auch deswegen.

Ich hätte es nicht ertragen, wenn du meine Bilder angesehen und dabei gedacht hättest: Na und, was soll das nun?

Ich hätte das nie gesagt.

Aber das spürt man doch, sagte die Frau. Du kannst so direkt sein, dass es schockiert. Sie erinnerte sich, dass ein halber Satz und ein Blick des Mädchens sie so erschreckt hatten, als wäre sie aus der Dämmerung plötzlich in eine schmerzende, kalte Helligkeit gestoßen worden.

Soll ich heucheln?

Nein. Die Frau überlegte eine Weile. Dann fiel ihr die Sache mit Chagall ein. Entsinnst du dich, dass ich dir einmal gesagt habe, dass ich Chagall sehr mag.

Kann sein.

Und du fragtest daraufhin, was daran so originell sei. Als ob das was mit Originalität zu tun hätte!

Jeder liebt Beethoven und Chagall und so weiter. Ist doch nichts Besonderes.

Nun, ich liebe Beethoven beispielsweise nicht, nehme mir aber das Recht heraus, so unoriginell zu sein, Chagall zu mögen. Und nicht etwa, weil er Mode ist. Das meinst du doch. Und deswegen war ich auch immer so schockiert. Weil du mich so wenig kanntest. Umgekehrt finde ich die Sucht nach Originalität im Geschmack auch ein bisschen durchsichtig.

Dass du dir das gemerkt hast, sagte das Mädchen.

So was vergesse ich nicht, sagte die Frau. Aber inzwischen sagst du solche Sachen nicht mehr.

Ich habe mich auf dich eingestellt.

Vielleicht bin ich zu empfindlich, sagte die Frau.

Wenn wir nicht mehr Kollegen sind, kannst du zu mir kommen. Ich verkrafte es schon, wenn dir meine Bilder nicht zusagen.

Weißt du, bestimmt mag ich deine Bilder. Ich bin eigentlich auf nichts so gespannt wie darauf.

Du wirst enttäuscht sein, sagte die Frau.

Nein, auf keinen Fall. Ich fühle das.

Ach, du mit deinen Gefühlen, sagte die Frau.

Doch, ich kann mich darauf verlassen.

Du bist ein modernes Mädchen, und dann sollst du Ahnungen haben?

Dann glaubst du es eben nicht. Das Mädchen zuckte die Schultern. Wirst es schon noch sehen.

Du musst es mir nicht übel nehmen, sagte die Frau.

Das ist einfach zu viel, wenn wir uns Tag für Tag gegenübersitzen und du auch sonst noch alles von mir weißt. Freunden kann man aus dem Wege gehen, wenn es nötig ist. Aber Kollegen?

Du entschuldigst dich am laufenden Band, sagte das Mädchen. Ich bin dir schon lange nicht mehr böse.

Du brauchst unbedingt eine Leiter, sagte die Frau und drehte sich vom Fenster weg. Die Wohnung wird bestimmt sehr schön. Ich kann sie mir gut vorstellen.

Bloß nicht zu viel Zeug rein, sagte das Mädchen.

Meine Wohnung ist voll bis obenhin. Die Zimmer sind eben sehr klein. Wir sitzen uns manchmal richtig auf der Pelle. Wenn dann noch Besuch kommt, kann man kaum mehr atmen.

Schon wieder entschuldigst du dich, sagte das Mädchen.

Die Frau lächelte verlegen. Die Aussicht gefällt mir, sagte sie dann. Du bist weit genug oben, dass du den Himmel siehst. Und die Häuser gegenüber sind entfernt genug. Und du weißt, unten gibt es Grün. Wenn du später Lust hast, kannst du dir in der Speisekammer eine Duschnische einbauen. Ich bin mit deiner Wohnung sehr zufrieden.

Dann kann ich Hoffnung haben, dass du mich besuchst?

Ja, unbedingt.

Blöd, dass du woanders arbeiten willst,

Ich zähle die Monate, sagte die Frau.

Ich hab mich so an dich gewöhnt. Wenn du mal freihast, ist es ganz schön öde, sagte das Mädchen.

Ich bin ja auch froh, wenn du da bist, sagte die Frau.

Und ich bleib dann zurück. Das ist nichts.

So musst du das nicht sehen, sagte die Frau.

Die Arbeit gefällt mir ganz gut. Aber für immer ...

Du meinst, dass du dann nichts anderes mehr kannst und dir nichts mehr zutraust. Wie die meisten.

Man wird einseitig, sagte das Mädchen. Du weißt es ja.

Ja, das wird man. Vielleicht solltest auch du in ein, zwei Jahren wechseln.

Ich schaffe das nicht, die Wohnung neu und mich um eine andere Arbeit bemühen.

Wieso nicht? sagte die Frau. So wichtig darfst du die Wohnung auch nicht nehmen.

Findest du? Meine Mutter sagt, ich soll mir erst mal die Wohnung einrichten und dann weitersehen.

Einerseits weißt du, dass deine Mutter ein bisschen beschränkt ist, und auf der anderen Seite hörst du auf sie. Wenn man dich sieht, denkt man, dass du dir aus keiner Meinung etwas machst, dass dir alles völlig gleichgültig ist. Und in Wirklichkeit bist du so abhängig.

Sag mir das nur öfter mal. Ich höre immer nur sie und meine Schwester, wenn die überhaupt mal den Mund aufmacht. Außerdem ist sie noch unselbstständiger als ich.

Ich bin auch von der Meinung anderer abhängig, sagte die Frau. Nicht, was die Wohnung betrifft, aber bei bestimmten Dingen. Beispielsweise in der Arbeit. Da bist du viel selbstsicherer. Aber wegen deiner Mutter kann ich dich nicht begreifen. Obwohl ..., andererseits doch. Ich möchte auch, dass meine Mutter mir immer zustimmt. Nur ist sie so weit weg, da ist Zustimmung leichter. Und wenn ein dussliger Brief von ihr kommt, bin ich auch kein Mensch mehr. Dass man so an der Mutter hängt. Ich glaube, Mütter hängen nicht so an ihren Kindern. Vor allem, wenn sie mehr als eins haben. Dann mögen sie das am meisten, das ihnen am ähnlichsten ist und das sie am besten verstehen können.

Ich komme sehr nach meinem Vater, sagte das Mädchen. Meine Mutter war einmal sauer auf mich, da hat sie so etwas zu meiner Schwester gesagt.

Ich weiß, sagte die Frau, du hast es mir erzählt. Ist dumm, wenn man nach dem Vater kommt, den die Mutter nicht leiden kann.

Hier könnte ich Feten feiern, sagte das Mädchen und lächelte vor sich hin.

Könnte, sagte die Frau. Ich geh in ein Café und lade dir Leute ein. Oder ich komme eines Nachts stinkbesoffen mit 'ner Horde an.

Wo du soviel trinkst, spottete das Mädchen.

Kaum weniger als du.

Ich könnte trinken. Ich habe Angst, dass ich eine Trinkerin würde, wenn ich damit anfinge. Deshalb trinke ich nicht.

Ach, sagte die Frau, manchmal hast du auch Befürchtungen?

Wir haben eine Trinkerin in der Familie.

Solange du damit nicht deine Probleme zu bewältigen versuchst, sagte die Frau.

Ich habe einen eisernen Willen, sagte das Mädchen. Aber manchmal habe ich richtig Lust, mich kaputt zumachen.

Kenn ich auch, sagte die Frau.

Sie gingen noch ein wenig in der Wohnung umher, die Frau untersuchte den Zustand der Toilette und der Fensteranstriche.

Du brauchst in der Küche bloß von außen zu streichen, sagte die Frau. Vielleicht auch nur die Wasserschenkel. Oder wenigstens mit Halböl drüber oder etwas anderem, damit sie nicht verfaulen bei der Nässe.

Du machst dir Gedanken.

Soll ich nicht?

Doch, doch.

Wenn ich dir auf den Wecker gehe, musst du es sagen.

Du gehst mir nicht auf den Wecker. Im Gegenteil. Ich hätte gar nicht gedacht, dass du so praktisch bist.

Ach, es geht schon, sagte die Frau.

Dann verließen sie die Wohnung und begegneten auf der Treppe wieder dem Bärtigen, diesmal mit Frau und

Kind. Sie blieben stehen und horchten, ob er im dritten Stock wohnte. Aber er ging höher hinauf.

Doch nicht dein Nachbar, sagte die Frau.

Als sie wieder unten waren, suchte die Frau den Briefkasten des Nachbarn. Die Visitenkarte war ihr schon oben an der Wohnungstür aufgefallen. Ich denke bestimmt, dass der ein Musiker ist. Den Namen habe ich schon gehört. Sooft gibt's den nicht. Du wirst es bestimmt noch rauskriegen. Außerdem die vielen Telegrammzettel an seinem Briefkasten. Bestimmt hat er kein Telefon, da sind Telegramme die einzige Möglichkeit für Funk und Fernsehen.

Du spinnst dir was zusammen, sagte das Mädchen und amüsierte sich.

Dir würde es doch gefallen, wenn er Musiker wäre, oder? Ist doch nicht egal, neben wem man wohnt. Ich beispielsweise, ich habe überhaupt keine Beziehung zu der Frau nebenan und höre, wenn sie telefoniert und wenn sie feiert. Und sie hört uns. Das ist doch Irrsinn. Wir sind beinah intim, bei den Wänden, die wir haben.

Auf der Straße war es ruhig, einige Kinder standen vor der Haustür. Sie sahen die beiden offen an und machten einen nicht ganz unfreundlichen Eindruck.

An der Ecke ist eine Gaststätte, sagte das Mädchen.

Dann gibt es noch ein Café und noch eine andere Gaststätte in der Nähe.

Ist schön, sagte die Frau gleichgültig.

Ich meine, solange es in meiner Wohnung noch ungemütlich ist, könnten wir uns da reinsetzen.

Ja, sagte die Frau und wurde fröhlich bei dem Gedanken, wieder einmal in ein Café oder in eine Kneipe zu gehen. Das können wir machen. Wenn wir uns nicht unterhalten wollen oder nicht wissen worüber, in einer Gaststätte macht das gar nichts.

Wir haben doch immer zu reden, sagte das Mädchen.

Du kennst mich nicht, sagte die Frau. Wenn ich reden muss, weil ich auf Besuch bin, geht es nicht.

Genau wie bei mir, sagte das Mädchen.

Dann sagen wir eben nichts und machen uns nichts draus.

Wir sehen uns öfter, nicht, sagte das Mädchen. Wenn ich übern Berg bin mit der Arbeit zu Hause.

Sie gingen die mit Ahorn bepflanzte Allee entlang. Auf dieser Seite war der Fußgängerweg sehr breit und dennoch voller Menschen. Nur am äußeren Rand liefen einige unbeirrt geradeaus. Die meisten beschrieben kleinere und größere Bögen von einer Auslage zur anderen. Oft begegneten sich dieselben Menschen vor oder in einem Geschäft, wurden allmählich aufeinander aufmerksam, ehe sie sich irgendwann endgültig aus den Augen verloren. Straßenbahngleise durchschnitten die Allee. Auf der anderen Seite lagen, hinter Grün versteckt, rote Backsteinbauten, von bewaffneten Posten bewacht. An einer Brücke, die über die S-Bahn führte, verengte sich die Allee.

Die Frau und das Mädchen verabschiedeten sich, nickten noch einmal kurz, zögerten einen Moment, gaben sich aber doch nicht die Hand, und liefen jede in ihre Richtung, ohne sich noch einmal umzudrehen.

Das Mädchen ging zur S-Bahn, die Frau überquerte die Allee am Fußgängerüberweg und war wieder auf der anderen Seite. Sie wirkte gelöst und jung. Sie dachte, dass es jenseits der Allee bald jemanden geben würde, zu dem sie gehen könnte, wann immer sie es brauchte. Bisher wusste die Frau niemanden, weil ihre Familie weit weg wohnte und sie sonst keinen hatte außer ihren Mann. Wenn es auch viel ist, einen Menschen zu haben, es genügte ihr doch nicht. Und es freute sie, für eine gewisse Zeit in eine Welt zurückzugehen, die sich von ihrer jetzigen in vielerlei Hinsicht unterschied.

(Erstmals veröffentlicht in „Jenseits der Allee", Aufbauverlag, Berlin und Weimar, 1979)

Zeitungsverkäuferin Berlin Alexanderplatz, 1958

MS Fritz Heckert, Wismar 1961
Bundesarchiv Bild 183-82264-0004

Bereitschaftspolizei, Berlin 1961
Bundesarchiv Bild 183-86696-0001

Fernsehlieblinge, Gera 1987
Bundesarchiv Bild 183-1988-0327-001

Kombinat Fernmeldewerk, Arnstadt
Bundesarchiv Bild 183-N0930-0307

Berlinerin mit Punktkarte, 1949
Bundesarchiv Bild 183-S90608

Kartoffelkäferbekämpfung, 1950
Bundesarchiv Bild 183-S97627

Polytechnischer Unterricht, 1958
Bundesarchiv Bild 183-58812-0004

Kontrolle der Verkehrssicherheit eines Hängers, 1961
Bundesarchiv Bild 183-80418-0003

Körchow, Keller des Jugendclubs, 1986
Bundesarchiv Bild 183-1986-0606-002

Berlin, Weltfestspiele, 1973
Bundesarchiv Bild 183-M0815-0701

Zeitungslektüre in der U-Bahn, 1958
Bundesarchiv Bild 183-55802-0001

Traktoristen in Eiberstock, 1960
Bundesarchiv Bild 183-72538-0001

Zeitungsverkäuferin Berlin Alexanderplatz, 1958
Bundesarchiv Bild 183-52248-0003

RAINER V. SCHULZ

WER SCHREIBT
DER BLEIBT?

DDR-Autoren
nach ihrem
Leben befragt

HeRaS Verlag

Die in diesem Buch zu Wort kommenden Autoren lebten und schrieben in der DDR, in der sie bis 1990 den Wirkungsraum ihrer literarischen Arbeit und auch ihre Leser fanden. Die Auswahl ist ganz und gar zufällig. Sie gehörten in der Mehrzahl weder zur ersten Reihe der DDR-Autoren, noch fiel jemand von ihnen durch ausdrückliche Dissidenz auf, daher werden Namen und Werke der hier befragten Autoren im Westen nur wenigen Lesern bekannt geworden sein.

Mit dem Ende des Staatswesens DDR standen sie nun auch dem grundlegenden Wandel des Verlagswesens gegenüber, mussten sich auf neue Literaturverhältnisse einstellen. Der aus dem Jahre 1995 stammende Beitrag von Martin Weskott „Eine Kultur verlässt den Raum" führt diese Situation noch einmal eindringlich vor Augen. Auch einige der hier vertretenen Autoren traf das Schicksal, eigene Bücher vernichtet zu sehen ...

E.R. GREULICH

ERHARD SCHERNER

HELGA SCHERNER

HANS MÜNCHEBERG

HELMUT H. SCHULZ

CHRISTA MÜLLER

PETER GOSSE

GUNTER PREUß

FRITZ LEVERENZ

BEATE MORGENSTERN